JN059073

それ、フェミニズムに
聞いてみない？

日々のもやもやを
一緒に考える
フェミニスト・ガイド

著
タビ・ジャクソン・ジー
フレイヤ・ローズ
訳
惠愛由

明石書店

WHAT WOULD DE BEAUVOIR DO?
by Tabi Jackson Gee and Freya Rose
Copyright © 2018 by Cassell
Japanese translation published by arrangement with
Octopus Publishing Group Limited
through The English Agency (Japan) Ltd.

目　次

はじめに　　　　　　　　　　　　　　　　　　　　　　　　　　　　　　7

第1章　政治と権力
・フェミニストって誰のこと？　　　　　　　　　　　　　　　　　　　12
・男性と同じ権利なんて、もうすでに持っているんじゃない？　　　　　22
・どうして選挙に行かなきゃだめなの？私の生活は変わらないけどなあ。

　　　　　　　　　　　　　　　　　　　　　　　　　　　　　　　　28
・どうして見知らぬ男たちが私を「かわいこちゃん」とか「ハニー」と
　呼ぶんだろう？　　　　　　　　　　　　　　　　　　　　　　　　36
・女性は男性よりも思いやりがあるって、なんで言っちゃだめなの？　43
・フェミニズムは白人女性だけのもの？　　　　　　　　　　　　　　51
・どうしてフェミニズムはまだ平等を勝ち取っていないの？　　　　　58

第2章　恋愛と人間関係
・最近デートしてる人がなんでも奢ってくれようとするんだよね。
　これでいいのかな？　　　　　　　　　　　　　　　　　　　　　68
・自分を客体化することなく、マッチングアプリを使うってできるかな？

　　　　　　　　　　　　　　　　　　　　　　　　　　　　　　　　74
・ワンナイトして悪いの？　　　　　　　　　　　　　　　　　　　82
・イったふりをしてるってなんでパートナーに言えないんだろう？　90
・私は幸せで成功もしてる。パートナーっていなきゃだめなの？　　97
・私のボーイフレンドもフェミニストになれるかな？　　　　　　　103
・ボーイフレンドにプロポーズしたいんだけど、どう思う？　　　　110

第3章　結婚と家庭生活

・おとぎ話のような結婚式、おとぎ話のような結婚？　118

・結婚後、パートナーの姓を名乗るべき？　126

・夫も私も働いている。それなのに、なぜ私が家事をしなければならないの？

133

・私は子どもがほしいのだろうか？　140

・普通の家族ってなんだ？　148

・誰が育児休暇を取るべきなんだろう？　155

・娘は「プリンセス」と呼ばれたがっている。
　私はどこで間違ったのだろう？　162

第4章　仕事と賃金

・主婦になりたいんだけど、だめですか？　170

・なぜ私は彼より安い給料で働いているんだろう？　178

・ボスになるには私は優しすぎる？　186

・私が給料の交渉をしていたとき、上司は「こんなに数字の話をしたら
　君はくらくらするかもしれないけれど」と言った。どういう意味だろう？

193

・上司が仕事ではハイヒールを履けって言ってくる。これって合法？　200

・出世のためには男性の同僚と飲みに行かなきゃだめなの？　207

・女性は裸でなければメトロポリタン美術館に入れないのか？　214

第5章　メディアにおける女性

・オンラインで意見を交わす勇気はある？　222

・なぜ私は女性セレブの容姿にこだわるのか？　228

・思っていたほどストレートじゃないかも……　235

・なぜ新しい服を買うのをやめられないんだろう？　242

・映画界の女性たちはどこにいる？　249

・どうして女性誌が必要なんだろう？　　　　　　　　　　　　257

・テクノロジーは性差別的なのか？　　　　　　　　　　　　　264

第6章　私の身体は私のもの

・どうしていつも太っているような気がするんだろう？　　　272

・もし男性が子どもを産めたら何もかも変わるのかな？　　　281

・つるつるじゃなきゃだめなの？　　　　　　　　　　　　　288

・もし私が妊娠したら、妊娠を続けるかどうかって決められるの？　296

・どうして道を歩くのが怖いんだろう？　　　　　　　　　　305

訳者あとがき　　　　　　　　　　　　　　　　　　　　　313

参考文献　　　　　　　　　　　　　　　　　　　　　　　316

索　引　　　　　　　　　　　　　　　　　　　　　　　　332

はじめに

給料が上がらないとか、オーガズムのこととか。「平等」ってどういうことなんだろうとか。あなたの悩みが何であれ、現代の私たちが抱える白黒はっきりしない疑問の多くを一緒に考えてくれるフェミニストたちがいます。『それ、フェミニズムに聞いてみない？』はそんな疑問を取り上げ、私たちが日々自分自身に問いかける言葉をつうじてさまざまなフェミニスト理論を学んでいく本です。

「最近デートしてる人がなんでも奢ってくれようとするんだよね。これでいいのかな？」「上司が仕事ではハイヒールを履けって言ってくる。これって合法？」——こんなふうに、名前のある一人の人が日々の中でふと浮かべるような問いを投げかけること。それがこの本のやりたいことです。こうした個人的なもやもやをひとつの出発点として、人種や階級、職業の異なる世界中のさまざまな女性たちが直面している社会の課題について話し、過去あるいは現代のフェミニストたちならそれらの問いにどう答えるだろう？　と考えてみたいのです。

どうしてかって？　それは、この本が取り組む議題は決して新しいものではないから。私たちが考えたいのは、「女性も、男性と同じ権利を持つべきだろうか？」という、何百年ものあいだずっと問われつづけてきた議題なのです。これまでの歴史においても、フェミニズムの波が勢いをつけ、多くの人の意識の中に入り込んだときには、この問いが大声で叫ばれることもありました。けれどたいていの場合、これは私たちが静かに、自分自身に対

して問いかける言葉です。「女性も、男性と同じ権利を持つべきだろうか?」というだけじゃなく、「なぜ女性は男性と同じ権利を持てていないのだろう?」「私のまわりの人々は、男性に対してするのと同じように私に接しているだろうか?」「待って——私ってフェミニストなのか?」なんて問いもそう。

第一波から第四波までのフェミニズム運動や（世界中で獲得されつつある）選挙権の平等、経口避妊薬のような科学の分野における革命的進歩を経ても、女性たちはいまだに昔から変わらないクエスチョンマークを浮かべつづけ、それに対する満足のいく返答も得られずにいます。

けれど、フェミニズムはずっとそれらの問いに答えようとしてきました。そしてときには解決策を見出すこともありました。しかし抱えている困難の中身が変われば、それに対するフェミニストたちの返答も変わってきます。つまり、有名なフェミニストたち——たとえばベティ・フリーダンとベル・フックス、メアリ・ウルストンクラフトとシモーヌ・ド・ボーヴォワール、グロリア・スタイネムとケイト・ミレット——のあいだにも、興味深い違いが数多くあるのです。

こうした思想家たちはそれぞれ、私たちが暮らすこの世界に重要な変化をもたらしてきました。それぞれが、そのときどきで最も差し迫った問題について取り組んできました。でも驚くべきことに、溜め息が出てしまいそうだけれど、かれらが闘ったすべては依然として世界中の国々で闘われつづけている問題でもあります。それは選挙権の獲得だったり、男女間の賃金格差、男性による暴力に怯えながら暮らすことへの異議申し立てだったりします。

本書で紹介するフェミニストのうち誰が一番偉いとか、重要だとか言いたいのではありません。そうではなく、私たち自身の生

活から浮かび上がるさまざまな疑問を通して思想家たちの考えを比較してみることによって、現代においてセックス［ここでは、出生時に身体的特徴から名指される性別のこと］やジェンダー［社会や文化の中で構築された性別。あるふるまいや役割が「男らしさ」「女らしさ」と結びつけられるときに働く分類の力］とはいったいどんな意味を持つのか、実感を伴って理解しようとする試みの場を持ちたいのです。オードリ・ロードの言葉を借りるなら、互いの違いを祝福することによって、女性たちはともに考え、解決策を見つけていけるから。『それ、フェミニズムに聞いてみない？』はさまざまな思想家たちの声と英智をひとところに集め、現代を生きる女性たちの疑問に対する返答を見つけようとする試みです。たとえば、「女性は男性よりも思いやりがあるって、なんで言っちゃだめなの？」「イったふりをしてるってなんでパートナーに言えないんだろう？」「テクノロジーは性差別的なのか？」「どうしていつも太っているような気がするんだろう？」なんて疑問への返答を。

　もしかしたら、シュラミス・ファイアストーンのセックスについての考え方があなたのベッドでのふるまいを変えるかもしれない。ジャーメイン・グリアの考えにふれて結婚生活を思い直すかもしれない。ベル・フックスは男友だちをフェミニストにする方法を知っているし、シャーロット・ホーキンス・ブラウンはフェミニズムが白人女性だけのものに見えてはいけない理由を説明してくれる。ローザベス・カンターは職場においてもっと女性たちが敬意を払われ、正当な賃金が支払われるための助言を惜しまない。

　ひとことで言えば、本書は女性が日常的に直面している多くの問題にふれ、これまでに積み重ねられた膨大なフェミニズム理論のグラデーションからそれぞれの解決案を見出そうとする本です。

おなじみのあの思想家から、まだ広くは知られていないフェミニズム運動の貢献者たちまで。かれらだって意見がいつも合致するということはありません。それでも、専門家であるかれらの議論が、世界をまなざすあなたの目をほんの少しだけ変えるかもしれない。『それ、フェミニズムに聞いてみない?』は、あなたに贈る現代版フェミニズム案内です。あるいは雑誌の人生相談コーナーみたいな――その回答者があらゆる時代の偉大なフェミニストたちの知が組み合わさった、一人の頼れる女性のようだったなら?

ケイト・ミレット

第1章

政治と権力

フェミニストって誰のこと？

シモーヌ・ド・ボーヴォワール／オランプ・ド・グージュ／メアリ・ウルストンクラフト／ソジャーナ・トゥルース／エリザベス・キャディ・スタントン／ハリエット・タブマン／岸田俊子／フランチェスカ・デニーズ／エメリン・パンクハースト／ケイト・ミレット／ローザ・ルクセンブルク／クララ・ツェトキン

女性たちはとても長いあいだ、世界中で女性の権利のために闘ってきました。ゆえに「フェミニスト」という言葉は、フェミニズムとは何か、女性の権利とは何を指すのかについて、さまざまな考え方を持ったさまざまな人々を包み込むような言葉なのです。もしかすると、運動初期に遡って理論的なルーツを見ていくのも理解に役立つかもしれません。たとえばフランスのフェミニストであり哲学者、**シモーヌ・ド・ボーヴォワール**（1908-86）が『第二の性（The Second Sex）』（1949）［人文書院、1966］においてこう問いかけたときまで。「そもそも女性というものは存在するのだろうか？」

　私たちが「女性」という言葉を使うとき、それがいったい何を指しているのか、その答えはとてもぼんやりしたものになるとボーヴォワールは語っています。女性らしさは「危機に瀕している」と教えられ、私たちは常に「女性であり、女性でありつづけ、女性になる」ように駆り立てられてきたのだと。まるで、女性とされる身体を持つすべての人は「この不可解で消えてなくなってしまいそうな女性性という現実」の創出に「参加しなければならない」ようなのだというのです。そして彼女はここでひと

つの結論に達します。人は女に生まれるのではなく、社会的条件
によって女に「なる」。つまり「彼女」が象徴するものは文化に
よって異なり、社会が「彼女」に課した定義や規範的役割によっ
て、「彼女」は何か不十分な存在となりうるのだということです。
「生物学的、心理学的、経済的な宿命が、社会における女性の姿
を決定するのではない」。女性の権利をめぐる議論の基盤を築い
たボーヴォワールは、凝り固まった「女性」という概念から離れ、
よりあいまいでひらけた議論へと続く扉を開け放ちました。それ
は今日におけるジェンダーの流動性という考え方の中にいきいき
と息づいています。また、ボーヴォワールは平等を求める闘いの
中で女性たちが何度も直面してきた課題を3つ、はっきりと指摘
しました——1.「女性」の生物学的形態、2.「心理的特徴」と思
われている何か、3.社会的・経済的地位の低さ。これらはすべて、
「女性」があらゆる面で異なる存在だと定義される比較基準が常
に「男性」であるために残る課題なのです。

生物学は絶対じゃない

フランスの女性たちに選挙権が与えられた翌年の1946年、
ボーヴォワールは次のようなことを書き残しています。これまで、
「女性」について書くことをずっとためらってきたのだと。それ
は、「この話題は特に女性にとって苛立たしいものであり、今に
始まったことではない」からなのだと。彼女の脳裏には古代ギリ
シャの哲学者たちの顔がちらついていたかもしれません。なぜな
ら紀元前4世紀頃、アリストテレスが『政治学（Politics)』[岩波文
庫、1961] 第一巻（紀元前350年）の中で、女性の本質と可能性は、
すべて生物学的側面に帰結すると主張していたからです。アリス
トテレスは自説に入れ込み、「男性は本質的に優位であり、女性

は劣位にある」「男性が支配し、女性は支配される」「この原則は必然的にすべての人類に適用される」と説くまでに至ったのでした。

　当時にも抗議の呼びかけがあれば、このような言説はきっと糾弾されたことでしょう。けれどどういうわけか（おそらく、経済的影響力のなさ、政治的基盤のなさ、組織やお金のなさによってでしょうか？）約2,000年ものあいだ、女性たちはこの考え方に政治的に異議を唱えることができませんでした。古代ギリシャの詩人であるレスボス島のサッフォーは、アリストテレスが生まれる約200年も前に、女性のふるまいをめぐる規範をすすんで無視していたのに、です。一方で、男性の思い通りになることを避けるこの傾向こそが、生活のあらゆる領域で男性が権力の手綱を握ることを保証する文化的・経済的・宗教的制度を世界中に生み出す要因となったのかもしれません。歴史学者エステル・フリードマン（1947-）は、世界の権力のネットワークがどのように形作られ、深刻な富と権力の不均衡、硬直した階級化をどのように引き起こしたのかを、特に人種とジェンダーの観点から記録してきました。

　中世の時代にも一匹狼たちは存在しました。ドイツの大修道院長、ビンゲンのヒルデガルド（1098-1179）、フランスの作家クリスティーヌ・ド・ピザン（1364-c.1430）、フランソワ・プーラン・ド・ラ・バール（1647-1723）らは、男性が理想的な人生を歩むための助け手という女性が置かれた立場の「自然さ」を疑い、異議を申し立てました。「人権」という概念が18世紀に芽吹いたことで、フランスの**オランプ・ド・グージュ**（1748-93）やイギリスの**メアリ・ウルストンクラフト**（1759-97、59頁へ→）は、「男女」が見ているものの違いについて意見を述べています。男性た

ちが「人権」と言うとき、その言葉の実際に意味するところは「白人男性の権利」であると指摘し、これに異議を唱えたのです。かれらがそうしたのは、「女性」とされる集団のためでした。政治運動としてのフェミニズムがここから始まったのです。

女性は男性じゃない

19世紀の終わりまでに、アメリカの**ソジャーナ・トゥルース**（1797-1883）や**エリザベス・キャディ・スタントン**（1815-1902）、**ハリエット・タブマン**（1822-1913）、日本の**岸田俊子**（1863-1901）、ブラジルの**フランチェスカ・デニーズ**（1859-97）、イギリスの**エメリン・パンクハースト**（1858-1928）ら第一波のフェミニストたちは、広く浸透した「女性」という概念を少しずつ壊し始めました。なかでもソジャーナ・トゥルースは、「女性」とは「誰かの手を借りて馬車に乗せてもらう」特権的な「白人」であるという考えに抗議し、1851年、のちに語り継がれるスピーチの中でこう語りました。「私は13人の子どもを産み、そのほとんどが奴隷として売り飛ばされていくのを見なければならなかった……これでも、私は女性ではないのですか？」こうした第一波のフェミニストたちは、女性が経済的、政治的権利を十全に享受し、生まれながらにして個人の市民であると認められるべきだと主張しましたが、この主張を世界的かつ影響力を持

婦人参政権運動家（サフラジェット）たちは選挙権のための闘いの中でしばしば暴力にさらされました

15

「"女性らしい"女性は本質的に受動的なものとして特徴づけられる。それは幼少期に発達する特性であり、教師や社会によって彼女に課せられた宿命なのだ」

——シモーヌ・ド・ボーヴォワール

つ運動へとまとめあげるには、20世紀の女性たちの総力を結集する必要がありました。それを始めたのが第二波のフェミニストたちであり、かれらは、自らを取り巻く世界に対して急進的な姿勢をとっていきます。

　ボーヴォワールの『第二の性（The Second Sex）』を教科書のように携え、第二波のフェミニストたちは、女性の「弱さ」は女性に固有の生物学的側面、心理的側面に起因するといった主張を解体し始めました。そして、また別の事実にも気がついてしまうのです。それは、あらゆる議論は男性を「主体」、女性を「他者」とみなす言語・理解の下で行われているのだということでした。ボーヴォワールが記したように、「男性はせいぜい、もう一方の性に〈分離すれども平等〉の地位を認めるくらい」でした。でも問題なのは、制度を通じて男性の権力が具現化されたことだけではありません。オーストラリアのフェミニスト、デール・スペンダー（1943-）によれば、男性もまた「男性を規範とする」言語を生み出してきたのです。これは世の中の物や出来事を分類するルールとしてはきわめて無害なものに見えますが、実際には「最も広範で悪質なルールのひとつである」と彼女は言います。つまり、私たちは「標準的な人間」「正常な人間」は男性であるという前提を持って成長していくということ。そして、基準がひとつ

しかない場においては、「異なる者は逸脱のカテゴリーに分類され」てしまうのです。そうなると、人間たちは等しくふたつに分けられるのではなく、「男性」か「男性ではないもの」に分けられるのだとスペンダーは言います。女性は男性とは異なる存在であるがゆえに、自ら用いる言語によってさえも、取るに足らず無力なものとしてその立場を固定されてしまうのです。

　第二波のフェミニストたちは、世の中で幅を利かせている「男性の視点」の外に身を置かなければ、女性が平等や認知を勝ち取ることはできないと悟っていきます。かれらは、男性たちの議論に応えるのではなく、女性が本当は何を考え、どのように生きているのかを見つめ、ジェンダーをめぐる状況を一から見直す必要があると考えたのです。こうした舵取りによって、1960年代のアメリカやヨーロッパでは意識改革のグループが数多く生まれることとなりました。グループにおいて個人的な経験を話し合う中で、広く共有可能な一定のパターンを発見したり、アメリカのフェミニスト、キャロル・ハニッシュ（1942-)やケイト・ミレット（1934-2017）が示したように、「個人的なことは政治的なこと」なのだと次第に理解していくこと。女性の経験が女性自身の視点から、女性自身の言葉で探究されたことで、運動は理論的に大きな飛躍を遂げました。それ以来、フェミニズムは社会運動と理論が合わさることで前進し、それぞれの流れがまた別の流れに影響を与えながら、常に動きつづけているのです。

　18世紀にウルストンクラフトが女性の政治的権利を主張したのに対し、第二波のフェミニストたちは、すべての社会・文化・政治制度に対する新しい理解を求め、それらがいかに女性を抑圧しているのかを述べました。ミレットは文化的条件付けこそが問題であるとして、ボーヴォワールに同意しています。特に、男

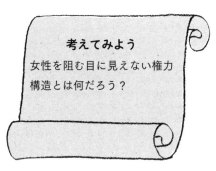

考えてみよう
女性を阻む目に見えない権力構造とは何だろう？

性が攻撃的な衝動を抱くよう仕向けられる一方で、女性にはその衝動を内側に向け、噴出することがないよう教えているのだと指摘したのでした。男性は、自分の攻撃性は社会ではなく男性器によるものだと勘違いし、「あいつにはタマがある」なんて言ってそれを祝福さえするのだけれど、そうすることで競争や勇敢さ、勝利、そして権力といった賞賛の光景から必然的に女性を切り離すことになっているのです。

　ローザ・ルクセンブルク（1871-1919）や**クララ・ツェトキン**（1857-1933）など、社会学的視点を持った第二波のフェミニストたちは、資本主義が女性の抑圧に不可欠な役割を果たしていると述べました。育児、料理、病人や老人の世話といった女性の無償労働があって初めて、男性は公的な賃金労働に打ち込むことができる。このような性別分業は、資本主義以前の社会では想像もできなかったようなやりかたで、男性の利益に直接的に、そして資本主義の利益にも間接的に寄与しているのだとかれらは言います。もし女性がこうした無償労働を提供しつづければ、男性は資本主

「男性が権力を持っていたからこそ、男性の優越神話を構築し、それを認めさせることができたのだ」

——デール・スペンダー

18

子どもたちは幼い頃から、はっきりとしたジェンダーロールを課せられることがよくあります

義システムの中で上昇を続け、制度的な権力を独占するけれど、女性は永遠に自分たちを締め出すことになってしまう。パワーバランスを変えるには、資本主義、階級制度、そして女性自身が変わる必要があると言うのです。

第三波、第四波

　第二波のラディカル・フェミニストたちのスタイルは多くの女性にとって急進的すぎたようで、反動として起こったのが「女性らしさ」への回帰でした。1990年代の第三波のフェミニストたちは口紅を塗ってハイヒールを履き、性的だと捉えられるような服装をすることの何が悪いのだと謳い、急進的な先人たちが選んでいた中性的なスタイルとはまったく正反対を行くのでした。男性優位の制度や文化的ステレオタイプと直接闘うのではなく、性差別、人種差別、階級差別のシンボルを反転させ、それまで脇に追いやられていた言葉や物を取り戻すことに取り組んだのです。

第三波のフェミニストたちは「違い」を祝福し、すべてのグループやアイデンティティのありかたを平等に見つめようとしました。

　フェミニズムは、女性の抑圧に男性（の社会的役割）が一役買っているという考えが冗長に感じられるほど、みるみる広がっていくように思われました。しかし、ソーシャルメディアとともに育った若い女性たちが、セクシャルハラスメントや女性嫌悪、ボディ・シェイミングの経験についてインターネット上で語り始めます。彼女たちが自らの経験を共有するにつれ、意識改革の第2ラウンドが今始まっているのだとわかってきました。その中で浮かび上がったのは、ある意味では19世紀と何も変わらない世界でした。女性はいまだに職場や街中、家庭で軽んじられ（ときには虐待され）ている。権力構造は変わっていません。けれど21世紀の今、女性同士が互いに知り合い、話し合うことができるようになったことで、また別のフェミニズムの波が急速に広がり始めています。アメリカの映画プロデューサー、ハーヴェイ・ワインスタインも、この第四波フェミニズムに打たれた一人だったのです［アメリカの大手映画プロダクション「MIRAMAX」の設立者であり、映画界において大きな影響力を持っていたハーヴェイ・ワインスタインが、2017年に性暴力および性的虐待事件とその隠蔽工作を暴かれ逮捕された事件。#MeToo運動が本格化するきっかけとなった］。

あなたならどうする？

それで、フェミニストって誰のこと？　アメリカの活動家、グロリア・スタイネム（1934-）は「女性と男性の平等と完全な人権を認める者」という包括的な定義を提案しています。というのも、男性もまた、目に見えない構造によって縛られているから。私たち全員が生きているその構造は「家父長制」として知られるようになりました。そんなわけで、ナイジェリアの作家、チママンダ・ンゴヅィ・アディーチェ（1977-）はこんなふうに言っていますよ。「私の考えるフェミニストとは、男性であれ女性であれ、『そう、今でもジェンダーの問題はある。私たちはそれを正し、改善しなければならない。誰もがそれに取り組まなければならない』と考えている人のことです」。

男性と同じ権利なんて、
もうすでに持っているんじゃない？

ドミティーラ・バリオス・デ・チュンガラ／ジェシカ・ニューワース

女性の権利は人権として保障されていると思われがちですが、実はそうではありません。女性は生殖能力を持つがゆえに特別な権利を必要としますが、人権立法に含めるには特殊すぎるため、それらはしばしば無視され、省略されています。一方で、「女性」は成人した個人であるゆえ、すべての人権立法は女性が必要とする権利をみんな網羅していると考えられているのです。フェミニストたちは、ジェンダーに配慮しない法制定は女性にとって危険な結果をもたらすと主張していて、このことは「女性の権利」という分野から探ることができます。

　フェミニズム運動の初期段階において、根本的な疑問が生じました。それは、女性は男性と同じであると認められたいのか、それとも異なる性のうちのひとつとして認められ、その違いをすべての人に尊重されたいのか、ということでした。ここで厄介なのは、もし女性が男性と同じだとしたら、何も問題はないということです。彼女たちはもっと努力して、ガラスの天井を打ち破ればいいのだから。一方、女性が自分たちは違うと主張すれば、それは男性という「標準」や「規範」からの逸脱であり、ゆえに劣っているとみなされてしまう。ブラジルのフェミニスト、**ドミティーラ・バリオス・デ・チュンガラ**（1937-2012）は、1975年にメキシコシティで開催された第1回世界女性会議で演説した際、このことをより直接的に表現しました。彼女は、解放にはふたつ

のタイプがあると述べました。ひとつは、男性と同じように行動し、あらゆる悪徳行為においても男性と同等でなければ自由とは言えないと考えている女性たちのもの。しかし、彼女はこう続けました。「同志たちよ、私たちは本当に葉巻を吸いたいのでしょうか？……男性が10人の愛人を持つとしたら、私も同じようにしなければならないのでしょうか？　私たちはどうなってしまうのでしょう？　きっと人を貶めるだけで、それ以上のことは何もないのではありませんか」。

　ボリビアのアンデス山脈に生まれた先住民の女性であるデ・チュンガラは、貧困と虐待に苦しんだ幼少期から立ち上がり、食料価格、識字率、不十分な医療をめぐって多くの抗議行動を起こし、やがて大統領選に出馬するまでに手強いコミュニティ・オーガナイザーへと変貌を遂げました。男性のようになりたいと願うのは「すべてを手に入れた裕福な女性」がとる道であり、労働者階級の女性が同じアプローチをするのは理にかなっていない、とデ・チュンガラは述べています。私たちは「問題を解決し、文化、芸術、文学、政治、労働組合制度──あらゆるものに参加できる人間として尊重され」、家庭の内外を問わず自分の意見が尊重されるような解放を望むのだ、と言うのです。

　デ・チュンガラは学問的な承認ではなく真の変化を求め、女性の権利に関して3つの重要な問題を指摘しました。それは第一に、女性の権利はすでに「人権」法の中に明記されているのか？　第二に、もしそうだとしたら、これらの権利を行使する方法はあるのか？　そして第三に、女性が抱える問題の多くは「家庭内」にあるゆえ法的権利の範囲外なのだろうか？　というものでした。

　デ・チュンガラは、1948年にすべての国が人権の保障について定め、国連において合意したことを聴衆に思い出させました。

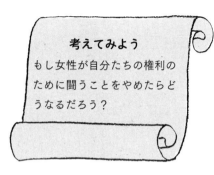

考えてみよう
もし女性が自分たちの権利の
ために闘うことをやめたらど
うなるだろう？

その中には、女性が「人間として、あらゆることに参加する」権利も含まれていたのです。だから私たちは、ボリビアを含むこの協定に署名したすべての国で、必要なすべての権利を手にしているのだと彼女は言いました。しかし女性が参加できると言いながら、ボリビアの政治家たちは女性の教育、訓練、奨励について何か働いてきたでしょうか？　女性が特定の政党に投票するよう説得するためだけに法律を作り、その後また彼女たちを無視しているのだとしたら？　こんなことがあっていいのでしょうか。

女性の権利は区別されるのか？

　一部のフェミニストは、女性が人権法の下で完全な人間として法的に認められるだけでは不十分だと主張してきました。女性の生活や日々の体験は、自らの身体に対する主権に関わる重要な権利を含め、これまで考慮されてこなかったようなさまざまな問題を投げかけています。宗教的・文化的慣習の中では、女性器切除（FGM）のような慣習から「名誉の殺人」、（国によっては10歳から）子どもの花嫁として結婚させられるなど、女性に対する、特にその身体の利用に関する、非常に支配的な権利がしばしば主張されてきました。2014年のユニセフの報告書によると、たとえばニジェールでは49歳以下の女性の77％が18歳以前に結婚しているのに対し、同年代の男性ではわずか5％だけ。妊娠に関しては世界中のどの国にも、受胎の瞬間から、男性や胎児には女性

の身体に優先する権利があると激しく主張する人々がいます。子どもの生命に対する権利は子どもの権利条約（UNCRC）に含まれているけれど、女性の生命に対する権利は女性差別撤廃条約（CEDAW）には含まれていないのです。

　この種の権利は人権法には登場せず、それらを包含しているように見える法律があったとしても、事実上それらを打ち消す付言事項をもって成文化されていたりします。たとえばアルジェリアはCEDAWに署名、批准しましたが、アルジェリア家族法と矛盾してはならないという留保を付け加えました。これは、女性の権利を保護するために作成された文書の中で、女性の権利を法制度から抹殺するという直接的な効果をもたらしました。国際組織「Equality Now」の創設者である**ジェシカ・ニューワース**が指摘するように、「事実上アルジェリアは、CEDAWを実施することが何の変化ももたらさない場合にかぎってCEDAWを実施する意思を表明した」のであり、ここでもデ・チュンガラがボリビアで目撃したのと同じことが起こっているのです。

　女性の身体は生殖機能を持つがゆえに「人権」にとって特に厄介な存在です。そのため女性は、セックスに関する事柄（生殖に関する同意と管理）、家族計画に関する情報やサービスを受ける権利、生殖に起因するあら

女性は長いあいだ、財産として扱われてきました。1707年、英国のジョン・ホルト裁判長は、男性が他人の妻と性的関係を持つ行為を「財産に対する最大の侵害」と表現したのです

神聖なる結婚の絆

ゆる問題に対する保健医療など、個人の権利を侵害されやすいのです。妊娠に起因する死亡は、それに関する情報やケアが不足しているため、世界中で15歳から19歳の少女の死亡原因の第1位となっています。シエラレオネでは、女性が妊娠や出産によって死亡する確率は8分の1にものぼります。これはFGMによって妊娠や出産のリスクが高まっている上、難産が不貞のしるしとみなされるためで、緊急医療を受けるためには、女性はこの仮説的な不貞を「告白」しなければなりません。

　自分の身体や人生の選択について女性が望む権利は、多くの場合、法律という、家族の敷居を越える勇気のない制度の限界領域にあります。選挙権を求めて闘った19世紀のフェミニストたちは、結婚生活におけるセックスの条件をコントロールする権利も要求しましたが、これらは静かに無視されたのでした。2011年の国連報告書「世界の女性の進歩（Progress of the World's Women）」によると、婚姻中のレイプを明確に犯罪とする法改正を行った国はわずか52カ国で、127カ国はまだこの措置をとっていません。女性は今なお、同一賃金などの公的権利のために闘っ

「権利は、あなたに対して絶対的な権力を握っている人の優しさよりもずっと頼りになる」 ——レベッカ・ソルニット

ていますが、同時に、非合意の接触から強制結婚や強制妊娠に至るまで、家庭内での虐待や暴力から身を守る権利のためにも闘っているのです。ニュージャージーにある女性グローバル・リーダーシップ・センターの創設者、シャーロット・バンチによれば、今日、奴隷労働（bonded labour）［債務を返済するため労働力を提供すること］、家事奴隷、性奴隷の状態にある女性や子どもの数を合わせると、歴史上最も多くの奴隷が世界に存在することになるといいます。奴隷には何の権利もないのです。

あなたならどうする？

あなたの質問に答えるなら、事態は良いとは言えません。あなたが持っている権利の数や、グローバル企業から警察組織に至るまでの制度による権利の行使（または不行使）は、住んでいる場所、裕福さ、肌の色、身体の健康状態、あなたのいる場所で広く共有されている宗教的信条によって異なります。しかし、1808年にフランスの政治家シャルル・フーリエが言ったように、「女性の権利の拡大はすべての社会進歩の基本原則」であるため、女性たちは自分自身のためだけでなく、これらの権利を改善するために働きつづけています。危機に瀕していることは山ほどあります。やるべきことは、まだたくさんあるのです。

どうして選挙に行かなきゃだめなの？
私の生活は変わらないけどなあ。

メアリ・ウルストンクラフト／エメリン・パンクハースト／ミリセント・フォーセット／エミリー・デイヴィソン／エリザベス・キャディ・スタントン／マリヤ・アリョーヒナ

多くの女性にとって選挙権は自動的に与えられているもので、考える必要もないように思えるのでしょう。実際ジェンダーに関係なく、多くの人が選挙の日になると無関心になり、どの政党に対しても何の意見も持たない（というか、おそらくは信頼していない）ようなのです。このことは、あなたが女性であることと何か関係しているのでしょうか？

　政治はしばしば生活とかけ離れている印象があり、ソーシャルメディアを通じて議論することはあっても、ネット上の抗議や警句とは関係なく、それ自体はどこか素知らぬ顔で進んでいきます。政治的な問題に関して、あなたは一般市民が常に発言権を持っているように感じているかもしれませんが、実はこれは比較的最近のことで、歴史の大半において、ほとんどの国では一般市民の意見は権力者にとって重要ではないと考えられてきました。世界最古の議会があるアイスランドでは、930年から「すべての自由人」の意見に耳を傾けるようになり、この「民主主義」という考え方がのちの議会の基調を作りました。その後ヨーロッパ、アメリカ大陸、オーストラレーシアで議会が形成され始めたとき、有色人種、女性、奴隷は、民主的なはずのプロセスに参加する権利を日常的に否定されていたのです（フェミニストの歴史家エス

どうして選挙に行かなきゃだめなの？　私の生活は変わらないけどなあ。

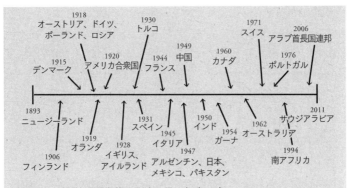

世界における普通選挙権の到来を示す年表。南アフリカ、オーストラリア、カナダなどの国々では、有色人種の女性や先住民の女性の参政権獲得よりも白人女性の参政権獲得のほうがはるかに早かったため、普通選挙権の獲得時期はこの図にある多くの国々よりもずっとあとになっている。

テル・フリードマンによれば、アフリカやラテンアメリカでは植民地化される前から女性はほぼ平等を享受していましたが、侵略を受けた国々にヨーロッパ諸国が独自の制度を押し付けたため、その平等を失ったとのこと）。

　状況は少しずつ変化してきました。奴隷制度は公式に廃止され、1870年までにはアメリカの「非白人男性と解放された男性奴隷」に選挙権が与えられました。しかし、女性は依然として夫や父親に「所有」される存在であり、法律上、独立した人間として認められるには至っていなかったのでした（24-27頁へ→）。女性の利益は夫や父親の投票によって十分に賄われると考えられていたため、女性に参政権は必要ないというのが公式の見解だったのです。加えて、この時点ではほとんどの国で、女性は非論理的な存在であり、選挙権を与えるのは不適切だとみなされていました。女性は「生まれつき」家事に向いているのであり、その家事は鋭

敏で知的な頭脳を必要としないと思われていたためです。1792年、作家の**メアリ・ウルストンクラフト**はこの考え方に異議を唱え、女性を「あたかも一人で立つことのできない、永久に幼年期の状態にあるかのように」見るのは間違っていると述べました。代表作『女性の権利の擁護（A Vindication of the Rights of Woman）』［未來社、1980］において、ウルストンクラフトは女性には男性と同等の知的能力があるにもかかわらず、知識や論述する能力を高める教育からずっと遠ざけられていたことを証明しようとしました。また、女性に教育を受けさせないことには政治的な理由があるかもしれないと指摘し、「女性の心を押し広げ、強くすれば、盲目的な服従は終わりを迎えるだろう。しかし、盲目的な服従は権力によって常に求められるものであるから、暴君や官能主義者が女性たちを闇に葬ろうとするのは当然のことである。なぜなら前者は奴隷がほしいだけであり、後者は遊び道具がほしいだけなのだから」と語っています。

　ウルストンクラフトに倣い、女性たちは政治・法制度の外に締め出されながらその中で働き、その法律を遵守することを求められることの公平性に疑問を抱き始めました。こうした不満が高まり、1800年代半ばにようやくフェミニズムの第一波へと結実し（15頁へ→）、イギリスの女性たちは全国女性参政権協会連合（NUWSS）の下で集団的な組織化を始めます。かれらは礼儀正しく受け入れられやすい方法で抗議しました。請願書を持って議会に働きかけたり、市民集会を開いたり、概して良識ある態度で行動したのです。しかし、1870年に最初の女性参政権法案が否決されるなど何年にもわたって失敗をくりかえしたあと、一部の女性たちはより実行力のある行動に重点を置いた、「女性的」ではないアプローチが必要だと考え始めます。完全に男性に支配され

どうして選挙に行かなきゃだめなの？　私の生活は変わらないけどなあ。

た政府に、自分たちの運動が本気であること、その声を届ける意志の強さを示すときが来たのです。

爆撃作戦

エメリン・パンクハースト（1858-1928）と**ミリセント・フォーセット**（1847-1929）の指導の下、新しい過激な作戦は、店の窓ガラスを割る、電話線を切断する、（男性専用）ゴルフクラブのコースの芝を刈り取る、美術館の女性ヌードの絵を切り刻む、郵便ポストや著名な建物、政治家の家に放火する、セント・ポール大聖堂、ウェストミンスター寺院、イングランド銀行の近くに爆弾を設置するなど多岐にわたり、女性たちはもはや無視できないような行動を起こすようになっていきます。1913年、婦人参政権運動家の**エミリー・デイヴィソン**（サフラジェット）（1872-1913）は、エプソム・ダービーの競馬で国王の馬の手綱をつかもうとして亡くなりました。彼女は負傷から4日後に死亡しましたが、その死は、婦人参政権運動の大義を強調するという本来の目的を果たしたのでした。

1900年から1914年まで、1,000人以上の女性が抗議行動のために投獄されました。多くはハンガーストライキを行い、そのために強制摂食を受けました。これは女性を椅子に縛り付け、鉄の器具で口をこじ開け、ゴムチューブを喉に押し込むというもので、喉の組織を引き裂くこともしばしばありました。エメリン・パンクハーストは1913年に12回ものハンガーストライキを行い、ハンガーストライカーは再び投獄されるのに十分な健康状態になるまで釈放されるという「猫とネズミ法」に基づき、釈放と再収監をくりかえしました。1913年の最後の釈放の際、パンクハーストはアメリカへ講演旅行に出かけてこう語ったのでした——「内

戦が女性によって行われるとき、それがどのようなものであるかを説明するために来ました」。このときから、戦場は大きく広がっていったのです。

アメリカによるフランチャイズ

　ルーシー・バーンズ（1879-1966）、アリス・ポール（1885-1977）、ハリオット・スタントン・ブラッチ（1856-1940）の三人はパンクハーストの考えに心から賛同したアメリカ人女性たちです。女性が選挙権を持たないということは、相続権、財産権、有給労働権などの権利を有さず、ゆえに自立の機会を永遠に奪われることを意味するため、それに対して直接的な行動が必要であると考えていたのでした。

　ブラッチは、アメリカにおける女性参政権の先駆者の一人**エリザベス・キャディ・スタントン**（1815-1902）の娘でした。1848年、キャディ・スタントンと同じ奴隷制度廃止論者のルクレティア・モット（1793-1880）は、ニューヨークのセネカ・フォールズで女性の社会的、市民的、宗教的権利について話し合う大会を開きました。キャディ・スタントンはそこで、「われわれはこれらの真理を自明のものとする。すべての男女は平等に造られ、創造主によって不可侵の権利を与えられている」から始まる演説を行ったのです。キャディ・スタントンは常に選挙権を要求し、特に参政権拡大のために憲法修正第15条が新たに制定されることになったときには、その必要性を強く訴えました。キャディ・スタントンとスーザン・B・アンソニー（1820-1906）は、新しい修正条項は「普通選挙権」を認めるべきだと主張しましたが、権力者たち——全員が男性——は、代わりに「普通」の前に「男性」という言葉を挿入することにしたのでした。その結果、有色人種

どうして選挙に行かなきゃだめなの？　私の生活は変わらないけどなあ。

「権力を持たない人々の不当な扱いや不満は、徹底的に無視
されてしまう」　　　　——エメリン・パンクハースト

の男性にも参政権が与えられましたが、アメリカの女性は1920
年にようやく参政権を得るまで、さらに50年待たなければなり
ませんでした。そのころには、女性の権利と参政権という点でア
メリカを追い越していた地域もあります。ニュージーランドでは
1893年に女性に参政権が認められ、1900年までには、ラテンア
メリカのフランシスカ・ディニス（1859-97）やベルタ・ルッツ
（1894-1976）、中東のカシム・アミン（1865-1908）、アジアの岸田
俊子（1863-1901）、ロシアのアレクサンドラ・コロンタイ（1872-
1952）らの指導の下、世界中で女性運動が急速に発展していたの
です。

でも、今はそんなことを心配する必要はないでしょう？

キャディ・スタントンとパンクハーストは、選挙権は女性に労
働、賃金、財産、身体的主権（身体の利用）、そして夫を含む誰か
らも身体的攻撃を受けない自由についての発言権を与えるものだ
と主張しました。これらの権利はすべて、今日でも世界中の女性
たちによって闘われており、政権が変わるたびにそのすべてが
脅かされるかもしれないという不安を孕んでいます。世界の国会
議員のうち女性はわずか22％であり、いまだに男性が法制定を
支配していることになるのです。また、現在ではバチカン市国を
除くすべての国が女性に選挙権を与えていますが、その中には
大きく制限がかかっているものもあります。サウジアラビアで
は2015年に初めて女性の選挙権が認められましたが、男性の同

> **考えてみよう**
> もし女性が投票せず、男性が
> すべての政治権力を握ってい
> るとしたら、法律は誰の利益
> になるだろうか?

意がなければ行政サービスを利用することはできません。フランスで女性が選挙権を獲得したのは1944年ですが、2000年にパリテ法が採択されて以降、候補者名簿の男女比が均等になるなど（女性が）政府に対する影響力を十分に持つようになりました。その結果、選挙に立候補して当選する女性の数が増え、2012年には閣僚の男女比が均等になっています。これは良い出発点ではあるけれど、まだ道のりは長い、とフランスのフェミニストたちは言います。2014年に初の女性パリ市長に選出されたアンヌ・イダルゴは、勝利演説でこう明言しました――「私はパリ初の女性市長です。このことの意味を私は認識しています」。

あなたならどうする?

各国議会の世界的組織である列国議会同盟によると、2015年以降、世界的に女性の議員数は停滞しているそうです。女性は議会での存在感を高めるどころか、政治への関与を減らしているのです。プッシー・ライオットの活動家**マリヤ・アリョーヒナ**（1988-）は、その活動ゆえに投獄された経験を持ちながら、「どんな状況であれ、行動しつづけなければならない」と語っています。「私は無関心と無気力に抗い、自由と選択のために闘う」。あなたも、参加を呼びかけられているのです。

「個人に課される責任は
人々の判断力を強め
何にもまして良心を駆り立てる」

エリザベス・キャディ・スタントン

どうして見知らぬ男たちが私を「かわいこちゃん」とか「ハニー」と呼ぶんだろう？

マリリン・フライ／シモーヌ・ド・ボーヴォワール／ソフィー・グリオン／ジュリア・ギラード

地球に住む女性なら、この不思議な現象は誰でも知っていることでしょう。何が変かっていうと、見ず知らずの人があなたを妙に親密な呼び名で、それもどこか軽んじるような空気を伴いながら呼ぶことです。まるで、自分たちがすでに何らかの関係を築いているみたいに。でも、どうしてこれってこんなにむかつくんだろう？　そして、なぜ男性たちはこういうことをするのでしょうか？

「かわいこちゃん」のように、見ず知らずの他人が一見「親しげ」な名で呼びかけると、多くの少女や女性たちは奇妙な感覚を覚えます。たいていは（態度に出ないとすれば）胸のうちで自分が反発していることに気づくのです。けれどその一方で、男性はただ「感じよく」ふるまったと思っていて、女性がどうしてそんな反応をするのかわかっていません。もし彼女が実際に反発すれば、彼は「きみにはユーモアのセンスがないね」というような言い方で諌めようとするでしょう。そうやって再び偽りの親密さを押し付けながら、気まずさの原因は女性にあると思わせるのです。彼女は足をすくわれたような思いをし、彼は平然と生活に戻っていきます。

アメリカのフェミニスト、**マリリン・フライ**（1941-）はこうしたとりとめのない経験について思いを馳せ、それらにはしばしば一種のダブルバインドが働いているのだと気づきました。彼女

はエッセイ『性差別の鳥かご（The Systemic Birdcage of Sexism）』の中で、「抑圧（oppression）」の語源は「押し付ける（press）」なのだと指摘しています。なぜなら、抑圧とはある集団をさまざまな圧力にさらし、制限、抑制、固定化しようとすることだからです。女性たちは、ルールを破れば処罰や損失、侮辱にさらされるような権力の網に捕らわれています。家の中でも外でも、生活保護を受けていてもいなくても、子どもを育てていてもいなくても、結婚していてもいなくても、異性愛者でもレズビアンでも、その両方かどちらでもなくても、このルールはあらゆる場で、あらゆる権力から発生するというのです。かれらが感じるプレッシャーは、経済的地位や「女性はこうあるべき」とする文化的期待（家族、宗教、階級、あるいは特定の民族や政治集団への帰属意識に起因する）から生じます。

　これはある意味で、女性は男性から「他者」としてまなざされているという**シモーヌ・ド・ボーヴォワール**の主張（16頁へ→）に立ち戻ることになりますが、フライは男性が女性に「他者」であってほしいと願う心理や、そうした思いを女性に伝えるやりかたにも関心を持ちました。セクシズム（性差別）は女性の平等を否定するだけでなく、女性がどのようにふるまうべきかを教えるのだと彼女は言います。男性が「女性」のまわりに引いた境界線を踏み越えるような行動をとれば、女性たちは自ら、列を乱さずもとの場所へ戻らなければ、とほのかなプレッシャーを感じるようになるのです。

鳥かごの中

　些細なことの積み重ねなのだけど、それらは単独で見ればまったく無害に見えるのだとフライは言います。鳥かごを思い浮かべ

「じわじわと背後に忍び寄るものは、いつだって数えればきりがないような小さな物事の積み重ねなのだ」

——マリリン・フライ

てみて。ワイヤーの一本だけをじっと見つめていれば、長いあいだそのワイヤーを上から下まで眺めても、それが鳥に何か害を与えるなんて思わないでしょう。そのまわりを自由に飛びまわるのは簡単なことです。さらにワイヤーを一本一本点検しても、鳥がそれによってどんなふうに阻害されたり危害を加えられるのかは見えてきません。でもあなたが一歩下がってケージ全体を眺めてみたなら、鳥が「体系的に関連しあう障壁のつらなり」に囲まれていることは一目瞭然です。どれも単独では飛行の妨げにはならないけれど、合わさるとまるで「地下牢の堅固な壁のように」、しっかりと中に閉じ込めることができるのです。

マリリン・フライは、抑圧のさまざまな要素を鳥かごの格子として考えるように勧めています

だから抑圧は見えにくく、認識しにくいのだとフライは言います。なぜなら、それぞれの女性は暮らしの中で一度に一本ずつ「ワイヤー」と対峙しており、同時に自分の生——子どもとしての、独身者としての、パートナーとしての、母親としての、高齢の女性としての——が置かれた（場所や時代によっても異なる）社会の中で、常に「力」の網目にさらされているからです。そして、家庭や職場でこう

した期待を内面化してきたことは、「いい子でいたい」という他者から好かれたい願望とともに、さらなる「力」の強化として作用してしまいます。鳥かごは社会のルールと期待から成っており、それは外から求められるものも、内面化されたものも含みます。よって、それらの完璧な融合があたかも「普通」であるかのように見えてしまうのです。

　では、もし女性がこのような状態を普通のこととして受け入れないとしたら？　ゲームに参加しなかったら？　最初の反応はたいてい、彼女はジョークを解さないほど頭が悪いか、ユーモアがないなんて主張することで、女性たちが口にしそうな不満を矮小化するものでしょう（これだけで白目をむいて立ち去りたくなりますよね）。けれどフライによれば、反抗の度合いに応じて脅しにも段階があるのだそう。女性がある服装をすれば、性的な交わりを期待していると思われる。別の服装をすれば、身だしなみに気を使っていないだとか、「女性らしくない」と言われる。強い言葉を使えば売春婦かふしだらな女で、使わなければ「おしとやか」、無頼な言葉や現実世界に対峙するには「繊細すぎる」と言うのです。

　妙に親密な愛称はフェミニストたちの思考の種になる、とフライは言います。それらを考えることで女性たちは「ワイヤー」の一部に近づき、少なくともその部分がシステムの中でどのように機能しているかを見ることができるからです。もし一人の女性が日常の中で違和感のある呼び名に気づいたなら、おそらくその状況自体に、男性が支配的な立場を再確認するような何かが内在しているのでしょう。こうしたことは女性が（お金を差し出す力を持つ）顧客である金銭取引において発生しやすいのですが、女性が主導権を握る可能性さえあれば、あらゆる状況で起こりうる

のです。そうした場では、通常のパワーダイナミクスが脅かされるかもしれないから。デヴィッド・キャメロンが英国首相だった2011年、彼は女性議員の指摘を否定しようと、「まあ落ち着きなさいよ、いい子だから」と言ったのでした。2012年、同じようなことですが少しひねりを加えた戦法で、Uberの取締役であるデヴィッド・ボンダーマンは、役員会に女性を多く起用すれば「たくさんおしゃべりをする」ことになるとほのめかしました。

　これらの発言は、女性を真剣に取り合う必要のない「かわいくて小さなモノ」として矮小化する行為です。加えて、男性たちは自分がそうしたいと思えば、女性を好きなように呼んでもいいのだと思い込んでいるようです。それも、女性たちが誰かにそう呼びかけるなんてほとんど想像できないような呼び名で。ロジャー・ブラウンとアルバート・ギルマンによる「権力と連帯の代名詞（The Pronouns of Power and Solidarity）」という著名な論文によれば、これらの用語は、何の問題もない大人と大人の対話における力関係を、強者と弱者の関係へ変えてしまうことがあると言います。多くの言語（現代英語では失われていますが）において、「あなた（you）」はフランス語のtuやvousのように、より親しみのある言い方やフォーマルな言い方をすることができます。私たちはいつどこでこれらの代名詞が用いられるべきかわかっているので、会話の当事者同士が互いを同じレベルで呼び合うなら、かれらは対等に接していることになります。しかし、代名詞が非対称に用いられる場合、それは不平等な上下関係を示唆します。見知らぬ人に親しげな代名詞（または「かわいこちゃん」などの言葉）を使うことは、格上の者が格下の相手に話しかけることを意味し、相手がより丁寧で敬意ある言葉を返すことで、自分が格上の人間であることを確認したいという心理が働いているのです。

どうして見知らぬ男たちが私を「かわいこちゃん」とか「ハニー」と呼ぶんだろう？

こうした状況では、親しみのある代名詞や言葉は親密さを示すのではなく、優位性を示すことになります。見知らぬ男性から「ハニー」や「いい子」などと呼ばれる女性は、（内面化した、そして外から押し付けられる社会的な力によって）自分はそれを喜ばないといけないらしいことも知っているのです。抑圧された人々には、笑顔で明るくいることが要求されがちだ、とフライは言います。「従えば、私たちは従順であり、置かれた状況に同意していると示すことになります」。そうすれば抑圧者たちは皆がこの状況に満足しているのだと、そういうふりを続けることができてしまう。「だから、私たちは注目される必要はない。私たちは、透明化されることを受け入れているのです」。

　しかし、もしほほえまなければ、私たちは「意地悪で辛辣、怒りっぽくて危険」な存在だと思われてしまうかもしれないとフライは指摘します。「気難し」く、一緒に仕事をするのは嫌だと非難され、雇用さえ危ぶまれるかもしれません。ジャーナリストの**ソフィー・グリオン**（1973-）によると、家庭におけるこうした不従順さは、身体的に攻撃されたり殺されたりする正当な理由として法廷で扱われてきました。パートナーやその家族全員を殺害した男性たちの用いる言葉を研究していると、かれらは（原因は）自分自身とは関係なく、パートナーのふるまいに対して「ヒューズが飛んだ」「メルトダウンした」（pétage de plomb）とよく言うのだそうです。また彼女は、このようなケースにおける男性による暴力の長い歴史を、メディアは無視し、隠してきたと指

「最も晴れやかな表情以外はすべて、意地悪で、辛辣で、怒りっぽく、危険だと思われる」　　　──マリリン・フライ

考えてみよう

男性がほかの男性に対して、こんなふうに親しげな呼び名で呼びかけることってあるだろうか?

摘しています。こうした事件は「情念の犯罪」（crimes passionnels）や「家族の悲劇」（drames familiaux。一般的には、男性がパートナーと子どもたちを殺害したのちに自殺する「家族全滅」を指すのに使われる表現）ではありません。グリオンによれば、これらの表現は女性に対する暴力を平凡で普通のこと——あるいは些細なことにさえ——思わせる作用があるといいます。「言葉は人を殺す」。彼女はそう語っています。

あなたならどうする?

フライが言うように、透明になってほほえんで前に進むのか、嘲笑や脅迫を受ける覚悟で最前に立ち危険を冒すのか、あなたは選ばなければなりません。オーストラリアの首相**ジュリア・ギラード**（1961-）のように、闘う価値があると判断した女性もいます。2012年、彼女はついに野党党首のトニー・アボットを糾弾しました。彼はそれまで、オーストラリア人女性が「アイロンがけをするときに考えるべきこと」や、中絶は「安易な逃げだ」など、あらゆる汚言を残しながら非難を免れてきた人物でした。ある輝かしいスピーチの中で、ギラードは彼の性差別的な主張をひとつひとつ挙げ、的確に論破していきました。今度あなたが「ハニー」と呼ばれたら、ギラードのことを思い出して、彼女がしたかもしれない返事を返してみるのはどうでしょうか?

女性は男性よりも思いやりがあるって、なんで言っちゃだめなの？

メアリー・ジャックマン／ピーター・グリック／スーザン・フィスク／ジョナ・ゴコヴァ

男性と女性は同じなのか異なるのかをめぐる長い議論の中で、とても興味深く、けれどフェミニストたちが嫌いがちなことのひとつに、男性よりも「いい人」だ（たとえば「優しい」、「思いやりがある」など）とステレオタイプ化されることがあります。一見これは褒め言葉のように見えますが、心理学的な観点から見れば、女性に対するこのような「好意的な」表現さえ、さりげなく男性の権威的立場を維持するために作用するのだと説明できるようなのです。

　社会学者や心理学者は、さまざまなタイプの集団における抑圧の現象を研究し、不平等な力関係が定着する筋道を明らかにしてきました。ふたつの集団のあいだに多くの交流がある場合、集団間の態度は最初は非常に敵対するものであるかもしれない。けれど次第に両義的であいまいなものになり始める、それは時間の経過とともに変化するのだとかれらは言います。アメリカの社会学者**メアリー・ジャックマン**（1948-）は、著書『ベルベットの手袋——ジェンダー、階級、人種関係におけるパターナリズムと対立（The Velvet Glove: Paternalism and conflict in gender, class and race relations）』（1994）の中で、一方が支配的、もう一方が従属的なふたつの集団に注目し、時間をかけてその交流を観察しました。かれらのあいだにあった純粋な敵意は、やがて融解していきます。

43

それもそうでしょう。人は真に敵対した関係の中では、密接な暮らしをともにすることなどできないからです。

　たとえば植民地主義においては、「白人の重荷」と言われる考えが育まれました。これによって植民地主義者の白人男性たちは、哀れな先住民を助けるという大変な「重荷を負わされた」善良な者たちとして自らを認識し、かれらの身体や土地を搾取しているという事実に日々直面することを免れたのです。そうすることで良心の呵責をやわらげ、自分たちの行動に対して募る罪悪感を癒やしたのでした。しかも、こうした神話が罪悪感を減らすものとして働くためには、物語を語る男たちが実際にその神話を真実だと信じなければならず、搾取される人々に対して自分は本物の愛情を抱いているのだと信じ込むようになりました。

　アメリカの心理学者**ピーター・グリック**と**スーザン・フィスク**は、1996年の論文「両義的性差別目録──敵対的性差別と慈悲的性差別の区別（The Ambivalent Sexism Inventory: Differentiating Hostile and Benevolent Sexism）」

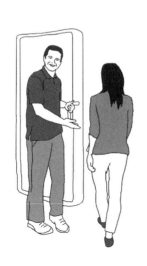

で、男女の関係にも同様の力（と神話）が働いているのだと述べています。狩猟採集社会では男女間に序列はありませんでしたが、農耕社会への移行に伴い、男性は政治、経済、法律、宗教の各制度を支配するようになっていきます。男性は女性に、かれらが今ある地位において成功できるような、それを助けるような役割を担ってほし

「女性に対して最悪の言葉は"女っぽい"。男性に対して最悪の言葉も"女っぽい"だ。女であることは究極の辱めなのだ」
——ジェシカ・ヴァレンティ

いと考えます。そして、女性にそうした役割を担わせる最も簡単な方法は、女性たちが「生まれながらにしてその役割に向いている」のだと社会全体で信じることでした。もしもこうしたステレオタイプが抑圧されたグループに対して明らかに不利なものであれば、反感や反発を招く可能性は高かっただろう、とグリックやフィスクは言います。一方で、ステレオタイプが軽蔑的なものではなく賛辞的なものとして提示されれば、従属集団において受け入れられやすくなるかもしれません。それらは内面化され、自分たち——この場合は女性たち——はもとから、生来の特質としてそうした側面を持っているのだと信じるようになるかもしれません。つまり女性たちは、男性の仕事上の役割をサポートし、子どもの世話をし、家庭を育み、基本的に思いやりがあって、気遣いができ、優しい存在として在ることで、（男性社会の望む）自然の摂理を満たしているのです。

両義的な性差別（Ambivalent Sexism）

グリックとフィスクによれば、男女間の不均等な力関係にはさらなる要素が加わるのだそうです。それは女性の持つ「ふたつの力（the dyadic power）」であり、賛辞あるいは慈悲ともとれる性差別的ステレオタイプを必要とします。「Dyad」とはふたつの部分を持つものを指し、あらゆる異性愛カップルには相互依存的な関

係が存在します。構造的な権力は男性が握っているかもしれませんが、性的な関係を結んだり、子どもを産むためには女性の存在を必要とするからです。それゆえ、女性にまつわる古い「ジョーク」だってあります。「暮らしをともにするのは耐えられない、だがいなければ暮らすことができない」と残したルネサンス時代のオランダ人学者エラスムスから、「妻がいる人生は気詰まりだが、妻がいなければ生きること自体不可能なのだ」と言った紀元前300年、ローマの元老院議員の大カトーまで。

　互いに敵対するほかのグループとは異なり、このふたつのグループは互いを必要としており、しかも親密な意味で必要とするのです。そのため、たとえ二者間の力関係が依然としていびつなものであっても、そばにいるために何か方法を見つけなければならなかったのだとジャックマンは言います。グリックとフィスクによれば、このこともまた、敵意が時間の経過とともにぼやけて両義性へと変化していき、敵対的な性差別（hostile sexism）と慈悲的な性差別（benevolent sexism）というふたつの形態で表れる理由のひとつなのです。敵対的なものも、慈悲的なものも、ともにパターナリズム、ステレオタイプ化、性的対象化という3つの要素を満たしていますが、一方が明らかに敵対的であるため、もう一方が一見賛辞的にも捉えられやすいのです。

敵対的な性差別（Hostile Sexism）

　この類の性差別は公然たるもので、ほとんどなんでもありと言って構いません。グリックとフィスクはある研究結果に注目しました。それは敵対的な性差別が、男性の権力や伝統的な性別役割分担、そして女性の身体を性的対象として自由に利用する男性の権利を、積極的に正当化するのだと説明するものでした。トル

コやブラジルなど女性の地位が男性よりもはるかに低い国では（インドにおいてカーストの低い人々に対する敵意が強いのと同様に）女性に対する敵意が強く、その敵意は、夫が妻を支配するために身体的暴力を行使することを承認する構造へとつながっています。

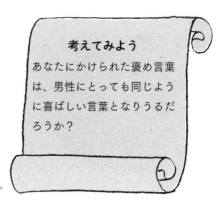

考えてみよう
あなたにかけられた褒め言葉は、男性にとっても同じように喜ばしい言葉となりうるだろうか？

　敵対的性差別を表明する男性は、支配的なパターナリズム（肉体的な強さや脅迫によって女性を従わせること）は正当化されると考えていることがわかってきました。なぜなら女性は弱く、男性によってコントロールされるべき存在だから。この考え方では、女性は（仕事やお金などとの）競争相手であり、規制し、コントロールしなければならない対象とみなされます。男性は攻撃的かつ支配的な存在であり、女性は男性を支配することで立場を逆転しようとしているというのです。敵対的なステレオタイプの中では、女性はビッチ、売れ残り、ババア、ダサ女、性悪女などと表現されます。こうした明らかな戦争状態は見つけるのも止めるのも簡単ですが、慈悲の顔をした差別は対処するのがずっと難しいものです。

慈悲的な性差別（Benevolent Sexism）

　慈悲的な性差別という言葉は社会学者が用いるもので、女性に愛情を感じながらも男女関係において自らが支配する必要を感じ、男性優位をより穏やかな形で正当化し、ずっと「受け入れやすい」ステレオタイプに頼っている男性の行動を表します。このよ

セクシズム（性差別）の中には、ほかの形態より見えづらいものもあります

うな性差別は、単純に礼儀正しいふるまいに見えることがよくあります。

　グリックとフィスクによれば、ここにもパターナリズム的な考え方は依然としてあるのです。ただ、それを公然と示して支配的にふるまう代わりに「慈悲的」なやりかたをとる男性は、より「父親のよう」なふるまいをするのだそうです。このような男性もまた、女性のほうが弱いのだと考えているものですが、それを口実に女性を脅して服従させるのではなく、妻などのパートナーと相互依存関係にある場合などには、とりわけ自らを保護者や供給者として捉えたがります。

　慈悲的なステレオタイプも同様に、攻撃的には見えません。こうした方法を使う男性は、女性を否定するのではなく、理想化するのだと研究者たちは明かしています——かれらは女性を溝に放るのではなく、台座に乗せて飾るのです。女性は穏やかで、思いやりがあって、命あるものを育み、気遣いが自然にできて、優しく……と、その他完璧な妻や母親に求められるあらゆる属性を身

の回りの女性に重ねるのです。そんなふうに思いやりに溢れた「女性」たちは、まるでまったくの偶然であるかのように、家庭内で求められる役割と完璧に符合します。ゆえに慈悲的な性差別の求めるものは「自然」なものとして正当化され、議論の余地がなくなってしまうのです。慈悲的な方法をとる男性は、妻を自分の「片割れ（my better half）」だと表現する傾向がある、とグリックやフィスクは言います。性的な面では、女性の身体を自分の望むように扱う対象として利用するのではなく、表向きにはロマンチックなやりかたで、自分を「完全」にしてくれる対象として見るのだそうです。

　では、希望はあるのでしょうか？　フェミニストの**ジョナ・ゴコヴァ**（1956-）は、1998年にジンバブエで行った有名なスピーチ「男性がジェンダーの固定観念から抜け出すには（Challenging Men to Reject Gender Stereotypes）」の中で、この不毛な二重構造から抜け出す方法を提案しています。男性は性別というものに向き合う際に新しい目を持つべきだと彼は言います。家父長制の下で男性自身が失っているものがいかに多いか、たとえば自分の感情を率直に表現する権利など——女性の前であっても、そうでなくてもです——を自覚するべきなのだと。自分の感情を完全に抑制しなければならない場は、非常に大きなストレスや、心臓発作とも関連していることがすでに証明されているのだから。ゴコヴァはボーヴォワールと同様の意見を述べています。家父長制の中で、男性は「本来自分のものではないイメージを演じなければならない。そしてそれはいつまでも耐えうるものではない」。「男性優位の神話」を生きることは、あらゆるジェンダーを生きる人を傷つけており、男性たちは変わる必要があるのだと彼は語っています。

あなたならどうする？

あなたが褒め言葉に違和感を覚えたのなら、それは慈悲的な性差別だったのかもしれません。聞こえはよくても、人と人との力関係においてあなたを劣位に置くものがそうです。同様に、女性のほうが男性よりも「思いやりがある」と表現するのは、女性のほうが自分の感情にアクセスできると主張しているのと同じです。現代社会では、理性が感情的知性よりも高く評価されがちです。ゆえにこうした行為が男性をより優位な立場に押し上げることになるのです。

フェミニズムは白人女性だけのもの？

シャーロット・ホーキンス・ブラウン／アドリエンヌ・リッチ／ベッティーナ・アプテカー／キンバリー・クレンショー／ベル・フックス／アンジェラ・デイヴィス／コンバヒー・リバー・コレクティブ

1920年、アフリカ系アメリカ人の参政権運動家であり教育者でもあった**シャーロット・ホーキンス・ブラウン**（1883-1961）は、白人女性たちが集まる会議で、メンフィスの会場へ向かう列車での出来事について語りました。彼女が話したのは、12人の白人男性に寝台車から無理やり連れ出され、隔離された「黒人専用」の日帰り客車に引きずり込まれたこと。怒りと屈辱を感じたホーキンス・ブラウンは、「私が一番悲しかったのは、車内に女性がいたのに、反対の声が上がらなかったことです」と聴衆に語ったのでした。

　ホーキンス・ブラウンは、メアリー・マクロード・ベスーン（1875-1955）とともに全米黒人女性評議会の共同設立者となっていました。彼女は聴衆の白人女性たちに、もし自分がそのような状況に置かれたとき、どのような心境になるか考えるよう求めたのです。「ほんの数分だけ、有色であるということを想像してください」と彼女は言い、1920年代のアメリカにおいて黒人であることがどのようなものであったか、リンチやレイプの恐怖、黒人女性が日々強いられていた暴行や侮辱について聴衆に語りました。ホーキンス・ブラウンは、白人女性たちに自分たちの経験の外側から考えさせ、「女性」という概念を再認識させようとしました。白人女性の経験や理論はかれらだけのものであり、白人中

「違いが私たちを分断するのではない。その違いを認め、受け入れ、祝福する――そうできないことが問題なのだ」

――オードリ・ロード

心的なもので、すべてを包括するものではないのだと気づかせようとしたのです。

　1989年、ユダヤ系アメリカ人の白人作家**アドリエンヌ・リッチ**（1929-2012）は、白人女性が「女性」の概念を転換できるよう奮闘していました。ホーキンス・ブラウンが示唆したように、白人女性が自分たちの特権の外側に、そしてそれを超えたところに目を向けられるように。リッチは『位置の政治学のための覚書（Notes Toward a Politics of Location）』の中で、アメリカではテレビの「ニュース」のスイッチを入れるときでさえ、それは「自国の市民に（共産主義が）中米で進行中であること、我々の自由が脅かされていること、ラテンアメリカの苦しむ農民を止めなければならないことを伝えている」のだと述べています。この極端に狭い世界観が、白人以外の人々をすべて劣った存在とみなす言説に白人を閉じ込め、違いを見つめたり探究したりすることを妨げているのだと。それは「有色」であることを「ほんの数分だけ」想像することすら不可能にしてしまうのです。

体現によって定義される

　私たちはアイデンティティの位置の政治に向き合わなければならない、とリッチは言います。私たち一人ひとりは、ある特定の身体の中に位置しており、それは「最初から……複数のアイデン

ティティを持っている」。「私は」——最初から——「女性として見られ、扱われ、同時に白人として見られ、扱われた」。リッチは、ある身体に位置するということは「膣口とクリトリスと子宮と乳房を持つことが、私にとって何を意味するのかを理解する以上のこと」であると述べています。「それはこの白い肌を認識することであり、その肌が私を連れて行った場所、私を行かせなかった場所を認識することである」。

　これはすべての男女、そしてあらゆるタイプの身体的特徴に当てはまります。私たちの身体は私たちに対する人々の反応に影響を与え、私たちに特定の経験をもたらすのです。リッチは、第二波のフェミニストたち（16頁へ→）は「中心に立って見よう」とし、男性ではなく女性の視点から女性について問いかけたのだと説明しています。私たちは支配のない社会を作りたかったのだ、と彼女は言います。「問題だったのは、『私たち』と言うとき、それが誰を指しているのかわからなかったことです」。白人女性は、自分たちが白人であることと折り合いをつけ、女性として疎外されてきたにもかかわらず「他者を疎外」していること、それは「（自分たちの）生活体験が思考を要さぬほど白人的であるがゆえ」なのだと気づかなければならない。そう彼女は語るのです。

　1989年、社会主義フェミニストの**ベッティーナ・アプテカー**（1944-）は『人生のタペストリー——女性の仕事、女性の意識、日々の経験の意味（Tapestries of life: women's work, women's consciousness, and the meaning of daily experience）』の中で、もし白人女性が有色の女性の経験と抑圧を心から理解したいと願うのであれば、「中心を入れ替える」必要があると述べています。これはほかの人（またはグループ）の経験を主要な視点として中心に据え、同時に自分自身の立場を認識しながら、両方の人（またはグ

ループ）が価値ある立場に置かれ、それぞれの視点について真の理解を試みることを意味しています。ニラ・ユヴァル・デイヴィスは1994年の論文「女性、民族性、エンパワーメント（Women, Ethnicity and Empowerment）」の中で、エルサ・バークリー・ブラウン教授の言葉を引用しています。「すべての人は比較する必要もなく、その枠組みを自分のものとして採用する必要もなく、別の経験を中心に置き、それを検証し、その経験の基準から見ることを学ぶことができる」。

交差性と差異

　法学教授であり人権活動家である**キンバリー・クレンショー**（1959-）は1989年に交差性（インターセクショナリティ）という言葉を紹介し、黒人女性の体験が同時に複数の力によって抑圧されていることを説明しました。彼女の画期的な論文「人種と性の交差点を脱周縁化する（Demarginalizing the Intersection of Race and Sex）」の中で、クレンショーは、多くの道路が交差し、どの方向にも車が流れていく交差点を想像するよう私たちに呼びかけています。もし事故が起きれば、その原因はいずれかの道路から、あるいはすべての方向から来た車にあるかもしれない。同様に、黒人女性は性差別、人種差別、階級差別、あるいはこれらすべてによって被害を受けるかもしれないのです。

　黒人女性は、人種差別や性差別という法的カテゴリーに当てはまらない形で差別されており、しばしばこれらのカテゴリーのいずれからも法律上保護されていません。たとえば、1964年のデグラフェンレイド対ゼネラルモーターズという裁判では、五人の黒人女性が違法解雇で勝訴できませんでした。彼女たちが解雇されたのは、差別とは関係なく「最後に雇用された者が最初に解雇

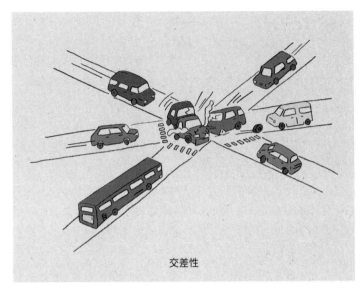

交差性

される」ためだと説明されました。黒人だから解雇されたのでは
ない、と判事は言いました。黒人男性がまだ工場で働いていたか
らです。また、女性だから解雇されたのでもありません——白人
女性がまだ工場で働いていたからです。クレンショーが指摘した
ように、この工場では長年、白人男性、黒人男性、白人女性、黒
人女性の順で従業員が採用されてきました。黒人女性たちが最も
不安定な立場に置かれていたのは、黒人であり女性でもあったか
らでした。しかし裁判所は、「原告らが差別を受けた場合、救済
を受ける権利があるのは明らか」だが、ふたつの形態の差別を組
み合わせた「超救済」はありえないとしました。人種差別と階級
差別の交差点に身を置くことは、黒人女性が法の「隙間」からこ
ぼれ落ちることを意味したのです。

　アフリカ系アメリカ人の活動家ベル・フックス（1952-）は、
アメリカとヨーロッパの政治の中心には互いに連動する政治体制

> **考えてみよう**
> 裕福な白人は、貧しい（あるいは裕福な）有色の女性の生活体験を理解できるだろうか？

が横たわっており、それらは19世紀に一体となって「帝国主義的、白人至上主義的な資本主義家父長制」という巨大な嵐を巻き起こしたと指摘しています。白人至上主義は、肌の白い人々がほかの人々よりも優れているとするものであり、植民地化された国々の資源や人々を搾取する権利があるとする点で、同様に「帝国主義的」なのです。活動家の**アンジェラ・デイヴィス**（1944-）が明らかにしたように、白人の主人／所有者による黒人女性への暴行やレイプもこれに含まれます。資本主義は生産手段を所有する者を優遇する経済システムであり、フックスは家父長制を「男性が本質的に支配者であり、優れており……支配し、統治する権利を与えられていると主張する政治的・社会的システム」と定義しています。世界中の労働者階級の女性や有色人種の女性は、中流階級や上流階級の白人女性が気づかない形で、この交錯する両方の力の影響を受けているのです。さらに悪いことに、白人女性たちは人種的特権や階級的特権に注意を払う必要を感じずにここまできたのだとフックスは指摘しています。というのも、多くの裕福な白人女性は、「搾取され、従属させられた下層階級の女性たちが自分たちの拒否してきた汚れ仕事をやってくれる」ことを当てにしてきたから。それらの特権から利益を得る当事者だったからなのです。

交差性からアイデンティティ政治へ

　近年、交差性からアイデンティティ政治が急成長し、違いを認

めるだけでなく、互いに協力することを拒否するグループが増え
ているようです。その結果、最近ではフェミニストが大学やその
他の公共の場で発言することを拒否されるケースも出てきていま
す。イランのフェミニストで人権活動家のマリアム・ナマジー
（1966-）は、こうした言論の縮小を懸念するフェミニストの一人
です。2016年、彼女は「Feminist Current」のポッドキャストで、
表現の自由は一部の女性にとって異論を唱え抵抗するための唯一
の自由であり、フェミニストたちは貧困の女性化に抗し、女性
に対する暴力を減少させるために世界中で活動していると話しま
した。女性たちはともに闘うべきであり、平等と人権という大き
な政治的目標の下で、互いに支え合い、協力しあうべきだとナマ
ジーは言います。

あなたならどうする？

1977年、**コンバヒー・リバー・コレクティブ**として知られるア
メリカの黒人フェミニスト・レズビアン団体が有名な「声明」を
発表しました。その中でかれらは、フェミニストの課題は「抑圧
の主要なシステムが連動しているという事実に基づいた、統合的
な分析と実践の連続」であると述べています。フェミニストたち
がすべての女性の生活を向上させようとするならば、すべての女
性の声に耳を傾け、女性たちに対抗するあらゆる力を見つけ出し、
それに抗議するために、絶えず「中心を入れ替える」必要がある
のです。

どうしてフェミニズムは
まだ平等を勝ち取っていないの？

スーザン・ファルディ／メアリ・ウルストンクラフト／バーバラ・サンティー

これはとても重要な問いです。なぜなら国連の調査によると、フェミニズムの4つの「波」（19頁へ→）を経たにもかかわらず、世界中のどこをとっても、女性が男性と平等な社会経済的・政治的地位を獲得した例はありません。それなのに、イプソスが2017年に23カ国で実施した世論調査では、女性の45％がすでに完全な平等を達成したと考えていることがわかったのです。いったい、何が起こっているのでしょう？

　国連開発計画（UNDP）が23カ国から集めた情報をもとに発表したジェンダー不平等指数（2017年版）によると、アメリカでは72％の男性が女性に平等な機会があると考えており、インドとカナダでは76％、イギリスでは67％の男性が同様の回答をしているようです。驚くことではありませんが、「平等だと思う」と答えた女性は45％と少数派にとどまっています。つまり、男女ともに現実とは少し異なる見方をしているようなのです。アメリカ人の作家**スーザン・ファルディ**（1959-）は1990年代初頭にこの食い違いを研究し、この歪みこそがフェミニズムの各波を最終的に失敗させてきた一因であることに気づきました。彼女はこれを「バックラッシュ」と呼びました。
　この言葉を1991年の著書『バックラッシュ──逆襲される女たち（Backlash: The Undeclarared War against American Women）』［新潮社、1994］のタイトルとしたファルディは、フェミニズムによっ

てもたらされたあらゆる利益が、反対派によって社会の中で——特にメディアをつうじて——いかにしてたちまち損なわれてしまうのかを詳細に探ろうとしました。フェミニズムが何年にもわたって獲得してきたものを覆すためのやり口はいつだって同じなのだ、と彼女は言います。それは、フェミニズムが女性に害を与えてきたという考え方であり、不平等や家父長制ではなく、フェミニズムそのものがすべての女性の問題の根源だというものです。ファルディは、専門職の女性たちが「燃え尽き症候群」や早期の心臓発作に苦しんでいること、また「不妊症の蔓延」の犠牲になっていることを告げる見出しの例を無数に見つけ出しました。独身女性は「男不足」を嘆き、自分たちの状況に「落ち込み、混乱」している、等々。こうした叫びは新聞売り場、テレビ、映画、広告、さらには学術誌や医師のオフィスなどいたるところで聞かれたとファルディは語ります。未婚の女性たちは「ヒステリック」であり、「深刻な自信喪失」の下に崩壊しつつあるとニューヨーク・タイムズ紙は述べています。まともな人間なら「やめろ！　この悪夢の原因となっているものを見つけ出し、何としても取り除かなければ！」とでも叫びたくなるでしょう。もちろんこの反応こそ、意図的に引き出されたものなのですが——なぜなら、その「原因」はフェミニズムだと言いたい人々が存在するからです。

娼婦と男尊女卑

　西洋で出版されたフェミニズム理論の最初の主著には、1792年の**メアリ・ウルストンクラフト**『女性の権利の擁護（A Vindication of the Rights of Woman）』があります。イギリスの作家ヴァージニア・ウルフ（1882-1941）が「私たちは今生きている

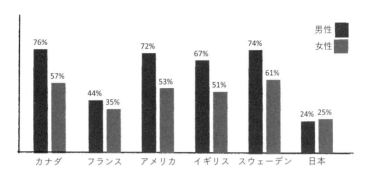

出典：Ipsos, 2017

「私が住んでいる国では女性は男性と同等の機会を与えられている」という意見に、
あなたは賛成ですか？

あいだにも彼女の声を聞き、彼女の影響をたどることができる」
と述べたように、ウルストンクラフトはフェミニズムの創始者と
みなされています。しかし、少女や女性が受けられる教育や経
済的自立の欠如に反対する彼女の刺激的な呼びかけから1世紀も
経ったにもかかわらず、ウルストンクラフトの名前はほとんど救
いようのないほど中傷されてきたのでした。彼女が闘ったのは、
女性が「男性に対して権力を持つためではなく、自分自身に対し
て権力を持つため」でした。これは急進的な考えには思えないか
もしれませんが、実際にはイギリスの哲学者であり経済学者でも
あったジョン・スチュアート・ミル（1806-73）が提唱した「古
典的な」原則を67年も先取りしているのです——「自分自身に
対して、自分の身体と心に対して、個人は主権者である」。ミル
の主張は1859年のエッセイ『自由について（On Liberty）』で発表
されて以来、哲学者たちによって賞賛されることとなりましたが、
ウルストンクラフトの主張は、女性が自分自身に対して権力を持
つ権利を明記したものであるにもかかわらず、混乱、同意、敵意

「反フェミニズムのバックラッシュは、女性が完全な平等を
達成したことによってではなく、それを勝ち取る可能性が高
まったことによって引き起こされるのだ」

——スーザン・ファルディ

が入り混じって迎えられたのでした。

　38歳で亡くなるまでに、ウルストンクラフトの思想は当時の
マスコミや知識人たちから総スカンを食らっていました。彼女自
身もまた、不名誉な存在であったとかれらは声高に書き残してい
ます。私生児を出産し、意中のノルウェー人船長に会いに世界中
を旅するなんて、と。彼女はその道中でのちにベストセラーとな
る著作を著しました。夫のウィリアム・ゴールドウィンによって
書かれ、彼女の死後に出版された伝記は、図らずも彼女がどれほ
ど自由な思想を持った女性であったかを明らかにし、その結果ウ
ルストンクラフトは（彼女の思想とともに）「哀れな狂人」「ペチ
コートを着たハイエナ」などという不自然な存在として排除され
たのでした。彼女の早すぎる死は——出
産によるものでしたが——彼女にとって
当然の報いであり、それ以上でも以下で
もないと人々は語ったのです。

ヴィクトリア期のバックラッシュ

　最終的には、熱心な読者でさえ彼女の
思想から離れようと思い直すほど、ウル
ストンクラフトは世間から嫌悪感を抱か

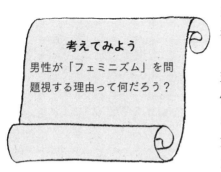

考えてみよう
男性が「フェミニズム」を問題視する理由って何だろう？

れ排斥されました。彼女の初期のフェミニズム的主張に対する反発は、白人男性至上主義、制度化された女性嫌悪、（私的な性暴力と並んで）禁欲・貞淑の規範が支配的となったヴィクトリア朝時代の大英帝国におい

て、その威力を存分に発揮することとなります。中流・上流階級の女性にとって支配的なイデオロギー（規範）は「純潔」「敬虔」「家庭的」というものでした（「真の女性」崇拝とも呼ばれる）。女性は人生に対して受動的な態度をとることが期待され、一方で夫や父親が世界中の「未発見」の資源を通じて自分たちを豊かにしてくれたのだと賞賛を贈ることが求められたのです。現代のフェミニストたちは、フェミニズムに対する反動的な主張が、セクシュアリティ、搾取、女性嫌悪、そして男性の「自然な」優位性という、これらと同じ用語をめぐって動きつづけていることに注目しています。

「女性」の運命を思えば幸いなことに、婦人参政権運動家たちはこのような現状に異議を唱え、女性の法的権利と新たな表象を求める運動を展開しました。アメリカの運動家ヴォルテリーヌ・ド・クレール（1866-1912）やマーガレット・サンガー（1879-1966）のような少数派の人々も、女性の性と生殖に関する権利を求めて積極的な運動を展開しました。これらの女性やグループはすべて「ヒステリック」で「狂っている」と非難され、男性という長らく苦しんできた生き物からすべてを奪おうとする強欲な醜女だと非難されました。当時の絵葉書には、選挙権をほしがる女

性たちを「男が建てた家で、すべてを手に入れ、すべてを望む、狡猾なサフラジェット（The sly Suffragette, who is all on the get, and wants all, in the house that Man built）」と表現した『男が建てた家（This is the House that Man Built）』という詩が記されています。平等を求める婦人参政権闘争は男性の権力を剥奪するための闘いとして捉え直され、女性たちは男性の服を着て「男性の仕事」をするように描かれました。当時、男性は女性に対して権力を持っていたため、男性の理屈では、婦人参政権闘争は、女性が家庭や職場で「主導権を握る」ように状況を逆転させようとするものでした。女性が求めているのは平等ではなく男性に対する権力であるというこの考えは、1900年代以降、あらゆるバックラッシュにおいてフェミニズムへの反論としていつも用いられてきました。

家庭への強制的回帰

　1960年代から1970年代にかけての第二波フェミニズム（16頁へ→）は西欧諸国における1950年代の専業主婦の概念を崩壊させたため、フェミニストたちが主婦や母親としての女性の「天賦の」才能をつぶしたという反発が必然的に起こることとなりました。フェミニストたちは女性らしさそのものを取り去ろうとしており、魅力的でない中性的な外見に取って代わろうとしている、と新聞は悲鳴を上げたのです（それはある意味で真実でしたが）。1970年代から1980年代にかけては、女性も男性も二元的な性の表象に規定されない服を着るようになり、男女ともに気が向けば化粧をするようにもなりました。女性は職場に進出し、男性で埋め尽くされた機関にも参入していきます。ファルディによれば、その後のバックラッシュは「不妊の子宮」、男性不足、落ち込んだ独身者といった神話が広まったことが中心でしたが、それ

は事実の歪曲にすぎないものでした。ファルディが著書『バックラッシュ』の中で述べているように、それらが伝えたいことはこういうことです──「あなたは今、自由と平等を手にしているかもしれないが、これほど惨めなことはない」。フェミニズムのせいであなたはこうなってしまったけれど、幸運なことに私たち（ファッション、ダイエット、化粧品業界）があなたを再びゴージャスでフェミニンにする（高価な）方法を用意していますよ。ファルディによれば、「女性運動は……女性にとって最大の敵であることが証明された」と、「私たちは何度も何度も聞かされた」のです。

　今日、フェミニズムに新たなうねりが起こり、2012年にインドで始まったレイプやセクハラへの力強い抗議運動が2017年にアメリカを経由してさらに勢いをつける中で、一部のフェミニストたちは再びバックラッシュが起こるのではないかと予想しています。2017年12月、Twitterのフィードは事態がすでに「行き過ぎた」ことを示唆するツイートで活気づきましたが、ファルディによればその反応はまさに1980年代のバックラッシュのきっかけとなった主張と同じものだったそうです。

あなたならどうする？

フェミニズムの新しい波が押し寄せるたび、女性の苦難の責任はフェミニズムそのものにあるという主張がなされてきました。アメリカの活動家**バーバラ・サンティー**博士（1937-）は、2012年の『若い活動家への手紙——旗を降ろすな（Letter to a Young Activist: Do Not Drop the Banner)』の中で、これを回避する方法は単純なことだと述べています。1917年に婦人参政権運動家たちが選挙権を求めてホワイトハウスの前に立ったとき、かれらは逮捕され、警察に引きずり出されました。そして連行される前に、一人一人が自分の旗を別の婦人参政権論者に渡したのです。女性たちは入れ替わったけれど、横断幕は残った。女性たちが選挙権を獲得するのに70年かかったように、私たちも平等のために同じことをしなければならないとサンティーは言います——私たちは旗を掲げつづけなければならないのです。

第2章

恋愛と人間関係

最近デートしてる人がなんでも奢ってくれようとするんだよね。これでいいのかな？

シモーヌ・ド・ボーヴォワール／ケイト・ミレット／グロリア・スタイネム

デートというのは比較的新しい現象ですが、やはりジェンダーに基づく独特の「ルール」を持つものです。今日でも、男性は「奢らなければならない」と思い、女性は「奢ってくれる」ものだと期待するというのはよくあることではないでしょうか。2017年にマッチングサイトMatch.comが出した「アメリカの独身たち（Single in America）」の調査によると、47％の女性が自分が自立していることを示すために会計時に支払いを申し出ると答えましたが、その数をはるかに凌駕する74％の女性は、「デートの相手に何かしてあげないといけないという義務感を感じないために」そうしていると答えたそうです。

　ここでいう義務って何のことでしょう？　伝統的なデートのガイドラインには、男性がデート代を支払う義務や、女性がセックスをなるべく控え、まるで好きな男性へのプレゼントかのように捧げる義務などがありました。こうしたシステムは女性が企業で働くことがまだめずらしく、男性と比べて経済的に不利を被っていた時代に作られたものであり、「男女」がデートで互いに何を期待するかをめぐる厄介な前例を生み出してしまったのです。現代の生活にはうまく馴染まないシステムであるため、フェミニストたちのあいだでは多くの議論が繰り広げられてきました。世界的なレストランチェーンで男性が会計をするような異性愛的なデートこそ、最も家父長制・資本主義社会における「男女」の役

割をまっとうしている瞬間なのだとかれらは言います。

　第一波のフェミニストたち（15頁へ→）は、こうした現代における「あるある」を真っ向から紐解いていくことはありませんでした。なぜなら、「デート」という概念が姿を現したのは1920年代以降のことだったから。それ以前は、婚姻前の男女が付き添いなしに公に出かけることなどありえませんでした――ましてやレストランでの食事や、近所のバーで何杯かマルガリータを楽しむなんてとんでもないこと。

　女性が職業やお金を持たなかった時代、誰が支払いをするかなんて訊ねるまでもなかったのです。それはいつだって、その女性を連れ出した男性の仕事でした。彼が誘ったのだから、彼が支払う。何よりもまず、パートナーシップは家族間でお膳立てされるものであり、男女の交際は女性側の家で、家族の面前で堂々と行われるものでした。

　現代を生きるあなたは、自分が将来付き合うかもしれない相手は自分で選んできたでしょうし、少なくとも相手からの誘いを受けるときに家族からのプレッシャーなんて感じずに済んだのではないでしょうか。おそらくあなたは自分でお金を稼いでいるし、男性に支払ってもらう必要は感じないでしょう。ただ、これが厄介なのです。

　昔と変わっていないのは、経済面で「女性」がまだ不利を被っていること。現在に至るまで、交際する男女のうち、より多くの稼ぎがあるのはたいていの場合女性ではなく男性のほうです。そして資本主義社会では、金銭は権力と化します。たとえ交際相手の稼ぎがあなたより少なくても、あなたが社会や両親、スマホでスクロールするあらゆるメディアから学んできたジェンダーロールは、あなたと交際相手の二人ともを苦しめるでしょう。

騎士道精神は廃れたのか？

　支払うのは男性だという思い込みについて考えていきましょう。フェミニズム運動において女性とは何かを定義しようとするとき、いつもそれは「男性とは何か」の言説に照らして語られるものでした。**シモーヌ・ド・ボーヴォワール**（1908-86）は1949年に『第二の性（The Second Sex）』第二巻をあの有名な一節、「人は女に生まれるのではない、女になるのだ」という言葉から始めます。これを受けて、第二波のフェミニストたち（16頁へ→）は両方の性（sex）がジェンダーや求められる役割について学んでいく過程を探究したのです。デートの例で言うと、あなたのパートナーは「費用を負担するのは男性である自分でなければならない」という固定観念なしに支払いを申し出ているのではありません。むしろ、文学や映画、テレビ、広告、そして歴史が彼に教えてきたのです。それは「彼」の仕事であると。

　では、あなたが彼よりも多く稼いでいても、同じシステムが当てはまるのでしょうか？　そうとはかぎりません。それでは慈悲

的性差別（47頁へ→）になってしまいます。慈悲的性差別とは、女性（や男性）に対する騎士道的ふるまいのことで、一見好意的に見えても実際のところは性差別的なステレオタイプの押し付けであることを言います。あなたのケースでは、女性側がより弱い立場に置かれることになるのです。

最近デートしてる人がなんでも奢ってくれようとするんだよね。これでいいのかな？

取引的な関係

大雑把に言ってしまえば、男性がすべてのデート費用を支払い、その代わりあなたがセックスでお返しするというような構図が生まれると、そこには取引的な関係の基礎が築かれていることになります。

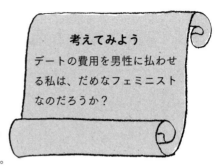

考えてみよう
デートの費用を男性に払わせる私は、だめなフェミニストなのだろうか？

その男性が、あなたを買うことになるのです。セックスワークとその経済的運用を背景に考えるとき、これはフェミニスト的に考えて問題だと言えるでしょう。

Match.com「アメリカの独身たち」の調査をもう一度見てみるにあたって、二つ目の統計を思い出してみましょう。74％の女性が、「デートの相手に何かしてあげないといけないという義務感を感じないために」会計時に支払いを申し出るという結果のことです。なんだか、こんな問いが浮かんできます——あなたがお金を出すのは、そうしたいからですか？　それとも、奢ってくれた相手から何かしらの返礼を期待されていると不安に感じるからでしょうか？

デートにおける性行動の研究はさまざまあり、あるアメリカの大学では83％の女性が、高校の最終学年以降、デート中に男性から性的に加害されたことがあると回答したそうです。さらには、フェミニスト的思想やデート費用の分担がデート中の犯罪の報告件数減少につながるとは示されていないようなのです。そう考えると、割り勘をすることはあなたを性的攻撃から守らないけれど、正しい相手を選ぶことであなたは守られると言えるのかもしれません。

「あまりにも多くの人が、自分にふさわしい人を探している
——自らそうなろうとするのではなく」

——グロリア・スタイネム

新しいルール

アメリカのラディカル・フェミニスト、**ケイト・ミレット**
(1934-2017) は代表的著作『性の政治学（Sexual Politics)』(1970)
[ドメス出版、1985] の読者に対し、男女ともに囚われているジェ
ンダーのステレオタイプを解体しようと訴えました。ミレット
は「道具的」男性性と「受動的」女性性について言及しています。
異性愛的な関係におけるパワーバランスの不均衡についてくりか
えし語りながら、私たちが引き受ける「役割」は制限を設けるだ
けでなく、自分でも心地よいとは思えないようなふるまいへ私た
ちを差し向けるのだと言います。アメリカのフェミニスト、**グロ
リア・スタイネム** (1934-) は、女性たちがありのまま、まるご
との自分を受け入れ、誰かと違うことを恐れないことが必要だと
唱えてきました。スタイネムの自己肯定的なフェミニズム観によ
ると、相手のふるまいから彼があなたにふさわしいかどうかを測
るのではなく、まずはあなた自身のふるまいについて考えてみよ
うと言うのです。

最近デートしてる人がなんでも奢ってくれようとするんだよね。これでいいのかな？

あなたならどうする？

奢ってくれるからといって、あなたの相手は何も悪いことはしていない。でも彼は、かつて男性が金銭や権力を影響力として利用してきた、その長い伝統を受け継いではいる。実用的なガイドラインとしては、デートに誘ったほうがその日の支払いをするのがいい、なんて言えるかもしれません。ただこれが平等に機能するためには、誘ってもらったのと同じくらい、あなたも彼を誘う必要があります。「あまりにも多くの人が、自分にふさわしい人を探している——自らそうなろうとするのではなく」とスタイネムは言いました。別の言葉で言えば、大胆であれ、ってことでしょうか。思い切って、私が奢るよと言ってみて。そのとき、相手が気を悪くしたりするのか見てみましょう。いずれにせよ、あなたは彼について何か学ぶことがあるはず——そしてあなた自身についても。

自分を客体化することなく、 マッチングアプリを使うってできるかな？

ナオミ・ウルフ／シュラミス・ファイアストーン

マッチングアプリはもう、インスタントに「出会い」を求める若者たちの暇つぶしではありません。いまや独身の人同士は、多くがマッチングアプリで出会うのだそう。愛を求めて右スワイプするのは現代文化を象徴する行為です。でも、こうして視覚ベースで愛を探すがゆえに、私たちは自分の身体をこれまで以上に客体化してしまってはいないでしょうか？

　出会い系アプリやサイトのほとんどは見た目から入る仕組みをとっています。それらを使いたければ、あなたはまず自分の写真を上げなければならないし、プロフィールにあれこれと書き連ね、将来のパートナーに向けて自分のことを説明しなければなりません。インターネット上に自分の姿を刻み、知らない誰かから「いいね」や「右スワイプ」をしてもらい、マッチに漕ぎ着く中で、あなたは外的な要素への評価（ほとんどが容姿にまつわること）を求めることになります。

　客体化されていると感じるのは当然のこと。でも、それと同時に、あなたも男性を客体として見てはいないでしょうか？　マッチングアプリは双方向的なものです。それに、見た目でジャッジすることは薄っぺらいと思うかもしれないけれど、それは単に何千人といる候補の中からパートナーを効率よく探す方法なのだとも言えます。結局は「数が物言う」世界だから。少なくとも、アプリはあなたにそう思わせたいのだと思います。

　第二波のフェミニストたちが性解放の風の中、検閲と裸体、女性の身体について議論していた1960年代、マッチングアプリなんてものはありませんでした。しかし、テレビやフルカラー雑誌の台頭に伴い視覚ベースのコミュニケーションが爆発的に増えた当時、かれらは女性がどのようなものとして描かれるか、その中でどう自分自身を表したいかをずっと考えていました。『プレイボーイ』が最初に刊行されたのは1953年のこと。そして1970年代になると、ポルノ的なイメージはどこを見たって目に入る、ありふれたものになっていきました。

　視覚ベースのプラットフォームを利用するかぎり、容姿でジャッジされることは現代において避けられない事実です。それに加えて、出会い系サイトが比較的匿名性の高い作りになっていることから、あなたは前例のない、独特の空間に足を踏み入れることになります。多くのサイトが卑猥かつ不愉快な画像を規制し、攻撃的なふるまいを防ぐよう力を尽くしていますが、安全に感じられないという利用者からの声は絶えません。

公平な競争の場？

　マッチングアプリの思いがけない作用として、良くも悪くも公平性が保たれやすくなることがあります。相手を容姿でジャッジするのは、いまや女性だって同じですよね。『美の陰謀──女たちの見えない敵（The Beauty Myth）』（1990）［TBSブリタニカ、1994］において、アメリカの作家**ナオミ・ウルフ**（1962-）はこの変化が社会にどんな影響を与えうるかを論じています（もちろん、マッチングアプリ以前の話ですが）。「実際、男性が女性を見るのと同じように、女性は男性を性的・美的評価の対象として見ることができる。私たちもまた、並べられた中から『理想』の男性を選

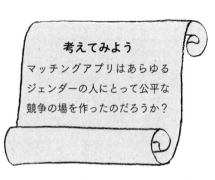

考えてみよう
マッチングアプリはあらゆるジェンダーの人にとって公平な競争の場を作ったのだろうか？

ぶことは難なくできる。もし、男性の美とほかのすべてを手に入れられるとしたら、私たちのほとんどはノーとは言わないだろう」とウルフは言います。「でも、だから何だというのだろう？　こうしたことをふまえても、女性たちは大概の場合、男性をまず一人の人間として見るという選択をしている」。

　マッチングアプリは美的感覚を頼りに相手を選ぶようになっているので、誰も異性（あるいは同性）を「人間」としてまなざしません。研究者によると、このことが男性の心理的幸福感にかつてない影響を与えているそうなのです。ある研究で示されたことには、Tinderをコンスタントに利用する男性はよりボディイメージにまつわる不安を抱えており、自己肯定感も低いのだそう。ユーザーたちは自分の顔に自信がない、自分の身体を恥ずかしく思うと回答するそうです。さらにかれらは、自分の身体を性的な対象と考える傾向が強いというのです。

「男性も女性も、もし異性を性的な対象であり人間でもあるものとしてまなざすことを許されれば、そのどちらの言葉も使わずにいることが最も心地よいのだと知ることになるだろう」

——ナオミ・ウルフ

　ウルフの議論が思い出させてくれるのは、現代では男性もこうして被害者となりうるけれど、それでもまだ、ジェンダー間で経験の不均衡は依然として存在するということ。男性は小さい頃から女性を客体化するよう求められてきましたが、女性は男性を客体化するようには求められませんでした。「もし少女たちが性的暴力を経験することがなかったとしたら——もし少女たちが男性の性を知る唯一の手段が、自分より年上の十代後半の少年たちが励ますようなほほえみを浮かべ、バラ色やモカ色の勃起したペニスを露わにした、簡単に手に入る、明るくて安っぽい映像の数々だったとしたら——少女たちはそうしたイメージを見て自慰行為をしたり、大人になれば男性の肉体を題材にしたビューティー・ポルノを『必要とする』ようになるかもしれない」。

　男性たちはこの訓練を拒否することもできる、とウルフは言います。「男性も女性も、もし異性を性的な対象であり人間でもあるものとしてまなざすことを許されれば、そのどちらの言葉も使わずにいることが最も心地よいのだと知ることになるだろう」。けれど、こうしたやりかたは出会い系サイトではなかなか奨励されません。

　「ghosting」（急に音信不通になること）や「negging」（ネガティブな言葉を投げかけ、相手の自己肯定感を下げること）という言葉が生まれたことを思うと、まったく逆のことが起こっているとしか

思えません。こうしたプラットフォームは人の良いところではな
く、悪いところを引き出しているように思われます。

愛はレイシスト（人種主義的）なの？

　マッチングアプリが社会に与える影響は計り知れません。交際
相手を見つける方法を変えたことがひとつ。そして他方では、潜
在的なパートナーに対して、相手のどこを魅力に感じるかをいま
やアプリが決めるようになったと示唆する研究もあります。

　2009年から2014年にかけて、OKCupidというマッチングア
プリがユーザー同士の交流のデータを分析しました（調査対象は
合計2,500万人）。その結果、黒人、アジア系、民族的にマイノリ
ティとされるグループのユーザーに比べ、白人ユーザーのほうが
より多くのメッセージを受け取っていることがわかりました。ま
た、白人ユーザーは白人でない相手に返信したり、マッチしたり
する傾向が低いこともわかっています。つまり、マッチングが成
功する確率は（返信をもらえる確率と比べれば）、単純に白人のほ
うが高くなるということです。

　ということは、マッチングアプリは人種主義的なものなので
しょうか？　いえ、厳密にはそうとは言えません。ただ、ユー
ザーたちは明らかにある特定の（白人的）容姿に惹かれる傾向が
あるということです。この調査は人種だけを対象にしていますが、
テクノロジーによって深刻化した社会問題はこれだけではありま
せん。男性も女性も多数派の「理想」を追い求め、できるだけ多
くの人に魅力的だと思われることを望むなら（そう、マッチングア
プリは数が物言う世界でしたよね）、個性なんてものは祝福されると
ころか、皺を伸ばすみたいにどこかへ追いやられてしまいます。

　これが愛の同質性と呼ばれるものです。カナダ系アメリカ人の

「世界中の女性がガラスの靴を履こうと躍起になり、自分の体を無理やり切り刻んでいる。でも、彼女たちに選択の余地はないのだ——そうしなければ、かれらの社会的地位は脅かされるのだから」　　　　——シュラミス・ファイアストーン

フェミニスト、**シュラミス・ファイアストーン**（1945-2012）は、『性の弁証法——女性解放革命の場合（The Dialectic of Sex: The Case for Feminist Revolution）』（1970）［評論社、1981］の中で家父長制が提示する一元的な理想を嘆き、世の中でうまくやっていくためには、女性たちは一定の外見を持たなければならないと教えられるのだと主張しました。「パンクな王子様の理想の女の子になるためなら、ダイエットや美容プログラム、洋服やメイクアップなど女性たちは何でもする」と彼女は言います。「でも、彼女たちに選択の余地はないのだ——そうしなければ、かれらの社会的地位は脅かされるのだから」。

　現代のマッチングアプリにスライドして考えてみると、あることが明らかになってきます。この世界は、私たちの違いを受け入れ合う方向へは進めていないということです。むしろ、より排他的なものになっていると言えるのではないでしょうか。社会が提示する理想に準ずることができないなら、愛を見つけることが難しくなる。出会いのプラットフォームにおける社会的価値を高めるためには、あなたはクローンにならなければならない。「ゆえに女性たちはどんどん似通った容姿になっていく」とファイアストーンは言います。「しかし同時に、外見で個性を表すことも求められているのだ」。勝ち目なんてあるわけがないのです。

勝手に送りつけてくる「男性器画像」

　そしてもうひとつ、マッチングアプリの台頭によって私たちの意識に強制的に入り込んできた現代的な現象があります。それは「男性器画像（dick pic）」です。市場調査会社YouGovによると、ミレニアル世代の女性の53％が一度は受け取ったことがあり、ミレニアル世代の男性のうち4人に1人が一度は送ったことがあると言われています。精神分析の分野に長けたフェミニストたちは、この事実に言いたいことがたくさんあるかもしれません。

　オーストリア人の精神分析学の創始者ジークムント・フロイト（1856-1939）は、人間心理を理解し「ペニス羨望」理論を展開する上で、ペニスに大きな関心を寄せていました。複雑な理論を大雑把に説明すれば、ペニスは権力の源であるとフロイトは主張したのでした。男性たちが自分の性器を見せつける理由も、ここにあるのかもしれません。さらに広義で捉えれば、女性が地位と平等を求めることを、男性は自分たちが去勢されるのだと解釈している──フェミニストたちはそう議論してきました。ペニスには答えるべきことがたくさんありそうです。

　長いあいだ、女性たちはそうできない一方で、男性は性行為をする相手を多く持つことができました。ゆえに、男性だけがその経験を比較することができたのでした。その後、1960年代に性革命が起き、女性も自分の経験を誰かと共有するようになりました。パートナーのパフォーマンスについて話したり、ペニスのサイズを比べたり。男性と女性がこうした事柄について対等に話し合えるとはまだ言えませんが、ひとつたしかなことがあります。勝手に性器の写真を送りつけることは、男性としての能力を証明すると同時に、性的な優位性を誇示する行為でもあるということです。

あなたならどうする？

多くのサイトがこうした行為を取り締まろうとしています。たとえばBumbleなど、女性にやりとりの初手を任せることでジェンダーのステレオタイプを壊していこうとするアプリだって出てきました。「フェミニスト」的な出会いのプラットフォームが新しい形を推し進めれば、ユーザーは男女ともにある意味で試されることになります。視覚ベースのプラットフォームを利用するかぎり客体化されることは避けられない副作用として存在しつづけますが、マッチングアプリが現代の交際におけるパワーバランスをこれまでとまったく異なるものに変えてしまえる可能性は十分にあります。シュラミス・ファイアストーンがもしアプリを手にしていたら、愛についての私たちの偏狭な考えを変えたかもしれませんね。

ワンナイトして悪いの？

キャロル・ヴァンス／グロリア・スタイネム／シュラミス・ファイアストーン／メアリー・デイリー

女性たちは性の解放のために長く険しい道を歩んできました。けれど、いまだに「カジュアルセックス」は否定的に見られることがほとんどです。特に女性がそうするとき、批判はあらゆるところから飛んできます。メディアでは「尻軽女」を貶めるのが定番だし、多くの性的パートナーを持つ男性は、女性がそうである場合とは真逆の扱いを受けるという明らかなダブルスタンダードが存在しています。これって、いったいどういうことなんでしょう？

1970年代の初め、女性の性生活は人々の注目の的でした。女性が性欲を行使する権利を求めて激しく闘うフェミニストもいれば、家父長制社会に生きるかぎり、女性の性欲が真に満たされることはないと主張するフェミニストもいました。

「一夜限りの関係」は現代的な現象ですが、女性がセックスを望むことで「ふしだらな女」や「売春婦」の烙印を押されるのはずっと昔からあったこと。1960年代に避妊具が普及し、性の解放が進むまでは、イギリスやアメリカにおいて婚外妊娠のリスクを負う覚悟が本当にあるのはセックスワーカーとして働く女性たちだけでした。彼女たちにとって、それは経済的な観点から避けることができないリスクだったのです。もしも、あなたが誰かと寝たことで「ふしだらな女」だと呼ばれることがあったら、その呼び名にはあなたが思っている以上に長い歴史と、解決されていない問題があることを思い出してほしいのです。

　男女間のダブルスタンダードも、フェミニズム理論の中でさかんに議論された話題のひとつです。イギリスでは1862年、軍隊内の性病を調査する委員会が設置されました。その勧告を受けて、最初の伝染病法が成立したのです。この法律は、特定の港や軍隊の町で売春の疑いがある女性を警察官が逮捕することを許可しました。女性たちは性感染症の強制検査を受けることとなり、もし感染を診断されれば、病院に収容されました。

　これらの措置は、軍隊にいる男性を病気から守るためにとられたものです。軍人は未婚であることが多く、同性愛は犯罪であったため、売春は必要悪と考えられていました。しかし、このような検査や監禁を男性に課すことを提案する者は誰もいませんでした。不平等をめぐる怒りに満ちた議論が始まったのは、こうした背景があったから。早期に可視化されたこれらの政治的課題は、女性が自らの権利を求めて組織化し、積極的に運動した最初の機会のひとつとなりました。

プロセックスフェミニズム

　あらゆる手段を使ってお金を稼ぐ権利から、望む相手と寝る権利まで、この種の闘いは今日でも（より静かにではあるけれど）繰り広げられているものです。性的自由をどのように行使したいのかについて、他者がとやかく言うのは

私たちが男性と女性のセクシュアリティについて使う言葉は、ダブルスタンダードに満ちています

「性的に活発な女性、あるいはそれを表現する女性は、ふしだらな女、色情狂とすら呼ばれるが、性的に活発な男性は正常であり、賞賛さえされるかもしれない」

——グロリア・スタイネム

明らかに反フェミニズム的なのです。現代のフェミニズムは個人の選択する力を基盤としており、1970年代のセックス・ポジティブ運動の台頭はこれを直接的に物語っているでしょう。性の解放は、性の力と性の喜びを表現するものとして提唱されてきました。それゆえ、LGBT（レズビアン、ゲイ、バイセクシュアル、トランスジェンダー）の権利を求める運動とフェミニズムの運動は並走してきたのです。性の解放とは、異性間の関係にかぎらず、自分が愛したいと思う相手を愛し、自らを望むままに表現することだったからです。

プロセックスフェミニズム、セックスラディカルフェミニズム、セックスリベラルフェミニズムと呼ばれるこれらの思想を支持する人々は、セックスしたい相手とセックスするというあなたの決断に大いに賛同しています。性の自由は、あなたの人権に不可欠な要素なのだから。いずれにせよ、同意のある成人同士のセックスは、他人がとやかく言うことではありません。

セックス・ポジティブなフェミニストたちは、同意ある成人同士の性行為をコントロールしようとする法的・社会的施策に反対してきました。著名なセックス・ポジティブ・フェミニストには、アメリカの作家キャロル・クイーン（1958-）や、かつてロサンゼルス・タイムズが「フェミニスト・バッドガール」と謳った

F は
FUN（楽しい）のF！

——「セックス専門家のスージー（スージー・セクスパート）」と
しても知られる——スージー・ブライト（1958-）がいます。「彼
女の信条はシンプルだ：セックスは楽しい。上品ぶった態度は死
を招く」と書いたのは1994年の記事。「ファンタジーは健全で重
要なもの。共感する心とラテックス（コンドーム）といくつかの
基本的な指導があれば、同意のある二人の大人のあいだで起こる
ことはオールオーケーなのだ」。

　スージー・セクスパートの名が広く知られるようになったのは、
アメリカのあらゆるセクシュアリティの人々にとって困難な時期
だったのだと記事は語っています。「エイズ、キリスト教の貞操
主義グループ、反ポルノキャンペーン、デートレイプ論争の中で、
国民の性欲は完全に後退しているようだ。司書のような知識を持
ち、母親のような心配りをし、娼婦のような率直さを持つ人物が、
セックスに楽しいという言葉を取り戻す機は熟していた」。

ベッドルームの家父長制

　アンドレア・ドウォーキン（1946-2005）やキャサリン・マッ
キノン（1946-）のような、1980年代から1990年代にかけて現れ

考えてみよう

なぜ男性は「色男（stud）」と呼ばれ、女性は「ふしだらな女（slut）」なんて呼ばれるんだろう？

た急進的なフェミニストたちは、今では「セックス戦争」として知られるセックス推進運動に反対していました。セックスをするとき、多くの場合、あなたは男性のエクスタシーの追求に参加しているに過ぎないのだとかれらは言います。ドウォーキンとマッキノンの学派は、レイプや性的虐待の恐怖の中で生きているうちは、女性たちは性的自由を手に入れることはできないと主張しました。

　かれらは、一夜限りの関係を持つことを悪いことだとは言わないかもしれないけれど、こうした類の加害からあなたが守られることを望んでいるのです。1970年代の急進的なフェミニズムのもとでは、より大きな安全が確立されるまで、私たちのセクシュアリティは満たされません。アメリカのフェミニスト、**キャロル・ヴァンス**は1984年の著書『快楽と危険——セクシュアリティの政治学（Pleasure and Danger: Toward a Politics of Sexuality）』の中で、この思想のニュアンスを探っています。「性的な危険と性的な喜びのあいだの緊張関係は、女性の人生において強力なもの

「セクシュアリティは制限、抑圧、危険の領域であると同時に、探究、快楽、主体性の領域でもある」

——キャロル・ヴァンス

である。セクシュアリティは制限、抑圧、危険の領域であると同時に、探究、快楽、主体性の領域でもある。快楽と充足のみに焦点を当てることは、女性の生きる家父長制構造を無視することになる。しかし、性暴力と抑圧のみを語ることは、女性の性的主体性と選択をなきものにし、女性が経験する性的恐怖と絶望を知らず知らずのうちに増大させてしまうのだ」。

グロリア・スタイネムもこの議論に加わっています。女性はしばしば、セックスにおいて単なるモノとして見られている、と彼女は言います。社会がセックスをどのように捉えるかにじゃまされて、自分の性生活をコントロールすることができないのです。「私たちが自分の感情を表現するために与えられる言葉でさえ、同じ思い込みに満ちている」と、スタイネムは1983年に出版した著書『侮辱的行為と日常的抵抗（Outrageous Acts and Everyday Rebellions）』の中で述べています。「性的なフレーズは、征服と屈辱（抱かれる、突かれる、犯される）を表す言葉としてよく使われている。性的に活発な女性、あるいはそれを表現する女性は、ふしだらな女、色情狂とすら呼ばれるが、性的に活発な男性は正常であり、賞賛さえされるかもしれない」。

性革命の限界

急進的なフェミニストである**シュラミス・ファイアストーン**は、性革命とそれが女性に与えるであろう自由に大きな期待を寄せていました。しかし、その前に変えていかなければならないことが多くありました。「社会主義的かつフェミニスト的な革命は女性と子どもを自由にする。完全なる経済的自立と性的自由を享受し、広い世界に溶け込むことができるから」と、彼女は希望を語るのでした。

　ファイアストーンはまた、男性は女性を貶めることなしにただ愛することができないようだと指摘しました。だから「性革命」は女性の解放を意味しないのだと彼女は言います。なぜなら、女性はいまだにダブルスタンダードに縛られ、愛とセクシュアリティを結びつけなければならないからです。

　アメリカの哲学者**メアリー・デイリー**（1928-2010）は、この問題に対して異例のスピリチュアルなアプローチをとり、女性のセクシュアリティや貞操の観念は、単に女性差別主義者や家父長制が用いる抑圧の道具のひとつに過ぎないと提言しました。デイリーは自分のセクシュアリティとスピリチュアリティを同列に考えるよう促し、セックスを単に人間の行為として捉えるのではなく、恍惚とした別世界のものでもあるとみなしています。

あなたならどうする？

極端なフェミニストたちの主張をまとめるとこうなります——女性が生殖するかぎり、性的自由は得られない。つまり、避妊と性革命がもたらすだろうとかれらが期待していた自由と快楽は、という意味で。人間の生命を生み出す力こそが、あなたがたの足かせになっているということなのです（とんでもない話ですよね）。私たちはまだ、来るべき革命を待っているみたいです。

「すべての寝室に
革命家がいれば、
日常は一変する」

シュラミス・
ファイアストーン

イったふりをしてるって
なんでパートナーに言えないんだろう？

アン・コート／ジャーメイン・グリア／シモーヌ・ド・ボーヴォワール／ジョン・ストルテンバーグ／ベティ・フリーダン

女性の性に関して、世界はまだまだ学ばなければなりません。研究によると、女性は男性よりもオーガズムを感じるのが難しく、ベッドでどういう行為が自分に合うのかを伝えることも難しく感じているそうです。あなたのパートナーにもこんなことは起こっていないでしょうか？　これはフェミニストが考えるべき問題なのでしょうか？　もしそうなら、あなたには何ができるでしょうか？

　女性のオーガズムは、生物学的にも、文化的にも謎に満ちたものとされています。文学、映画、メディアからほとんど無視され、検閲さえされてきたせいで、謎めいた存在でありつづけてきたのです。でもこれから話したいのはあなたのことであって、メディアのことではありません。いや、果たしてそうなんでしょうか？

　絶頂に達するのに苦労しているのは、あなただけではありません。コンドームブランドのデュレックス社がオランダで実施した調査（「オーガズム・ギャップ」として発表）によると、オランダとベルギーでは女性のほぼ75％がセックス中にオーガズムを感じないのに対し、男性のうち毎回絶頂に達するわけではないと答えたのは28％だけだったそう。デュレックス社はこれを「オーガズムの不平等」と呼んでいます。また、異性愛者の女性よりもレズビアンの女性のほうがオーガズムを感じることが多いため、この悩みは異性愛的関係にある女性に特有のものであることもわ

かってきました。

　女性はオーガズムを偽る必要性を感じている、とフェミニストたちが言う理由はたくさんあるけれど、その多くは、いうなれば女性であることと関係があるようです。ボーイフレンドの気持ちを傷つけたくないと感じてはいないでしょうか。自分のせいだと思ってはいないでしょうか。自分がオーガズムを感じたことがなく、ずっとそれを偽ってきたと認めたら、彼を男らしさの壇上から転落させてしまうのではないかと心配していないでしょうか。あるいはもしかしたら、偽ることが一番楽な選択だと思っているだけかも。いずれにせよ、偽っていることで、あなたは自分自身とボーイフレンドを欺いていると言えるかもしれません。でも、それってあなたのせいなのでしょうか？

膣オーガズムの神話

　女性のオーガズムにまつわる最大の謎のひとつは、そもそもなぜオーガズムが存在するのかということです。オーガズムは生殖行為には何の役にも立ちません（男性は女性とセックスをして、そ

「ポルノは女性の真実を語らない。しかし、ポルノは男性に
ついての真実を語る」　　　　──ジョン・ストルテンバーグ

の女性がまったく快感を感じていなくても子どもを授かることができ
ます）。科学者たちはこの疑問に対する答えをまだ見つけられて
いないのです。

　なかには、女性のオーガズムの存在そのものを疑う人さえいま
す。フェミニスト、そしてすべての女性たちは、長いあいだこの
誤解と闘ってきました。この闘いの重要性は決して過小評価され
てはなりません。世界には女性の快楽を罪とする文化がまだ残っ
ており、それゆえ女性器切除（FGM）という恐ろしい慣習が存在
します。これが、私たちの社会が依然としてフェミニズムを必要
とする理由のひとつだと多くのフェミニストたちは語っています。

　女性のセクシュアリティに関する最初の科学的研究は、アメリ
カの研究チームであるマスターズとジョンソンによって行われ、
1966年に『人間の性反応（Human Sexual Response)』という本と
して発表されました。その2年後、**アン・コート**（1941-)はマス
ターズとジョンソンの研究結果をラディカル・フェミニズムの視
点から考察し、女性のセクシュアリティに関するエッセイを残し
ました。このエッセイは「女性のオーガズム神話」と呼ばれ、ク
リトリスへの刺激によるオーガズムの証拠や、女性の身体の解剖
学的構造、膣オーガズムの「神話」が（現在に至るまで）維持さ
れている理由を考察したものでした。

　コートは、女性のセクシュアリティ、あるいはその欠如に対す
るジークムント・フロイト（1856-1939）のアプローチが、ヴィ

クトリア朝時代に生まれた誤解——ヒステリックな行動や、女性は男性より劣っているという考え方など——をいかに強化したかを研究しました。しかし一方で、女性は男性の支配に対する自然な反応として無感覚（不感症）を装うことを学ぶのだというフロイトの考えには、何かしらの真実があるのではないかとも考えたのでした。もしかしたら、女性のセクシュアリティを恐れているのは、女性も男性も同じなのではないか？　コートはこうした問いに向き合うことを恐れず、公的な場で何が論じられ、何が論じられないかについての先例を作り出しました。

女性は単に不感症なのか？

　もしあなたが恋人に対して「イったふり」をしているのなら、あなたは女性のオーガズムを信じている側だということです。では、何が問題なのでしょうか？　オーストラリア系イギリス人の作家**ジャーメイン・グリア**（1939-）は、1970年に出版した『去勢された女（The Female Eunuch）』［ダイヤモンド社、1976］という本の中で、女性が自分の性的欲求に疎いのは、幼い頃から、男の子と違って自分自身を理解することのないように教えられるからだと嘆いています。「小さな女の子は自分の性器について学んだり、性器がどのような組織でできているかを確認したり、潤滑や勃起のメカニズムを理解したりすることから遠ざけられてしまう。その考え自体が不快なものとされるのだ」。

　シモーヌ・ド・ボーヴォワール（1908-86）は女性のセクシュアリティを語ることにおいて当時極めて先駆的な存在で、こうした男女の対比を取り上げ、性の政治学の議論へと応用しました。『第二の性（The Second Sex）』（1949）では、男性が性行為への欲求を持ったとき、セックスをして絶頂を迎えればその欲求はなく

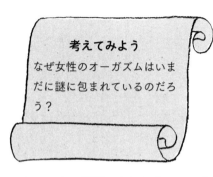

考えてみよう

なぜ女性のオーガズムはいまだに謎に包まれているのだろう？

なると述べました。しかし女性にとっては、この流れはここまで直線的ではなく、単純でもないようなのです。

　もしあなたがオーガズムを得るのが難しいと感じているのなら、それは経験不足と、自分自身をよく知らないことが原因かもしれません。女性のオーガズムは社会から無視され、過小評価されてきました。簡単なことだと教わったのに、実際はこんなに複雑だなんて。すぐに理解できなくても不思議なことではないのです。

メディアのせい？

　私たちはこのような例をメディアで何度も何度も目にしてきました。あなたも、あなたのパートナーも、女性が相手の男性とまったく同じタイミングで絶頂に達する映画やテレビ番組のシーンを見たことがあるのではないでしょうか。前戯はゼロで、すぐに挿入するセックスとか。映画や本やポルノから、女性はそのように快感を得られるのだと学んでいるとしたら、次に起こるのは、イくことができないのは自分に問題があるのだろうと疑うことです。自分や相手の期待を裏切らないために、即興で演技することを学んでいく。つまり、嘘をつくことを。

　急進的なアメリカのフェミニスト、**ジョン・ストルテンバーグ**（1944-）は言いました。「ポルノは女性の真実を語らない。しかし、ポルノは男性についての真実を語る」。1989年のロマンティック・コメディ『恋人たちの予感（When Harry Met Sally）』

で、メグ・ライアン演じる
主人公がこうした嘘を暴こう
としたシーンはとても有名で
す。自分がいかに簡単にオー
ガズムを偽装できるかを実演
し、きっとハリーだって彼自
身が思っているようなセック
スの達人ではないのだと説教

YES, YES, YES!

するのでした。「男はみんな、　一番有名なフェイク・オーガズム（イっ
自分はふりをされたことなん　たふり）？『恋人たちの予感』のメグ・
てないと思っていて、女はみ　ライアン

んなその経験があるってことよ」とサリーは言います。「それく
らいわかるでしょ」。

新しい女性の創造

　1970年代のいわゆるセックス戦争において、フェミニズムは
セックスやポルノ、そして検閲に注目していました。**ベティ・フ
リーダン**（1921-2006）は、1963年に出版した『**新しい女性の創
造（The Feminine Mystique）**』[大和書房、1965]において、当時流行
していた心理学を用いて女性とそのセクシュアリティを理解しよ
うと試みました。主体性や探究の機会が奪われているとき、女性
は「人間的成長から遠ざかり」、「人間として最大限に成長するこ

> 「男はみんな、自分はふりをされたことなんてないと思って
> いて、女はみんなその経験があるってことよ。それくらいわ
> かるでしょ」　　　　　　　　　　──サリー『恋人たちの予感』

とが許され、奨励されないかぎり、性的充足も、人間の愛の最たるところも知りえない」のだと彼女は言います。

　フリーダンは、女性のセクシュアリティと「支配感情」「自尊心」「自我レベル」との関係を論じた心理学教授アブラハム・マズロー（1908-70）による1930年代の研究を引用しています。テレビや映画でよく見かけるのとは対照的に、この研究では、支配的な女性ほどセックスを楽しみ、オーガズムを得やすいことが明らかにされています。フリーダンいわく、こうした女性はより自分に正直に生きることができており、従って愛に身を委ねられるのだとか。

　しかし、現実にはこのようなことはあまり起こらないのだとフリーダンは言います。女性は最初の性体験で、自分は男性のオーガズムを促進するために存在するのだと自覚します。彼女はファンタジーの一員であり、普段の生活と同様、従順でなければならず、相手を喜ばせなければならない存在なのだと。

あなたならどうする？

フリーダンと同時代の女性たちは、日常生活の中で自己を表現できる女性だけがオーガズムに達することができ、その結果、自分自身（の性生活）に対する主導権を握れるのだと主張しました。「性的なオーガズムにおける自己の超越は、創造的経験における自己の超越と同様に、完全な自己、つまり自分自身のアイデンティティを確立した者によってのみ達成されうる」と彼女は書いています。女性のオーガズムは存在します。そして、オーガズムを感じる権利は女性の権利です。人間の権利です。それはあなたのものなのです。

私は幸せで成功もしてる。
パートナーっていなきゃだめなの？

ジャーメイン・グリア／シュラミス・ファイアストーン／ベル・フックス／
グロリア・スタイネム

あなたの仕事は順調で、人生を楽しんでいる。でも社交の場に出るたびに、あるいは親戚の家に行くたびに、誰もが知りたがるのは、あなたが誰かと付き合っているかどうか。もし付き合っていないなら、なぜなのかを訊ねてくる。日常的に行われるこうした私生活への干渉はいつ終わるのでしょう？　かれらを黙らせるために、ただ頷いてみせるべき？　あなたはなぜ、他人にどう思われるかを気にしているのでしょう？

　ほんの百数十年前、独身の女性は選挙権もなく、一人では何もできなかった時代に思いを馳せてみてください。だからといってあなたの交際状況を悪く思う必要はないのです（むしろその逆です）が、多くの友人や親戚がなぜあなたの恋愛に興味を持つのかを理解する上で、少しは参考になるかもしれません。ひと昔前までは、女性は文字通り男性なしには社会的に生きていけませんでした。今でも、一部の人々は変化に追いついていないようです。

　「独身」女性は現代的な表現です。多くのメディアでこの言葉が取り上げられていることにあなたもきっと気づいているでしょう。子孫を残すには時間切れだと告げる新聞記事であれ、新しい出会い系アプリを試してみることを勧める親友であれ、私たちは独身の女性が今の自分を否定される世界に生きています。

　セックスを楽しむなら娼婦、結婚したくないなら売れ残り、自

「女性を劣等かつ寄生的な階級と定義する男性管理社会では、何らかの形で男性の承認を得られない女性は破滅する」

——シュラミス・ファイアストーン

己愛を実践するなら魔女。これらのレッテルは、あなたが伝統的な男性の世界、家父長制の外で生きようとしているために貼られたものです。女性は子作りのためにいるのだから、男性の助けを得て人類の未来を守れないならどんな存在意義があるというのでしょう？——なんて具合に。

独身女と独身男

　多くのフェミニストが指摘しているように、あなたのような立場の独身男性がこの種の質問をされることはありません。第二波フェミニズム（16頁へ→）を代表する思想家、オーストラリア系イギリス人の**ジャーメイン・グリア**は、『**去勢された女（The Female Eunuch）**』の中でこのダブルスタンダードについて掘り下げています。「未婚でいる女性はチャンスを逃したに違いない……未婚の男性はただぴったりの相手に巡り会えなかったのだ」。第二波フェミニズムの時期、個人的な関係について男性に許されることと、女性に許されることの違いに多くの女性が頭を悩ませました。ここでグリアは、社会が同じ立場の二人を性別によってどのように扱うかの違いを明確に示しています。「一般的に、修道女はみんな愛に失望した女性たちであり、キャリアウーマンはつらい世の中で人間にもたらされうる一番の幸福を得られなかったために、その穴を補う者たちだとされている」。グリアが捉えた家父長制社会では、独身であることは愛に失望した証か、個人

的な失敗の証のどちらかなのです。お好きなほうをどうぞ。

家父長制と資本主義

　第二波フェミニズムに台頭したもう一人の女性は、カナダ系アメリカ人の**シュラミス・ファイアストーン**です。ファイアストーンのアプローチは急進的で、社会主義者のフレデリック・エンゲルス（1820-95）とカール・マルクス（1818-83）の研究を学んだ上に成り立つものでした。家父長制と資本主義の下で女性がいかに抑圧されているかを説明するために、下層階級と女性に対する抑圧を分析し、これらの類似点を利用したのです。それとあなたの交際状況とのあいだにどんな関係があるの？　なんて思うけれど、実際にはかなり多くのつながりがあるようです。

　「女性を劣等かつ寄生的な階級と定義する男性管理社会では、何らかの形で男性の承認を得られない女性は破滅する」とファイアストーンは1970年の著書『性の弁証法（The Dialectic of Sex）』の中で述べています。「自分の存在を正当化するために、女性は

女性以上の存在でなければならず、劣等の定義から抜け出す方法を探しつづけなければならない。そして、このように恵まれた状態を女性に与えることができる立場にあるのは、男性だけなのだ」。はやく落ち着いていい人を見つけなさいと言う人々の前で、ファイアストーンは間違いなく、あなたの強さと決意に大きな拍手を送ることでしょう。彼女によれば、あなたが好むと好まざるとにかかわらず、社会においてあなたのアイデンティティは異性と結びつけられており、まず男性に愛されなければ、自分自身を愛することは許されないのだというのです。

まず自分を愛する

　1960年代から1970年代にかけて、反戦デモと性の解放の時代に身を置いた思想家や活動家たちの姿から想像できるように、第二波のフェミニストたちは、自己愛と自己実現に夢中になっていました。自分の人生に何かが足りないと感じたら、それは男性ではなく、自己愛なのだとかれらは言ったでしょう。

スタイネムは、他人を愛そうとする前に、自分自身を愛することを学ぶようにとアドバイスしています

　自分の価値と自尊心というこの出発点こそが、社会を変え、女性が自分自身をどうまなざすかを変えるために必要なことだと多くの第二波フェミニストたちは信じていました。「自分自身をありのままに見て受け入れることができれば、自己愛に必要な基盤を築くことができる」。アメリカのフェミニスト、**ベル・フックス**（1952-）は2000年の著書『オール・アバウト・ラブ――愛を

めぐる13の試論（All About Love）』［春風社、2016］の中でそう述べています。「自分自身に愛を与えることで、私たちの内なる存在に、ほかの誰かからもらうことをいつも切望していた無条件の愛を得る機会を与えるのだ」。

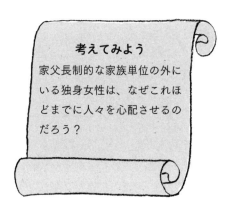

考えてみよう
家父長制的な家族単位の外にいる独身女性は、なぜこれほどまでに人々を心配させるのだろう？

愛と自尊心との関係に関心を持つもう一人のフェミニストは、**グロリア・スタイネム**です。彼女のフェミニズムへのアプローチは、外からのプレッシャーがあなたの自尊心に与える影響や、私生活がいかに社会によって左右されているか、社会があなたに何を期待しているかに目を向けるよう勧めるものです。

スタイネムの自己愛の提唱は、社会問題に対するより現代的なアプローチを彷彿とさせます。彼女は、他人に愛を求める前に、自分自身の中に愛を見つけるよう女性たちに促しました。愛を求める女性たちを「中毒者」と呼び、彼女たちが間違った場所、つまり「異物」に自分自身を見出そうとしていることを示唆したのです。1993年に出版された『ほんとうの自分を求めて――自尊心と愛の革命（Revolution from Within）』［中央公論社、1994］の中で、彼女はこう書いています。「ほかの中毒者同様、私たちの多くはまだ自己否定の中にいる。私たちはいまだに、異物の中に、つまり他人の身体や心の中に、欠けた自分の一部を見つけることができると信じているのだ」。

フックスとスタイネムによれば、あなたがこの性差別的な状況

「一般的に、修道女はみんな愛に失望した女性たちであり、キャリアウーマンはつらい世の中で人間にもたらされうる一番の幸福を得られなかったために、その穴を補う者たちだとされている」
　　　　　　　　　　　　　　　　　　——ジャーメイン・グリア

を乗り越え——「男を捕まえる」ことができて初めて、あなたが何かを成し遂げたと友人や家族に思われてしまうようなこの状況を——、男性の視線から離れたところに自分の価値を見出すとき、あなたは自分自身についてより深く知るようになるのです。

あなたならどうする？

いずれにせよ、フェミニストの第一人者たちは、人生は単なる待ち時間ではないということを忘れないでほしいと語っています。パートナーがいてもいなくても、幸せにも不幸せにもなれるのですから。スタイネムは『ほんとうの自分を求めて』の中で、このことを真摯に書いています。「幸いなことに、フェミニズムは、私やほかの何百万もの人々が、結婚の有無にかかわらず、自分自身になろうとするのを助けてくれた。見知らぬフェミニストの素晴らしい言葉を借りれば、『結婚したかったあの男性に、私たち自身がなれる』ということを理解できるようになった」。あなたの親戚は、ただあなたの幸せを願っているだけかもしれません。それに、いつも恋愛をしている人たちに囲まれているのはつらいことかもしれません。でも、もしあなたが幸せで、自分自身に誠実であるなら、それ自体が抵抗なのです。スタイネムが言うように、革命は内側から起こるのだから。

私のボーイフレンドも
フェミニストになれるかな？

ロバート・ジェンセン／ジョン・スチュアート・ミル／ジョン・ストルテンバーグ／ベル・フックス

ペニスを持っているからといって、かれらがフェミニストになれないということはありません。ジェンダーの固定観念は、私たち全員を縛っているのです。あなたのボーイフレンドは、「男らしく」なければならないというプレッシャーを感じてはいないでしょうか？　プロテインシェイクばかり飲んで、ハルクのようになろうとするのをやめてほしいと思っていませんか？　これまでの歴史を鑑みても、フェミニストの大義に賛同する男性たちは多くいたのです。社会の期待を打ち破ることによって、誰もが恩恵を受けられるのだと理解している同志はいつの時代にも存在します。

　あなたのボーイフレンドに、男性のステレオタイプに従って生きることが彼に何をもたらしたのか、訊ねてみてください。ジェンダー・ステレオタイプを満たすことを義務だと感じなくていいのだと、何世紀にもわたってフェミニストたちは女性に語りかけてきましたが、男性にもまったく同じことが言えます。たとえば、自分の感情について話さないのが「男らしい」、ケアの心を表さないのが「男らしい」、女性を尊重しないのが「男らしい」。ポルノを見て、男同士で笑い合うのも「男らしい」。男なんだから（Boys will be boys）、というのは危険な決まり文句です。
　いや、これらは本当に危険なのです。男らしさについて強い考えを持っている男性ほど、女性に対して攻撃的になりやすいこと

が多くの研究で示されています。どのようにふるまうべきか女性がプレッシャーを感じるように、男性にも同様のプレッシャーがあります。フェミニズムは本来、一方を変えずに他方に対処することはできないものです。

　もちろん、男らしさと権力は連動していると考える男性もいます。こうした男性は（男性）至上主義者と呼ばれています。かれらが家父長制を愛するのは、それが自分たちを支配的立場に置くからであり、かれらが決してフェミニストだと名乗らないのは、フェミニズムが自分たちに利益をもたらすシステムそのものを破壊しようとするためです。

　このことが私たちに教えてくれるのは、従来の人間関係においてジェンダーロールがどのように表れるかということの闇の側面です。私たちは、男女のあいだには力の不均衡があると教えられてきました。「夫を尻に敷く」という表現がいまだに飛び交っているほどですし、あたかも一方が支配的で他方が従順でなければならないかのように思えてしまいますよね。しかし多くの場合、「支配的」な役割を期待されるのは男性なのです。

　このことが女性に対する暴力、さらにはレイプ文化につながることは想像に難くありません。調査によると、伝統的なジェンダーロールを守る男性ほど、性的に強制的な行動をとった

いや、フェミニストもいろいろですよ

ことがあり、レイプの被害者を非難しやすく、親密なパートナーからの暴力を容認しやすいことが一貫して示されているのです。第二波のフェミニストたち（16頁へ→）は、男性が女性に対してこのような行動をとりつづけているあいだは（特にベッドの上では）女性は決して安全ではないと、強い確信を持って主張しました。

フェミニズムが人間関係に良い理由

　対照的に、フェミニストを自認する男性と交際している女性はフェミニストでない男性と交際している女性より、質の面でも長期的な安定性の面でも健全な関係を築いていると示す研究結果もあります。あなたも、フェミニズムが実際には女性のためだけでなく、すべての人のためにあるという説明とともに、この議論をボーイフレンドに提示することができるかもしれません。

　そのとき、「男性はフェミニストになれるのだろうか」という疑問が浮かぶこともあるでしょう。「フェミニズムを生きる男たち（Men in Feminism）」という言葉は、1987年にアリス・ジャーディンとポール・スミスによって編集された同名のアンソロジーで初めて使われました。その際、男性はふたつのグループに分けられています。第一のグループは、自分たちを利する構造を認めつつも、すべての男性が抑圧者ではないことを主張する人々です。第二のグループは、男性であることの意味や、さまざまな社会的・文化的・歴史的文脈における、男らしさを形作る慣習や言説について学ぼうとする人々です。

　しかし、これは私たちの日常生活とどのように関係しているのでしょう？　近年、男性フェミニストについて議論している人物にアメリカの**ロバート・ジェンセン**教授（1958-）がいます。

「女性も男性も、すべての人にフェミニズム教育を提供する大衆ベースの運動を生み出す努力をしなければ、フェミニズムの理論と実践は、ほとんどの主流メディアで作り上げられる否定的な情報によって絶えず損なわれてしまうだろう」

——ベル・フックス

2017年の著書『家父長制の終焉——男性のためのラディカル・フェミニズム（The End of Patriarchy）』の中で、ジェンセンは男性が女性を「救済」しようとせずに（そして再び権力的な立場をとるという罠に陥ることなく）、同志（ally）となり変革の主体となる方法を提示しています。フェミニズムを男性への贈り物と表現し、セックス、ジェンダー、文化を理解する最も説得力のある手段なのだとジェンセンは言います。彼はまた、私たちすべてを支配する家父長制的なルールが、いかに人間や私たちの住む地球に害を及ぼしているかを示しています（ちなみに、有名なフェミニスト思想家の多くは環境活動家でもあったりします）。

偉大な男性フェミニストたち

フェミニズムを生きる男性たちの歴史は長く複雑なものです。女性の権利のための闘いに貢献した最初の重要な男性の一人は、英国の哲学者であり政治経済学者の**ジョン・スチュアート・ミル**（1806-73）でした。著名な女性の権利活動家であった妻のハリエット・テイラー・ミル（1807-58）とともに、彼は1861年に『女性の解放（The Subjection of Women）』と呼ばれるエッセイを書きました。かれらは次のように語っています。「男性と女性というふたつの性別（sex）のあいだにある既存の社会的関係を規定す

る原則——一方の性の他方に対する法的従属——はそれ自体が間違っており、いまや人類の進歩における主な妨げのひとつである。ゆえに、一方に権力や特権を認めず、他方に障害を認めない、完全な平等の原則に取って代わられるべきである」。

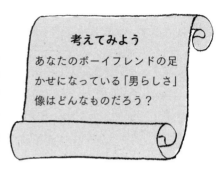

考えてみよう
あなたのボーイフレンドの足かせになっている「男らしさ」像はどんなものだろう？

　近年の代表的な人物には、**ジョン・ストルテンバーグ**がいます。彼は一時期、多作なフェミニスト思想家アンドレア・ドウォーキンと結婚していました（306頁へ→）。1987年に「Men Can Stop Rape」という団体を立ち上げましたが、理論的な著作、特に1989年の『男であることを拒む（Refusing to Be a Man）』でよく知られています。この本の中で彼は、女性嫌悪ではなく尊重や敬意を重んじる、より有害でない男性性を創り出す責任が男性にはあると論じています。

フェミニズムはみんなのもの

　これはすべて、21世紀のフェミニズム運動を形成した話題の言葉、「交差性」（54頁へ→）と結びついています。この考え方の起源は、アフリカ系アメリカ人のフェミニスト、**ベル・フックス**まで遡ることができます。彼女はフェミニズムが学問的なものに

「ともに闘う男性の同志なしには、フェミニズム運動は前進しない」
　　　　　　　　　　　　　　　　　　　　——ベル・フックス

なるのを防ぎ、フェミニズムについて書く時間のある特権階級だけでなく、労働者階級から少数民族まで、すべての人に利益をもたらす運動にしようとしてきました。2000年に出版された著書『フェミニズムはみんなのもの——情熱の政治学（Feminism is for Everybody: Passionate Politics）』［エトセトラブックス、2020］の中で、彼女はこう書いています。「フェミニズムとは、性差別、性差別的搾取、抑圧を終わらせる運動である」。要するに、問題は男性ではなく性差別なのだから、フックスはフェミニストの男性をもちろん受け入れます。「ともに闘う男性の同志なしには、フェミニズム運動は前進しない」と彼女は語っているのです。

　フックスは、家父長制が女性だけでなく男性にも悪影響を及ぼし、かれらの感情を抑圧し、全能の存在として支配する立場であれ、と絶えず説いていることを見逃しません。だから結局のところ、女性同様に男性にもフェミニスト教育が必要なのだ、とフックスは言います。「男性はよく、フェミニストが何を望んでいるのかわからないと言う」と、彼女は『フェミニズムはみんなのもの』で書いています。「その言葉は嘘ではないのだろう。女性も男性も、すべての人にフェミニズム教育を提供する大衆ベースの運動を生み出す努力をしなければ、フェミニズムの理論と実践は、ほとんどの主流メディアで作り上げられる否定的な情報によって絶えず損なわれてしまうだろう」。

フェミニスト

男性はフェミニストになれるし、なるべきです

「男性と女性というふたつの性別（sex）のあいだにある既存の社会的関係を規定する原則――一方の性の他方に対する法的従属――はそれ自体が間違っており、いまや人類の進歩における主な妨げのひとつである。ゆえに、一方に権力や特権を認めず、他方に障害を認めない、完全な平等の原則に取って代わられるべきである」――ジョン・スチュアート・ミル、ハリエット・テイラー・ミル

　最近の「男性がフェミニストになるべき理由」の議論は、母親や妻や娘のために、男性が闘いに参加することを奨励しています。しかしこれでは議論が安っぽくなってしまう、とフェミニストたちは懸念しています。フェミニズムは、女性があなたの家族だからではなく、同じ人間であるからこそ取り組むべきものなのです。

あなたならどうする？

要するに――そう、あなたのボーイフレンドはフェミニストになれるし、そうなるべき理由は数え切れないほどあるのです。でも、彼がサッカーをやめたり、ビールをプロセッコ（スパークリングワイン）に変えたりする必要はありません。フェミニズムは、性別（sex）を理由に社会から負わされる期待を義務と感じなくてもよい世界を望んでいますが、その規範を反映する活動に参加してはいけないという意味ではないのです（女性嫌悪（ミソジニー）や性差別（セクシズム）のような、何の価値もない行動でないかぎり）。

ボーイフレンドにプロポーズしたいんだけど、どう思う？

シュラミス・ファイアストーン／シモーヌ・ド・ボーヴォワール／ジャーメイン・グリア／ジュディス・バトラー

プロポーズとは不思議なものです。二人とも、いつかは結婚するつもりでいる。子どもは何人産むのか、どこに住むのか、そんなことまで話し合っているかもしれない。もしかしたら、すでに一緒に住んでいるかもしれない。すでに子どもがいるかもしれない。しかし、どんなに現代的で平等主義的なステップを恋人同士として一緒に歩んできたとしても、プロポーズをするのはボーイフレンドの「仕事」であり、あなたは彼がプロポーズしてくれるのをじっと待つしかないのです。

　いろんなことが変わってきたけれど、プロポーズに対する意識はあまり変わりません。むしろ後退しているという研究結果さえあります。アメリカ人の4分の3は、理屈上は女性がプロポーズしてもいいと答えていますが、実は成人した若者たちは年長者よりも、女性がプロポーズすることを「受け入れがたい」と考える傾向が強いのです。

　女性の権利、性の解放、生殖などの進歩にかかわらず、プロポーズは伝統の縮図から抜け出せないでいます。そもそも、その背景にある基本的な考え方さえも時代遅れなのです。たとえば、女性の父親に結婚の許しを乞う慣習は、歴史的に女性が所有物のように扱われることに基づいています。婚約指輪は給料の2ヶ月分じゃないと、なんてフレーズを聞いたことはありませんか？

これは、1930年代にダイヤモンド専門の宝石商、デビアス社が行った非常に影響力のある広告キャンペーンに端を発しています。

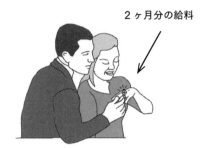

2ヶ月分の給料

こんなに埃にまみれた、過去の価値観がいまだに残っているのはなぜなのでしょうか？さらには対等なパートナーシップを築いているにもかかわらず、あなたがボーイフレンドにプロポーズできないと感じるのはなぜなのでしょうか？

愛はシンプルで、人間関係は複雑

1970年に出版された『性の弁証法──女性解放革命の場合 (The Dialectic of Sex: The Case for Feminist Revolution)』の中で、**シュラミス・ファイアストーン**は、男女の関係において権力がどのように作用し、その権力がどのように私たちの個人的感情を変化させるのかを調査しました。ファイアストーンにとって愛はシンプルなもので、問題を引き起こすのは人間関係なのです。愛は「不均衡なパワーバランスによって複雑化し、腐敗し、妨害される」と彼女は言います。「私たちは、愛が互いの傷つきやすさ（ヴァルネラビリティ）を要求するものであり、そうでなければ破壊的なものに変わることを見てきた。愛の破壊的な作用は、不平等という状況の中でしか起こらない」。

ファイアストーンの考えによれば、プロポーズすることに違和感を覚えるのは、あなたと相手との関係におけるパワーバランスを感じ取らざるを得ないから。つまり、慣例的かつ疑わしい理由

に則って、男性が求め、女性が応える形が「普通」とされてきたのです。

このことが問題になるのは異性間の婚約だけです。アメリカでは現在、3分の2の州で同性婚が合法化されています。男性は男性にプロポーズし、女性は女性にプロポーズする。それなのに男女の関係には、いまだに伝統が色濃く残っているのです。

プロポーズから純白のドレス、花嫁の父親がバージンロードを歩くこと、花嫁の両親が結婚式の費用を負担することまで、結婚にまつわるすべての儀式は、資本主義と家父長制のルールを維持するものとしてフェミニストたちが目の敵にしてきた地雷原なのです。ファイアストーンや同時代の女性たちがしたように、こうした伝統を顕微鏡でつぶさに見ると、価値観は次第に揺らぎ始めます。ファイアストーンの言葉を借りれば、「女性と愛は世界の基盤を構成するもの」だから。「それらを疑えば、文化の構造そのものが揺るがされる」のです。

男性がプロポーズするわけ

かつては（そして今でもいくつかの文化圏では）女性の結婚はさまざまな人の手によってお膳立てされたもので、誰がプロポーズするかという議論は不要でした。若い女性は、もしあれば持参金

「私たちは、愛が互いの傷つきやすさ（ヴァルネラビリティ）を要求するものであり、そうでなければ破壊的なものに変わることを見てきた。愛の破壊的な作用は、不平等という状況の中でしか起こらない」
──シュラミス・ファイアストーン

とともに、母方の家から新し
い家庭生活へと移され、夫の
所有物となったのです。

**シモーヌ・ド・ボーヴォ
ワール**は1949年に出版した
『第二の性（The Second Sex）』
の中で、男女がセックスをす
るときに何が起こるかを考察
しています。それは女性が結
婚生活でしばしば経験して

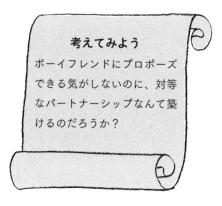

考えてみよう
ボーイフレンドにプロポーズ
できる気がしないのに、対等
なパートナーシップなんて築
けるのだろうか？

いた（そしてある程度は現代の女性も経験している）自律性の喪失
に近いものです。「彼は自分の自律性を失うことなく、他者に向
かって自己を投影する。女性的な肉体は彼にとって獲物であり、
彼は女性の中に考えうるかぎりの官能性を見出す……ほとんどの
動物がそうであるように、攻勢的な役割を担うのは彼であり、彼
の抱擁に服従するのは彼女である」。男は女を捕まえる。男は女
にプロポーズする。そして男がそうすれば、女は服従する。

シャロン・サスラーとアマンダ・ミラーによる2011年の研
究「プロポーズを待つ——同棲カップルのジェンダー、権力、
関係の進展（Waiting To Be Asked: Gender, Power, and Relationship
Progression among Cohabiting Couples）」は、アメリカの労働者階級
のカップルを対象に、かれらの関係においてジェンダーと権力が
どのような役割を果たすかを理解しようとしたものです。

研究対象の男女はジェンダー規範に疑問を投げかけてはいたも
のの、二人の関係を進行する上で優位性を保っているのは男性側
でした。「この調査結果は、未婚の同棲カップルにおいても、従
来のジェンダー慣習への固執が、親密な関係における女性の従

「ほとんどの動物がそうであるように、攻勢的な役割を担うのは彼であり、彼の抱擁に服従するのは彼女である」

——シモーヌ・ド・ボーヴォワール

属的立場を維持させることを示唆している」。さらに見ていくと、女性からプロポーズされるなんて考えられないと話す男性だっています。同様に、女性の多くは自分がプロポーズするなんて馬鹿げていると考えているのです。ボーイフレンドが引っ越してきたら家賃を折半するなど、より現実的な方法で関係を決定するのは女性側であることが多いにもかかわらず。では、私たちはこの伝統が好きだから守っているのでしょうか？　伝統は必ずしも良いものではないけれど、私たちの文化や感情面に対してかなりの影響力を持っています。

　サスラーとミラーは、ジェンダー規範に対する抵抗によってこうした状況が引き起こされた側面もあるのではないかと考えました。調査の中でいくつかの規範はひっくり返されたものの、パートナーの女性は男性のプロポーズを「愛と思いやりの表現」と解釈したため、依然として男性側に「決定権」が与えられていたからです。「旅行先でのプロポーズ」（エッフェル塔やビーチを思い浮かべてみて）に始まり、その他の大げさなロマンチックジェスチャーに至るまで、男性がよりソフトでロマンチックな、より「女性らしい」一面を披露し、自分の気持ちをはっきりと示すことが期待されるのは、この一度きりのこと——それがプロポーズという機会なのです。

　ジャーメイン・グリアはこのようなジェスチャーについて極めて批判的で、何かほかのものの不在を覆い隠すまやかしに過ぎな

いのだと述べています。「女性は、自分の運命を掌握しているように見える、成功した男性に催眠術をかけられてしまう。女性自身の責任を、彼女が最も利するように取り仕切ってくれる人に委ねたいと願うのだ」と、彼女は1970年の著書『去勢された女（The Female Eunuch）』に書いています。「そのような生き物は存在しないが、性的ファンタジーの乱視を患った若い女性たちは、存在しない場所でもそれを知覚することがある。車のドアを開けてくれること、レストランで給仕長から敬意を払われること、贈り物を選ぶこと、お金を稼ぐことは、しばしばロマンチックな功績として評価される。ロマンスを求めるあまり、多くの女性は自分の支持者に対する倫理的判断を平気で後回しにしてしまうのだ」。

グリアは、女性たちがロマンスを求めるのは、それがフィクションだからだと言います。彼女たちは、男性が救世主であり、結婚が彼女たちの安全な場所であるという空想の世界に身を委ねるために、喜んで自分の理性的思考を停止させるのです。従って、男性にプロポーズすることは、おとぎ話を信じたい女性には向きません。それは、あなたが主体性と自己決定力を持ち、自分の運命を自分の手で切り開くことを伴うのだから。

プロポーズというパフォーマンス

自分の運命を「掌握する」というのは、やはり女性ではなく男性がすることのように聞こえませんか？　ここで、さらに厄介な領域に足を踏み入れることになります。もしあなたがパートナーにプロポーズするとしたら、あまりに積極的すぎたり、独立心が強すぎたり、頑固そうに見えたりするのでしょうか？

アメリカの哲学者**ジュディス・バトラー**（1956-）は、ジェン

ダーの構築について多くの研究を残してきました。1990年に出版された代表的な著書『ジェンダー・トラブル──フェミニズムとアイデンティティの撹乱（Gender Trouble: Feminism and the Subversion of Identity)』[青土社、1999]で、彼女はシモーヌ・ド・ボーヴォワールの「人は女に生まれるのではない、女になるのだ」という考えを発展させ、「女になる」こともパフォーマンスとみなすことができると論じています。女性は、女性的な特徴やふるまいを維持するよう奨励され、あるいは強制すらされている。このことが、あなたがプロポーズをためらう理由なのかもしれません。プロポーズをすることは、あなたが家父長制から女性として受け継いできたアイデンティティそのものに挑む行為だからです。

あなたならどうする？

あなたの感じている通り、21世紀であっても、男性から切り出すことなしに婚約するというのはなかなか大変なことです。でも、それはあなたに割り当てられたジェンダーロールについて何かを語っていると思いませんか？　あなたが温和で、従順で、彼の下について初めて、彼は男であり、供給者であり、家父長制の支持者であることができる。女性が男性にプロポーズするには、逆境に負けない強さが必要なのと同じように、そのプロポーズを受け入れるには、自分とあなたとの関係を信頼している男性が必要なのです。

第3章

結婚と家庭生活

おとぎ話のような結婚式、
おとぎ話のような結婚？

メアリ・ウルストンクラフト／シモーヌ・ド・ボーヴォワール／ロクサーヌ・ゲイ／マリリン・フリードマン

現代のメディア、映画、文学の多くによれば、結婚とは女性にとっては最終的な決着や解決の瞬間であり、男性にとっては幽閉生活の始まりです。そして多くの国では、結婚こそ女性が自分の将来をコントロールできる唯一の方法なのです。十分な教育を受けず、経済的自立もできていない場合は、結婚が貧困から抜け出す唯一の道であることも多いというわけです。

　しかし、ほとんどの先進国では（特に恵まれた教育を受けた人々のあいだでは）結婚が経済的に必須というわけではありません。それでも婚姻率は高いのが現状です。多くの選択肢や機会があるにもかかわらず、人々は結婚という制度を選んでいるのです。
　この結婚という制度があなたの目にどう映るかは、あなたが世界のどこに住んでいるかだけでなく、（もし宗教を持っている場合は）どのような宗教を信仰しているのか、あなたの家族や友人がこれまでとのような選択をしてきたのか、あなた自身がどのような文化的・経済的経験をしてきたかということに左右されます。ただ言えるのは、あなた自身が思い描く結婚がどんなものであるにせよ、結局、結婚とは、たくさんの友人たちと盛大に祝う社会の制度だということ。ではなぜこのような伝統的制度が、多くの文化や宗教の中で愛されつづけているのでしょう？

どうして結婚はこんなに重要視されるのだろう？

　エイダ・カルフーンは、現代の結婚の波乱を描いたウィットに富んだ本『結婚式の祝辞では絶対に言わないこと（Wedding Toasts I'll Never Give）』（2017）を執筆する際、ラビや司祭に「人はなぜ結婚すると思いますか？」と訊ねました。すると、「いろんなカップルにその質問をしたけれど、ほとんどのカップルは答えられませんでした」とかれらは言うのです。ある司祭はこれを「文化的危機」と表現しました。さて、あなたとあなたのパートナーは、この同じ質問に答えることができるでしょうか？

　もし答えられなかったとしてもバツが悪く思う必要はありません。フェミニズムの歴史を遡ってみると、それこそが何百年ものあいだ、女性たちが格闘してきた問いであることがわかります。女性の権利運動の創始者の一人である**メアリ・ウルストンクラフト**（1759-97）は、結婚が人間の悪行を正す行為であり、男女の関係を改善する機会であるとみなされることについて探究しました。1792年の著書『女性の権利の擁護（A Vindication of the Rights of Women）』の中で彼女はこう書

いています。「女性たちは人生の初期の数年間をささやかな功績を積むために費やす。その間、自由主義的な美の観念や、結婚——すなわち自分の身を立てる唯一の方法——によって自分自身を確立したいという願望の犠牲となって、かれらの肉体と精神の強靭さは失われる」。結婚は何の解決策にもならない、と彼女は説きました。

「結婚式は中流階級の人々に伝わる神話に登場する重要な式典であり、その夫婦が中流階級の地位を得たことを祝う門出の儀として機能する」　　　——ジャーメイン・グリア

人間の資質は人間の資質であり、盛大な純白の結婚式を挙げたからといってそれが変わることはないのです。

愛よりも結婚を優先するの？

　シモーヌ・ド・ボーヴォワール（1908-86）は、『第二の性（The Second Sex）』の中でこの問題を詳細に論じています。彼女のあとに続いた多くのフェミニストと同様に、彼女は次のように考えました。女性たちはしばしば愛の意味を見失い、その代わりに「結婚するのが当たり前」という社会の期待に焦点を当てるのだと。

　おそらくこれは、多くの宗教における神々の目には、男と女は結婚するまでは正式なパートナーとして認められないからでしょう。歴史的観点から見ると、女性が男性なしには社会で一個人としての活動もできなかった、そういったことも原因かもしれません（かつて女性には選挙権がなく、女性単独でどこかに出かけることは、たとえ運が良かったとしても顰蹙を買うことになり、最悪の場合は危険な目に遭うことさえあったのです）。

　さて、私たちは今日もまだ、時代錯誤の状態にとどまっているのでしょうか？　ボーヴォワールなら、そうだと頷くかも。社会的条件付けのせいで、もはや結婚こそが答えなのであって、愛だけでは不十分なのだから——「彼女はもはや、将来の伴侶を崇拝してはいない。つまり彼女が望んでいることは、世の中で安定した地位を得ること、そして一人の女性として人生を歩み始めるこ

となのだ」。ボーヴォワールの目には、女性は必ずしもそこに愛を見つけるためではなく、自分のステータスを得るために結婚を望んでいるように映ったのです。

つまり、私たちはおとぎ話のお決まりのハッピーエンドを信じることによって、現実を見失うのです。「運命の相

手」が見つかれば、その後二人がどうなるかなんて誰も気にしません。苦労して乗り越えないといけない夫婦間の問題に悩む中年カップルを描いたディズニー映画がいったい何作あるというのでしょう？　どれもこれもハッピーエンドが物語の終点、結婚こそがゴールなのです。

少女たちは白馬に乗った王子様（プリンス・チャーミング）とのロマンス物語にすっかり夢中になります。そして自分が実際に結婚したい男性に出会う何年も前から、結婚式という完璧な日を夢見心地で計画し始めます（「それから二人は末長く幸せに暮らしましたとさ」というお決まりの結末は、実は昔から伝わる物語にちょっぴり現代的な味付けが加えられた結果だそう——これは興味深い話ですよね）。

「……自由主義的な美の観念や、結婚——すなわち自分の身を立てる唯一の方法——によって自分自身を確立したいという願望の犠牲となって、かれらの肉体と精神の強靭さは失われる」
　　　　　　　　　　　　——メアリ・ウルストンクラフト

おとぎ話のような結婚式──出費、出費、出費

　結婚式は決して安くありません。ウェブサイト The Knot に
よると、2016年のアメリカにおける結婚式の全国平均費用は
35,329ドルで、2015年の平均32,641ドルから2,688ドルも増加し
ています。韓国からフランスの田舎町、またはるか北米に至るま
で、いまや世界のほとんどの地域で、結婚式＝多額の出費という
図式が当然のこととなっています。ブライダル雑誌の記事を鵜呑
みにすれば、婚約指輪のダイヤモンドの大きさと結婚式の費用は、
結婚そのものの成功率に直接的関係があるからだとか。しかし、
まったく正反対のことが言われていたりもします。「『ダイヤモン
ドは永遠に』とさまざまなおとぎ話──結婚式費用と幸せな結婚
の関係（'A Diamond is Forever' and Other Fairy Tales: The Relationship
between Wedding Expenses and Marriage Duration）」という論文で、ア
ンドリュー・フランシス・タンとヒューゴ・ミアロンはアメリカ
の既婚者3,000人を調査し、より高価な結婚式＝幸せな結婚では
ないという結論に辿り着いたのです。

　結婚という夢物語を売りつけるのは雑誌だけではありません。
児童文学から広告、映画に至るまで、私たちは結婚が人生をより
よいものにしてくれるという考えを教え込まれます。この「結婚
という名の救い」は、ロマンチックな愛と結婚の神話を売り込む
ブランドによって利用されてもいます。つまり、高価な贈り物＝
相手に愛を伝える最高の方法──というわけですよね？　自動車
メーカーから宝飾品メーカーに至るまで、これらの企業はロマン
スと愛の物語に自社の商品をくっつけ、商品を手に入れるほどに
素晴らしい結婚生活を送ることができるのだと騒ぎ立て、男性と
女性（しかしほとんどの場合は女性）を煽るのです。

　アメリカのフェミニスト、**ロクサーヌ・ゲイ**（1974-）は、

2014年のエッセイ集『バッド・フェミニスト（Bad Feminist）』［亜紀書房、2017］で、物質的なものが現代の愛とどのように結びついているかを探究しています。特に、E・L・ジェイムズの『フィフティ・シェイズ・オブ・グレイ』（2011）という現代版おとぎ話における異常なまでのプロダクト・プレイスメント［広告手法のひとつ。コンテンツ（映画、ドラマ etc.）の中に実在する企業の商品やサービスを登場させ、消費者に自然な形で印象づけを図る］に注目するのです。「プリンス・チャーミング、あるいは私たちの権利を侵害する彼の問題」と題された回で、ゲイはこう述べています。「もしあなたが物質主義的ファンタジーを胸に抱いているなら、この本はそれをなだめてくれるだろう」［野中モモ訳、231頁］。

アナスタシア・スティールとその騎士クリスチャン・グレイは、「ミイラ・ポルノ」と呼ばれるBDSM（緊縛と規律、支配と服従、サドマゾヒズム）の世界（E・L・ジェイムズ版）に入っていきます。ありきたりなセリフ、そしてオーガズムのあと、この機能不全の現代的カップルもめでたしめでたしのハッピーエンディングへ。さて、軽妙に進んだストーリーの紹介を経て、ゲイはいきなり悲嘆に暮れてこう語るのです。「私が『フィフティ・シェイズ』シリーズを楽しめるのはここまで。この本は基本的に、いかに支配的・虐待的な関係にうまく携わるかを詳細に解説する入門書なのだ」──支払わなければならない代償は大きそうです。

じゃあ女の子はどうすればいいの？

アメリカの哲学者マリリン・フリードマン（1945-）が言うように、結婚で支払う最大の代償は、自立を失うことです。ほとんどの文化において、それがどの国であろうと、花嫁というものは新しい夫の家族に譲渡される財産となります。

　ロシアの結婚式にはたいてい、新郎が身代金を払ってこの新しい財産（a vykup nevesty）を買い取るという儀式が含まれています。中国では、花嫁は伝統的な赤い神輿に乗って新郎の家族に贈られるそう。また、ほとんどの伝統的なキリスト教の結婚式では、花嫁はバージンロードを歩き、父親から花婿へと「譲られる」のです。

　フリードマンは2003年の著書『自律性、ジェンダー、政治（Autonomy, Gender, Politics）』の中で、結婚が男性よりも女性にとってより危険なのは次の理由によると論じています——女性は男性に比べて、結婚後の二人の関係にもたらしうる利益が少ないと考えられているから。女性は新しい家族へと、いわば移されていく。極端な言い方をすれば、夫とは妻を養い、安心感を与え、そして救ってくれる人だということです。彼はあなたの白馬に乗った王子様というわけ。まあ、そうじゃない場合もあるんですけどね。

女性は歴史的に、家族から家族へと受け継がれる財産とみなされてきました

あなたならどうする？

ゲイが指摘するように——その前にボーヴォワールや、そのずっと前のウルストンクラフトも指摘していたように——、女性は子どもの頃から、結婚はある意味で大いなる逃避であると教えられます。愛する人と挙げる結婚式というセレモニー。その祝宴が終われば、あなたはこれまでの古い暮らしをあとにするのです。そしてもっとキラキラした、もっといい人生へ、意気揚々と出発していく。今は亡き偉大なフェミニストたちはきっとこう言うことでしょう。おとぎ話のような結婚式とは、自分自身の人生を捨て、今後ずっと家事や夫の世話をする人生を送るという現実をほんの束の間忘れさせてくれる幻想なのだと。それから……二人は末長く幸せに暮らしましたとさ。めでたしめでたし。

結婚後、パートナーの姓を名乗るべき？

バーバラ・スミス・ボディション／ケイト・ミレット／ベティ・フリーダン

アメリカ、ヨーロッパ、オーストラレーシアの大部分では、パートナーと結婚する際に名前を変えることは今でも一般的な文化的慣習です。多くの国で結婚にまつわるルールが緩和され、複数回の結婚、女性同士の結婚、男性同士の結婚が認められているとはいえ、この特別な制度に関しては伝統がまだ支配しています。でも、それってなぜなのでしょうか？

　先進的な法律やジェンダー平等の推進により、結婚時に名前を変えることがもはや当たり前のことではなくなった国や地域もあります。カナダのケベック州では1981年以降、ギリシャでは1983年以降、女性は結婚後も旧姓を名乗らなければならないことになりました。
　一方、法的要件ではないのにもかかわらず、イギリス、アメリカ、オーストラリアなどでは、夫の姓を名乗る女性が名乗らない女性を上回っているという事実もあるのです。日本では、結婚した夫婦はどちらかの姓を名乗ることが法律で決められています。しかし妻の姓を名乗る男性は4％しかいません。わー、驚き……ませんね。

名前にはどんな意味があるのだろう？
　歴史的にこうした地域では、名前を変えるということは新しい家族の一員になることを意味しました（あるいは、実質的に新しい家族に売られることを意味していました）。女性は新しい「所有

者」の姓を名乗る財産だったのです。でも、今は状況は変わって
……きましたよね？

　きっと現代のフェミニストの多くはこう主張するでしょう。結
婚が時代錯誤の形で存在するかぎり、異性愛的な関係に平等がも
たらされることはないと。その理由を端的に言えば、結婚とは妻
が自分の姓を放棄するというジェンダー化された制度だからです。
本質的に妻は家父長制度の一員となるために、自分の姓、個とし
ての自立、そして自由を放棄するのです。

　たしかに、名前を変えるのは「単なる伝統」だと言えます。し
かしその伝統とは、あなたが受け継いでいきたいと思うようなも
のなのでしょうか？ 2013年、Facebookが英紙サンデー・タイム
ズのために実施した調査によると、この質問に「いいえ」と答え
る女性たちが増えており、その代わりに、パートナーと結婚して
もパートナーの姓を名乗らないという妥協点を見出しているそう。
統計によれば、20代の既婚女性の3分の1は自分の姓を名乗るこ
とを選びますが、60代の女性で夫の姓を名乗らないことを選択
したのは12％に過ぎません。さらに詳しく見ると、20代の既婚
女性の62％、30代では74％、60代では88％が、自分の配偶者の
姓を選択したということです。

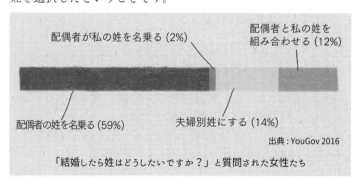

配偶者が私の姓を名乗る (2%)

配偶者と私の姓を
組み合わせる (12%)

配偶者の姓を名乗る (59%)

夫婦別姓にする (14%)

出典：YouGov 2016

「結婚したら姓はどうしたいですか？」と質問された女性たち

伝統が私にもたらしたものは何だろう？

　人々は今でも「伝統」という名の下にさまざまなことをしています。例を挙げると、遺産は長男に残す、結婚式の費用はすべて花嫁の両親に負担させる、家事はすべて女性に任せる、などなど。この例を見て、何か気がつきませんか？　それは「伝統」とは、女性ではなく男性に有利な状況を作り出すものだということです。

　伝統の代替案はあります。あなたは自分の姓を守ることもできます。たとえば自分の夫になる人に、あなたの姓を選択してもらうよう説得することができます。あるいは多くのスペイン系の女性たちがするように、二人の姓をくっつけることも可能です——バーバラ・スミスがそうしましたよね。19世紀半ばを代表する女性の権利活動家であり、最初の女性の権利団体のひとつである「ランガム・プレイスの女性たち（The Ladies of Langham Place）」のメンバーであったスミスは、結婚するときにフランス人の夫の姓であるボディションを名乗っただけでなく、自分の姓も加えて**バーバラ・スミス・ボディション**（1827-91）になりました。彼女は時代のはるか先を行っていたというわけです。

　もう一人の強力なフェミニスト、**ケイト・ミレット**（1934-2017）は、女性が男性パートナーのために自分を犠牲にすることを要求する家父長制の強制力に異議を唱えました。1960年代から1970年代にかけて、ミレットは女性の権利運動に学術的な厳密

　「家父長制は、改革されてもされなくても、家父長制であることに変わりはない。最悪の濫用が粛清され、あるいは断念されることで、むしろ以前よりも安定し、強固なものになるかもしれない」

　　　　　　　　　　　　　　　　　——ケイト・ミレット

さを与えました。また同時に、深刻な問題に率直かつ誠実に取り組み、この運動を大衆に広める一助となったのです。

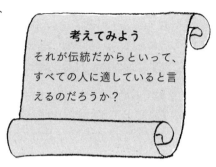

考えてみよう
それが伝統だからといって、すべての人に適していると言えるのだろうか？

1970年8月31日付の『タイム』誌の表紙は彼女の肖像画でした。それほど、ミレットは当時の文化に衝撃を与える存在になっていたということ。書評家のクリストファー・レーマン・ハオプト（1934-）は、彼女の1970年の代表作『性の政治学（Sexual Politics）』について、「バーナーの火に脂肪をかざすかのごとく、男尊女卑の名残がすべて溶けて滴り落ちるような激しい筆致」だと述べています。

『性の政治学』は性差別的な抑圧を明るみに出すだけでなく、私たちが生産し、消費する文化や物語が、不平等にどのように寄与しているかを実証しようとしました。ミレットには達成したい目標がありました――それは家父長制の根絶を推し進めることでした。しかし女性を抑圧する性差別の文化を破壊しなければ、家父長制を打破することはできないと彼女はわかっていたのでした。

デフォルトとして夫の名前を名乗るようになることは、まさに文化なのです。その文化は私たちに、法的に認められたカップルになりなさい、何世代も前から続くルールに則って私生活を営みなさい、と語りかけます。

自立性を失う

結婚して名前が変わることは、メタ的な変身ばかりを指すのではありません。世界の多くの地域では、結婚は自分の意思でする

ものではなく、それまで享受してきた自立性の終焉を意味します。そうした地域では、女性が自分の銀行口座を持つことはまだめずらしいことです（自分の口座を持つことは、平等、自立、個人の自由を実現するために必要な要素のひとつだと言われています）。

　女性の自立のため、フェミニストたちは何世紀にもわたって闘いつづけてきましたが、いまや女性はしばしば「自立しすぎている」と非難されるほどになりました。男性は「自立しすぎている」なんて言われないのですが、女性がキャリアを持ち、夫から離れて自分自身のアイデンティティを持つようになった今、「自立しすぎ」だという批判はままあるものになっています。女性が自立したままでいたいと思っている場合、つまり自分の名前を維持したり、独身で子どものいないままでいることを選んだりする場合はさらにひどいものです。

　結婚すると、名前を変える以外にも、個人的な自由を手放さなければならなくなる可能性が高くなるでしょう。でももしかすると、あなたはそれらを手放していいと思っているかもしれませんよね？　母であり妻でありたいと願う女性はフェミニストではない、と決めつけることほど、フェミニズムの運動にとって有害なことはありません。

　アメリカのフェミニスト作家**ベティ・フリーダン**（1921-2006）は完璧なロマンチストであり、男女の生き方を規定する伝統的な価値観の批判はしても、互いに調和の中で生きていくことを望んでいました。彼女は異性間の恋愛と結婚を心から信じ（ただし彼女の思想は同性愛嫌悪に溢れており、その点は許しがたいことは言っておかなければなりません）、墓碑銘には次のように書くべきだとさえ冗談を言っていました──「ベティ・フリーダンは女性が女性であることを喜び、それゆえ、男性を自由に心ゆくまで

愛することができるよう助けた」。これをどう受け取るかはあなたの自由です。

　仮にあなたが伝統に従わず、夫の姓を名乗らなければ、ちょっとややこしいことになります。多くの場合、社会は夫婦別姓を受け入れる仕組みを持っていません。たとえば旅行するとき、別姓で予約したらどうやってあなたたちがカップルであることを認識するのでしょう？　税関で自分の子どもが自分の子どもであることをどうやって証明するのでしょう？　さまざまな懸念がありますが、特に保守的な国へ旅行する際には、同姓でなければ夫婦だとは思ってもらえないかもしれないのです。

海外旅行では残念ながら、子どもと同じ名前でないと問題が生じることがあります

あなたならどうする？

結婚は離婚に至ることが多いものです。ということは、あなたにもいつか、再び姓を変更するという地雷を踏む日が来るかもしれません。しかしまあそんなふうにはならずに、結婚生活が安定して長く続くこともあります。もしミレットがここにいたら、あなたに投げかけたいのは次の質問でしょう。夫の姓を名乗ることは、自立した女性としてのアイデンティティに問題を生むのでしょうか？　あなたは単に伝統的な理由で夫の姓を名乗るのでしょうか？　それとも名乗りたいから名乗るのでしょうか？　夫の姓を名乗ることが平等な社会に近づく一歩だと言うフェミニストは、ほとんどいないかもしれない。しかし、あなたが夫の姓を名乗ることを望んでいるのであれば、それを否定したがる人はさらにうんと少ないと思います。結局のところ、それはただの名前なのです。でも、それはあなたの名前なのです。

夫も私も働いている。それなのに、なぜ私が家事をしなければならないの？

ジュディ・ブレイディ／ジル・ジョンストン／ベティ・フリーダン／アーリー・ラッセル・ホックシールド

苦しんでいるのはあなただけではありません。共働きだとしても、女性のほうが家事を多くこなしているケースが圧倒的に多いのです。これはパートナーシップにとって良いことだとは言えません。調査によれば、男性がより多くの家事をすることで、妻の結婚に対する満足度が上がり、夫婦間の衝突が少なくなるそう。それにもかかわらず、妻が家事の大半を担うことがしばしば期待されています。

　これを本当にセックスのせいにしていいのでしょうか？　ここでは、言葉の両方の意味でセックス（sex）について考えてみたいと思います。まず、女性器を持っているゆえに、家事は生まれつき女性のほうが得意だと言えるのでしょうか？　女性は女性器で部屋の掃除をするわけではないので、この点は腑に落ちないところ。しかし、女性は自分の性器で人間の命を育みます。夫が外でお金を稼いでいるあいだ、女性は家の中で家事をする。18世紀半ばから19世紀半ばにかけての産業革命はこの問題を加速させるばかりでした。さて、いまや女性は家の外で働くことができるようになりましたが、それに伴って環境が変わったわけではありません。つまり、現代女性はふたつ以上の仕事をしていることが多いのです。ひとつはプロフェッショナルな仕事、もうひとつは個人的な仕事。

「ほとんどの女性はオフィスや工場で最初の仕事をこなし、家でふたつめの仕事（セカンド・シフト）に取り掛かる」

——アーリー・ラッセル・ホックシールド

　そして性行為の意味でのセックス——すなわち女性が家庭の中で今後世話をすることになる人間の生命を生み出す行為——となると、これもまた家事と関係してくることだと誰だって理解できます。

　思わずクリックして読みたくなるような記事の見出しって、だいたいこんな感じではないでしょうか——「男たちよ、もっとセックスがしたいのなら皿洗いをしなさい！」これだとまるで、自分や家族の分の皿洗いをすることが報酬に値する仕事であると主張しているかのようですね。さて、より多くの家事をこなす男性がより多くセックスしているかどうかを調査したある報告書では、その逆の結果が出ているそうです。性行為に関しては、平等な労働を生み出すことよりも、時代遅れのジェンダー規範を守ることのほうに重点があるみたいです。

妻がほしい

　フェミニストの中には、セックスが夫に対する女性の義務とみなされがちなことに憤慨する人もいます。だからこの調査結果にも納得できるのかもしれません。どんな結果かというと、もしその女性が料理や掃除をまめにする良い妻なら、彼女は寝室でも夫を満足させることに努力する妻である、というもの。

　こうしたパートナーへの特別待遇とも言える行為は、ある急進的なフェミニストにこう言わしめました——「私も妻がほしいで

夫も私も働いている。それなのに、なぜ私が家事をしなければならないの？

「いったい、妻がほしくない人なんているのだろうか？」
——ジュディ・ブレイディ

す」。1971年にグロリア・スタイネムが創刊した雑誌『Ms.』に掲載されたこの象徴的な風刺記事の中で、活動家の**ジュディ・ブレイディ**（1937-2017）は、もし彼女にも、彼女を支え、彼女の人生をより良いものにすることだけが人生の役割の妻がいたとしたら、いったいどんな大きなことが実現できるだろうと語っています。「私の身の回りのことすべての面倒を見てくれる妻が、私はほしい。家をいつもきれいに保ってくれ、子どもが何かを汚せばその始末をし、私が汚しても始末をしてくれる、そんな妻がほしい。私の服をいつも清潔に保ち、アイロンをかけ、繕い物をし、必要なときには新しい服を買ってきてくれる、そんな妻がほしい。そして私に何かが必要なときには、私がそれをすぐに見つけられるように私の持ち物をいつも整理整頓してくれる、そんな妻がほしい」。ブレイディは男性の特権を完璧に捉え、エッセイをこう締めくくりました。「いったい、妻がほしくない人なんているのだろうか？」

もし誰にも妻がいなかったら？

　誰もが本当に妻をほしがっているのでしょうか？　いや、そうではないかもしれません。実際、第二波のフェミニスト（16頁へ→）の中には、「妻」は完全に廃止されるべきであり、核家族は女性を束縛する家父長制的な構造であると考える人もいました。
　ニューヨークの新聞『ヴィレッジ・ヴォイス』の批評家であり、『レズビアン・ネーション』の著者である**ジル・ジョンストン**

（1929-2010）は、古典的な家族を、男性にのみ利益をもたらす封建的で家父長制的なシステムだとみなしました。ジョンストンは、あなたや世界中の女性が男性の抑圧（そして家の掃除を一手に引き受けること）から逃れるためには、社会を全面的に見直す必要があると述べました。ジョンストンは、一方の性を他方の性によって抑圧する必要のない新しい社会を形成するには男女が別々に暮らす必要があると主張し、極めて急進的で物議を醸した分離主義運動の先頭に立ったのです。

　もしかしたらあなたは夫のことがあまりにも好きで、この解決策を肯定することができないかもしれません。でもこのジョンストンという女性は、とても興味深い考えを持っていた人だと評価されるべきでしょう。彼女は、「まだそれに気づいていない女性を除けば、すべての女性はレズビアンである」という声明を発表した人物なのです。グロリア・スタイネム（1934-）のフェミニズムはときにきらびやかでしたが、ジョンストンの平等と女性の権利に対する考え方は硬質で、泥臭く、現状をまったく喜ばないものでした。

典型的な主婦

　当時はあなたと同じような多くの女性たちが「完璧な理想の妻にならなければ」という思いに駆られている状態でした。彼女たちは、広告主から押しつけられたアメリカンドリームに従って、機能に優れた掃除機があれば夫──とそして自分自身──を幸せにできると信じていたのです。

　テレビの『マッドメン』を見たことがある人なら、まさにベティ・ドレイパーがそのような女性の一人であることに気づくのではないでしょうか。そして、第二波フェミニズムの祖母、ベ

夫も私も働いている。それなのに、なぜ私が家事をしなければならないの？

ティ・フリーダンが1963年に出版した著書『新しい女性の創造（The Feminine Mystique）』のモデルとなったのもこの女性でした。フリーダンにとって、女性が陥るありきたりな状況とは、性的受動性、男性支配の受容を意味し、家事労働と子育ての主たる責任を負うことを意味

> **考えてみよう**
> 「セカンド・シフト」はあなたの仕事にどのような影響を与えるだろう？ これは家庭内にとどまらない問題です。

しました。この物語を生きる女性は、子どもと夫の両方に母性愛を与えなければならないというわけです。

　ジャーメイン・グリア（1939-）のような第二波フェミニストの重鎮たちは、このトピックに多くの時間を費やしました。彼女たちならこう叫ぶでしょう。女性は夫になる男性を捕まえたことを喜ぶあまり（社会が女性には男性が必要だと教えるので）、ほとんどどんなことでも我慢してしまうのだと。

セカンド・シフト

　「セカンド・シフト」という概念は、1989年に同名の本を出版したアーリー・ラッセル・ホックシールド（1940-）によって初めて紹介されました。その中で、ホックシールドは1980年代に行った画期的な社会学的研究を詳述しています。それは、ふたつの仕事をこなさなければならない女性にかかる負担を理解するために、数多くの女性やそのパートナーにインタビューをするというものでした。彼女たちの多くは高学歴で、高収入の職に就いていましたが、それでも家に帰ればもうひとつ別の役割を果たして

当然であるという期待を夫から（そして自分自身からも）背負わされていたのです。

　ホックシールドは、家事労働の不均等な分担は「家庭内」の問題ではなく、公的な仕事の世界にも計り知れない影響を与えるものだと強調し、この話を新たな方向へ推し進める手助けをしました。専業主婦であろうと働く母親であろうと、女性はいつも、多大な犠牲を強いられるのだと彼女は言います。

あなたならどうする？

専業主婦は社会生活のメインストリームから外れることによって代償を払い、キャリアウーマンは職場に参入することで家族に与えるべき感情的エネルギーを抑制されるという代償を払います。つまり、社会の主流から離れようが離れまいが、あなたは犠牲を払うことになるということ。現状の制度が女性にとって機能していないのは、それがかつて女性が働きに出る夫をサポートするためだけの役割を担っていた頃に生まれた制度だから。このまま何も変わらず、仕事から帰宅してあなたが余分な仕事をしなければならないのであれば、平等というものは家庭でも職場でも決して獲得できないということになるでしょう。

「それは、
彼の腕の中に沈むことで始まり、
彼のシンクにあなたの腕が沈むことで終わる」

ジル・ジョンストン

私は子どもがほしいのだろうか？

ジャーメイン・グリア／アドリエンヌ・リッチ／シュラミス・ファイアストーン／ケイトリン・モラン

「子どもがほしいかどうかわからない」という言葉を口にしたことのある女性なら誰でも、現代におけるほとんどのコミュニティでは、この言葉がいまだにタブーであることを知っているでしょう。子どもがほしくない？　そんなはずはない。いい人に出会えば考えも変わるさ。時間切れが近づいてくると気が変わるよ。自分の子どもを持てば、考えも変わるものだよ。

　そう、ある時点で、あなたとパートナーとのあいだのプライベートな決定だと思っていたことが突如、家族や友人、職場、（自分の考えを他人と共有しようとする場合）オンライン上など、それがどんな場であれ、世間の注目を浴びることになるのです。なぜなら21世紀になったというのに、子どもを望まない女性というのはやっぱり理解されない対象だから。

　しかし、この奇妙な現代の謎に対抗する興味深い統計があります。この統計では、子どもを持つことを望まない女性の数は増加していることがわかります。『エコノミスト』誌が2017年に発表した記事によると、1946年にイギリスのイングランドとウェールズで生まれた女性のうち子どもがいなかったのはわずか9％でしたが、1970年までにこの数字は17％に上昇したそう。世代間の問題だけではありません。20代女性の出生率は2007年から2012年のあいだに15％低下し、2010年の調査では、アメリカ人女性の5人に1人が子どもを持たずに閉経を迎えています。これ

「幼年期の現実との接触がないために、すべての若者はおそらくかれら自身が幼年期に軽蔑していたのと同じような子どもへの感傷に浸ってしまう」

——シュラミス・ファイアストーン

も、1970年には10人に1人だったそうです。

このような数字をみるとびっくりするかもしれませんね。子どものいない夫婦はいったい何に時間を使うの？　もっとバカンスに行く？　お金を節約して、もっと外出し、たっぷり睡眠をとる？　それとももっと邪悪なことを企んでいるとか？　たとえば、たった一家族分の子孫を残すことを否定することで、人類を滅亡させようと密かに企んでいたり？

ジャーメイン・グリア（1939-）は、1970年に出版した『去勢された女（The Female Eunuch）』の中でこのことに言及しています。エコロジーを重視するオーストラリア生まれのこのフェミニストは、世間一般の意見とは裏腹に、生殖することは女性の義務ではないと述べました。しかし女性たちは——そして男性たちも——幼い頃から、生殖は女性の義務であると思い込まされています。

それはまあこういう具合に——あなたは学校に通い、それから仕事に就き、やがて結婚し、最終的に子どもを持つ。女性は思いやりがあり、母性があり、ひとたび男性を捕まえたら、その男性に種をまいてもらい、自分たちの家族を作り始める。それは時間の問題なのだと。たしかこんな感じでしたよね？

男性は女性よりも子どもをほしがる？

さて、家庭というファンタジーは単なる幻想なのでしょうか？

グリアの言葉を鵜呑みにしてはいけません。2011年にアメリカ在住の独身で子どものいない人を対象に行われた調査では、女性よりも男性のほうが子どもをほしがっていることがわかりました。同調査では、男性よりも女性のほうが人間関係に自立を求め、パーソナルスペースや自分の興味、趣味を追求する余裕を求める傾向があると示されています。男性は子どもをほしがり、女性は自立を望む。いったいどうすれば？

　2013年に行われた別の世論調査でも同様の結果が出ました。そこでは80％以上の男性が「父親になりたいといつも思っていた」、あるいは「いつかはそうなると思っていた」と答えています。同じように感じている女性は約70％でした。

　では、なぜ私たちはいまだに、すべての女性が子どもを産みたいと思い、母親になることが女性の唯一の使命だと信じているのでしょう？　膣を持つ人が、自分のビジネスを立ち上げたり、世界的なアスリートになったり、大統領選に立候補したりといった別の意志を持つことを神は禁じているのでしょうか。

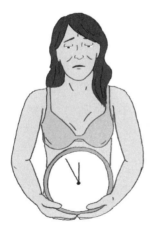

「時間切れ」は、年齢を重ねた独身女性を非難するために使われる決まり文句になっています

　アドリエンヌ・リッチ（1929-2012）は1976年の著書で、このテーマをフェミニズム理論の前景にしっかりと浮かび上がらせました。『女から生まれる（Of Woman Born: Motherhood as Experience and Institution）』[晶文社、1990] は、リッチが持つさまざまな学問分野の知識

を駆使した、母性の意味と経験についての広範囲に及ぶ瞑想のようなものです。リッチは、人類学、フェミニズム理論、心理学、文学のどの分野においても、母性はこれまで正しく理解されてこなかったと指摘します。母性とはまさに、今正しく探究されるべき新しい分野なのだと彼女は言うのです。

しかし、女性の身体を利用して女性をコントロールすることは今に始まったことではありません。「男性による女性身体の支配に、革命的なところはひとつもない」とリッチは説明しています。「女性の身体というのは、家父長制が築かれる土壌なのである」。

リッチは、母親や妻という地位によって定義されることのない、真に自立した女性の人生とはどのようなものだろうかと思考します。「しかし、子どもの母親、夫の妻としてではなく、自由に自分自身として働き、考え、旅をし、いかなる部屋にでも入ることができるこの自由を持たず、羨んでいた人々のことを想像できるだろうか？……子どもとの関係においてでも男性との関係においてでもなく、選択によって自ら自分自身を定義する女性をどのような名で呼ぶべきか、私たちはまだ知らないのだ」。

しかし究極的には、リッチはこのテーマをさらに深く追求する気はないようです。彼女はこう書いています。「女性の肉体はそれ自体問題であるとあまりに長く思わされてきたので、肉体を捨て、実体のない魂として生きていくほうが楽なのではないかとよく考える」。

親であることは抑圧の一形態なのか

笑ってはいけませんよ。テレビシリーズ『ハウス・オブ・カード』のシーズン4のエピソードで、ロビン・ライト演じるクレア・アンダーウッドが、若い母親からこう訊ねられました。「子

どもを持たなかったことを後悔したことある？」それに対して彼女は、「子どもを産んだことを後悔したことある？」とすぐに訊き返したのです。この世に新しい生命を誕生させたことを後悔するという話題は、公の場ではめったに取り上げられません。それはおそらく、法的にも道徳的にも、子どもを処分するという道はないからでしょう。しかし一部のフェミニストにとっては、子どもという存在はまさに、社会が女性を抑圧するもうひとつの手段でしかなかったのです。

　シュラミス・ファイアストーン（1945-2012）は六人兄弟のうちの一人でした。察するに、彼女は自分たち兄弟が母親に負わせてきた重荷を目の当たりにしてきたのだと思われます。彼女はカナダ系アメリカ人のフェミニストで、24歳のときに書いた古典的大作『性の弁証法（The Dialectic of Sex）』で、カール・マルクスとフリードリヒ・エンゲルス、ジークムント・フロイトを再解釈したことで有名な人物です。

子どもを産んだことを後悔したことある？

　ファイアストーンは単純に、母性を廃し、男女双方の成人が労働を分担する形で家族を再構築することを望んでいました。彼女は妊娠を「野蛮」と呼び、子ども時代を「地獄」と表現し、出産は「カボチャをひねり出すようなもの」だと言いました。彼女自身は一度も子どもを持ったことはありません。

　ファイアストーンは幼年期が成人期からあまりにも大きく隔

てられていることに問題があ
ると考え、それが大人の人生
に大きな空白を生み、人々は
その空白を子どもを持つこと
で埋めようとするのだと語っ
ています。「幼年期の現実と
の接触がないために、すべて
の若者はおそらくかれら自身

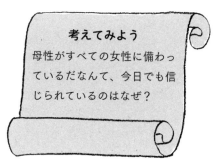

考えてみよう
母性がすべての女性に備わっ
ているだなんて、今日でも信
じられているのはなぜ？

が幼年期に軽蔑していたのと同じような子どもへの感傷に浸って
しまう」と彼女は書きました。

　しかし、ファイアストーンの最も有名で急進的な解決策といえ
ば、人工子宮技術に関して述べたアイデアでしょう。家族と再生
産（reproduction）のありかたが女性を縛っている。ゆえに女性が
子どもを産まなければならないのではなく、母体の外で子どもを
育てる技術が社会に必要なのだと彼女は提案しました。これこそ
が、男女が真に平等な存在となる唯一の方法なのだと。

　もし人類が、女性が9ヶ月間妊娠し、18年間子どもを育てる
ことなく自らを繁殖させることができていたら、世界は大きく変
わったことでしょう。ファイアストーンはこれをフェミニスト的
革命の礎とみなしました。もしかすると、あなた自身の疑問に対
する答えでもあるかもしれません。

「そのうち気が変わるよ」

　ファイアストーンの先見の明に科学が追いつくのを待つあい
だに、あなたが出産をしないと決めたとしたら、おそらくすぐ
に「そのうち気が変わるよ」と多くの人に言われることでしょう。
イギリス人ジャーナリストの**ケイトリン・モラン**（1975-）は、

「新たな人間を生み出す潜在能力だけで評価されるのではなく、個人としての価値を証明することを許された女性たちがもっと世界には必要なのです」　　──ケイトリン・モラン

2011年に出版した著書『女になる方法──ロックンロールな13歳のフェミニスト成長記（How to Be a Woman）』［青土社、2018］の中でこの問題に言及しています。彼女は「なぜ子どもを持つべきなのか？」というタイトルの章のあと、すぐに「なぜ子どもを持つべきではないのか？」という章を書いています。その中でモランはこう述べています。「もし女性が、子どもは産みたくないです、と言えば、世間は絶対に驚くだろう。みんな言うのだろう。ちょっとちょっと、早まらないでと。セックスと養分で自分の腹の中にまったく別の人間を作り、その人間の福祉のために残りの人生を生きることが、まるで気楽な決断であるかのように言うのだろう。ねえ、どうしちゃったの、と」。

あなたならどうする？

世界はこれ以上子どもたちを必要としていません。そして、多くのフェミニストが気候正義に賛同していることは興味深い事実です。フェミニストたちはきっぱりと言うでしょう。すでに人口が増えすぎた地球に子を生み落とすことは、あなたの義務ではないと。子どもを持つことは喜びです——あなたがそれを望む場合にかぎって。けれど、社会は女性が女性自身であるための新しいやりかたを受け入れる必要もあるのです。あるいは、モランはこう言っています。「新たな人間を生み出す潜在能力だけで評価されるのではなく、個人としての価値を証明することを許された女性たちがもっと世界には必要なのです」。

普通の家族ってなんだ？

ケイト・ミレット／ジャーメイン・グリア／シュラミス・ファイアストーン
／シーラ・ローバトム／ベル・フックス

高い離婚率、同性婚、精子ドナーの時代にあって、この問いにた
しかな回答を与えることは難しいでしょう。普通の家族などもは
や存在しないのだから——もしそんなものが存在していた時代が
あったとして。

　直系家族、つまり夫と妻とその子どもからなる核家族は、男親
が養い、女親が育てるという考えに基づいて構築された概念です。
20世紀を通じて、核家族は子どもを育てるのに理想的な環境と
考えられてきました。
　しかし、これは比較的現代的な概念なのです。多くの西洋諸国
では、20世紀まで、家族は多世代住宅に住んでいました。人々は
仕事のために長距離を移動する必要がなくなり、家族は国内各地
や世界に散らばることなく、一緒に行動するようになりました。そ
の後ふたつの世界大戦が起こり、すべてが変わりました。人々は
自立を重んじるようになり、女性は徐々に自由を獲得していきます。
20世紀後半の広告は、働く父親と専業主婦の母親という家族モデ
ルを美化していましたが、次第に社会主義者やフェミニストたち
は、このモデルが築かれた基盤に疑問を投げかけ始めました。
　1980年代までに、クィア理論は当時のフェミニズム理論とと
もに急速に成長しました。1960年代後半に始まったレズビアン
やゲイの解放によって、あらゆる家庭は異性愛的であるべきであ
り、一定のやりかたで運営されるべきだという通念を、男性作家

「一夫一婦制の核家族はもはや馬鹿げた理想となった……」
——シーラ・ローバトム

も女性作家も絶えず批判するようになりました。そしてかれらは、核家族を普通の家族とみなす、今日ほとんどの国に浸透している考え方と出会うことになります。その他のタイプの家族はすべて「例外」とされました。それがレズビアンのカップルであれ、片親であれ、未亡人であれ、社会は常に、家族の長としての成人男性がいない家族というものを理解するのに苦労してきたのです。

家族の長

経済的にも社会的にも、成人男性であるこの父親という存在には妻子の所有権が認められており、そこには妻子を身体的に虐待する権限も——歴史的に見て——含まれるのでした。たとえばアメリカにおいて「妻虐待」が違法とされたのは1920年のことで、家庭内虐待が単なる家庭内の問題としてではなく、重大な犯罪として認識され始めたのは1970年代に入ってからです。

生殖や再生産について考えても、どの時代においても血統を受け継ぐのは男性の役割でした。従って女性は一族の子孫を産む器となり、基本的に女の子は男の子より重要視されません。このような考え方が現代の家族構成の基礎を築いたのですが、これに猛反対したフェミニストが**ケイト・ミレット**です。彼女は自分が説いたことを実践し、まず男性と結婚し、次に女性と結婚しました。彼女は杓子定規に物事を進めず、そのために社会に罰せられたのでした。

ミレットは常々、男女の結びつきの社会的限界を指摘し、伝統的な家族を抑圧の道具だとみなしました。「家父長制の主たる制度は家族である」とミレットは1970年の著書『性の政治学（Sexual

考えてみよう

核家族は、息の詰まる家父長制の構造のひとつに過ぎないのだろうか?

Politics)』の中で書いています。「それはより大きな社会の鏡であり、より大きな社会とのつながりであり、家父長制全体における家父長制的単位なのだ。個人と社会構造のあいだを取り持つのが家族であるゆえ、政治やその他の権威が不十分な場合、家族こそが統制と適合をもたらす役目を果たす」。ミレットにとって、普通の家族とは簡単に言えば男性権力の延長であり、そこは家父長制が人々の個人的な生活に対して依然として支配権を行使できるプライベートな帝国だったのです。

社会主義的解決策

では、もし家族が家父長制的な抑圧の道具だとしたらどうすればいいのでしょうか?　あるフェミニストは、片親家庭やゲイの親などを受け入れるためにナラティブを広げるのではなく、革命の必要性を示唆しました。20世紀の核家族は妥協の産物で、完全に廃絶される必要があったからです。

社会主義のフェミニストたちは、家族はもっと流動的でコミュニティ中心であるべきだと提案しました。**ジャーメイン・グリア**と**シュラミス・ファイアストーン**は、たとえば家族の中で二人以上の大人が育児を分担し、各自の自由を認め、伝統的な性別役割分担をなくすという代替的な家族構成を独自に提唱しています。ファイアストーンが『性の弁証法（The Dialectic of Sex）』で書い

たように、核家族は男女間の戦いを永続させる抑圧的な構造だからです。その後グリアは『去勢された女（The Female Eunuch）』の中で、よりゆるやかな新しい構造によって男女が解放され、拡大した家族が共生し、伝統的な家族モデルが崩壊していく時代が来ることを想像したのでした。

　そうなれば家庭生活の重荷を軽くすることができる、とイギリスのフェミニスト、**シーラ・ローバトム**（1943-）は同意しています。ローバトムは家族の規模が小さくなればなるほど、その精神的負担は重くなると考えています。彼女は1973年の著書『女の意識、男の世界（Woman's Consciousness, Man's World）』の中でこう論じています。「一夫一婦制の核家族はもはや馬鹿げた理想となった──その理想の姿が実現される前に重みに耐えかねて挫折してしまう」。

　家族とより大きな社会というものの協力体制は不可欠であり、そこに協力体制がなければ結局どちらも機能しません。私たちの私生活の成り立ちが、育児や家事の大半を担うことを期待される女性と、働きに出ることを期待される男性というものを超えた域に合うように調整されていくなら、全員がその恩恵を受けるのではないでしょうか。でもこのまま何も変わらなければ、家族というものはコミュニティにとって有害であり、親戚、友人、隣人との絆を弱めてしまうのだとかれらは主張したのでした。

すべては愛

　ベル・フックス（1952-）もまた、彼女らしく魅力的かつ平和的なやりかたでこのトピックについて語りました。フックスは『オール・アバウト・ラブ──愛をめぐる13の試論（All About Love）』の中で、「家族は人が活動するための最良の方法ではな

い」と主張しました。「そうではなく、私たちは愛を中心に人生を築くべきなのだ」。人類に愛と安心感を与えるのは、核家族ではなくコミュニティだと彼女は信じました。「この社会における『家族の価値』についての話題の多くは、核家族、つまり母親と父親、そして望ましくは二人の子どものうちの一人、この三名で構成される家族の形を強調する」とフックスは述べています。「この家族の単位は、アメリカにおいてすべての人に幸福を保証する、子育てのための主要かつ最も望ましい形として提示されている。もちろん、これは空想上の家族像だ。私たちの社会で、このような環境で生活している人はほとんどいないのだから」。

ベル・フックスは、拡張家族のモデルを提唱しました

あなたならどうする？

同時代のほかのフェミニストたちと同様、フックスは、普通の家族というものは抑圧の道具であると指摘しました。さらに、人々が実際にどのように暮らしているのか、とりわけ特権的な背景を持たない普通の人々の暮らしはどんなものか、そこが見落とされていると指摘したのでした。2000年に出版された彼女の著書『オール・アバウト・ラブ——愛をめぐる13の試論（All About Love)』の中で、フックスは、孤立した核家族が成立するには、ほとんどの人が持っていない「豊かな物質的資源」が不可欠だと述べ、「近代的で理想化された核家族とは、富裕層や特権階級だけが享受できるものである」と語りました。オープンで包括的なフェミニズムにとって、これ以上リアルなことはありません。普通の家族なんてものは存在しないのです。ゆえに、先を行って自分のルールを作ればいいのです。

「家父長制の主たる制度は家族である。
それはより大きな社会の鏡であり、
より大きな社会とのつながりであり、
家父長制全体における家父長制的単位なのだ」

ケイト・ミレット

誰が育児休暇を取るべきなんだろう？

シーラ・ローバトム／シモーヌ・ド・ボーヴォワール／シュラミス・ファイアストーン

あなたがこのような会話をしているということは、幸運にも、国家が男性も女性も子どもの面倒を見ることができると認めている国にあなたが住んでいるということです。おめでとう！ あなたは少数派です。世界のほとんどの国では、たとえ収入のために女性が家の外で働かなければならないとしても、女性は育児の全責任を負っています。

　さて、複雑な話になってきました。子どもを育てるのは「女性の仕事」だと主張する人もいるかもしれませんが、これは太古の昔からフェミニストたちによって熱く議論されてきた話題です。理由は、実際、多くの男性は女性と同じように子どもの扱いがうまいからだと言えます（いずれにせよ、すべては主観的なものですけどね）。
　フェミニストたちは、このことをずっと考えてきました。それもたくさん。というのも、フェミニズム理論において育児は重要な領域を数多く含んでいるから。母性、生物学的本質主義、家事、資本主義、階級、機会均等。このようなトピックは育児休暇の傘下にあります。母性というものはその魔法のような性質ゆえ、フェミニストにとってはさまざまな点で悩みの種となってきました。その中でも女性を公の場から疎外し、私的な場へと引き込む点ほど難しいものはありません。母性は女性が家庭の外で働くことを妨げます。しばらく家庭にこもったあとで仕事に復帰したと

どの親も物事を両立させる方法を学ばなければなりませんが、母親は間違いなく、その両立をうまくやることを期待されています

きには、仕事のチャンスがかぎられてしまうかもしれません。母性は女性の足かせとなっているのです。

　いったい世間はいつから、女性のほうが男性よりも母親業が得意だと考えるようになったのでしょうか？　「母性本能」は社会が規定したジェンダーロールのひとつに過ぎないのでしょうか？　フェミニストたちが母性を批判する際には、女性は生まれつき無私の養育者であるとする本質主義に女性性が矮小化されてしまうといった指摘がよくあります。こうした思い込みは、女性が子どもや高齢者、病人の世話をすることを中心に社会が成り立っていることを表すものです。

　これらの神話は家父長制によって構築されたものであり、結果として世の中は、女性の完全な人間性の実現というものを制限しています。女性たちが男性と対等になるためには、育児を平等に分担する必要があります。だからこそ、育児休暇は重要なのです。

機会均等は家庭から始まる

男性が自分の役割を調整することがないまま、女性が家庭の外でより多くのことを担うにはどうすればいいのでしょう？　これは、男であることの意味をめぐる現代の多くの議論の中核をなすものです。女性であることの意味が社会で再定義されるのであれば、男性の位置づけも再定義されなければなりません。女性は育児や他人の世話をするために、個人的な野心やキャリアを保留にしてきたのですから。

世界中の22,000社を対象とした2016年の調査によると、指導的立場にある女性の割合が最も高い国では、最も低い国の11倍もの日数の育児休暇が設定されていました。男性が育児休暇を取得したほうが女性のキャリアの中断が少なく、「トップ」になれる可能性も高くなるのだと研究者たちは結論づけています。

また、1973年、社会主義者のフェミニスト理論家**シーラ・ローバトム**は、家庭での無償労働と子どもの世話が女性の抑圧の中核を担うのだと主張しました。「家庭での労働は正当な評価を受けない。むしろ、産業界においてはより良い仕事を得るのを阻む結果となっている。私たちは家庭での労働ゆえに、欠勤が多いだとか、仕事上の信頼性に欠けるなどと非難されるのだ」。ローバトムは著書『女の意識、男の世界（Women's Consciousness, Man's World）』でこう述べています。「この家庭と仕事の分離は、家事

「小さな子どもの世話は大切な仕事であり、大変な集中力を要する。この仕事を一人の人間がいつもしなければならないというのはおかしいのだ」　　　　　──シーラ・ローバトム

と育児を女性が担うことなしには維持できず、不平等を永続させる役割を果たしている」。

　近年では、ニューヨーク・タイムズにブルッキングス研究所から二人の経済学者による同様の記事が掲載されました。「ジェンダーの革命は不均衡を孕んだ取り組みなのだ」と、2015年にリチャード・リーブスとイザベル・ソーヒルは語っています。「私たちは、伝統的に女性が担ってきた役割に男性を配置することを十分に推し進めてこなかった。今優先すべきはそこだろう」。

　あなたかあなたのパートナー、どちらが育児をするのかは、単にあなたがたの個人的な決定というだけではなく、このふたつの立場が表明している社会的・経済的・政治的な問題でもあるのです。

でも、女性は男性より子育てが上手なんじゃ？

　いい質問ですね。多くのフェミニストは、育児は本質的に女性の特性ではないと主張してきました。たしかに、生物学的には女性は子どもを産めるようにできているのかもしれませんが、一日中家で一人きりで世話をすることについてはどうでしょう。もし、夫のほうが子育てを一人でするのが妻より上手だったり、妻のほうが夫より重要なキャリアを積んでいる最中であった場合にはど

うでしょうか？　このような要素や、その他の要素も考慮する必要があります。単純に「ああ、私は女性だから上手に違いない」という問題ではないはずなのです。

　誰がそう言ったのかって？　まずは**シモーヌ・ド・ボーヴォワー**

ルです。フランスのフェミニストである彼女は、1949年に出版した『第二の性（The Second Sex）』の中で次のように主張しています。女性は子どもを産むためにこの世に生を受けたのだと、幼児期からくりかえし聞かされている。かれらは「母性の素晴らしさ」について

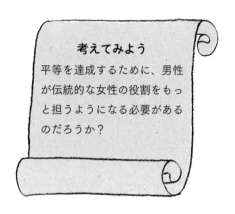

考えてみよう

平等を達成するために、男性が伝統的な女性の役割をもっと担うようになる必要があるのだろうか？

何度も聞かされる。そして、母になることのマイナス部分は、子どもをこの世に生み出すという「驚くべき特権」に上書きされるのだと。ボーヴォワールは、このような考え方がそもそも母親になることは自分の望むことなのか考え、選択する（べき）女性たちに影響を及ぼしていると指摘しています。

　ローバトムもこのことに重きを置いていました。彼女は社会主義者の目を通して、いかに資本主義が家事と育児を「女性」というカテゴリーに押し付けているかを見たのです。「家事は重労働なので、料理以外の家事はできるだけ省力化したり、明確に役割分担をしたほうがよい」と彼女は『女の意識、男の世界（Women's Consciousness, Man's World）』（1973）で書いています。「小さな子どもの世話は大切な仕事であり、大変な集中力を要する。この仕事を一人の人間がいつもしなければならないというのはおかしいのだ」。

父親にもフェミニズムが必要な理由

　選択肢がないせいで身動きがとれずにいるのは女性だけではあ

りません。女性が家庭内に留まることを要求するジェンダーのステレオタイプに苦しんでいるならば、男性も、デスクに縛り付けられるステレオタイプに苦しんでいるのです。2017年のイギリスでは、2015年に男女共働き育児休暇が導入されたにもかかわらず、ほとんど利用されていないことが報告されています。

　一方、アメリカの労働省の調査によると、新米の父親の70％以上が10日もしくはそれ以下の休暇を取得していました。また、休暇を取得した男性のうち、賃金を受け取ったのはわずか13％であったのに対し、女性では21％でした。

　次のような研究結果もあります。早くから子どもの世話に参加した父親は、その後もより深く子どもの世話に参加しつづけるのだとか。また、仕事上でも個人的にも平等なパートナーシップを求める世帯は、子どもの世話など家事全般を夫婦で分担することが重要です。有給の父親休暇がなければ、たとえ気持ちの上で望んでいても、父親が家庭で対等なパートナーになることは不可能になります。そして、シングルファーザーやLGBTQ（レズビアン、ゲイ、バイセクシュアル、トランスジェンダー、クエスチョニング）のカップルもいます。公的な育児休暇制度を利用して父親の役目を果たすことができたら、それは伝統的な性別役割分担に挑戦することになりますし、LGBTQの平等をも促進し、職場のす゛べ゛て゛の親たちの励ましとなるでしょう。

急進的な解決策

　この問題に対して、実に急進的な解決策を打ち出した女性の一人が**シュラミス・ファイアストーン**です。ファイアストーンは文字通り、女性から母親としての重荷を取り除こうとしました。彼女は、女性が9ヶ月の妊娠期間なしに子孫を残せる方法を科学が

人類に提供したとき、ようやく女性は男性と対等になるチャンスを得ることができると主張しました。ファイアストーンをはじめとするフェミニストの理論家たちは、「母親をする」（to mother）という女性に課せられた社会的圧力を解体しようと挑み、この圧力こそ社会が女性を支配する手段であると主張しました。

　性的平等を達成するためには、男性やより広範な社会集団が育児に責任を持ち、相当の資源を投入すべきです。それが自治体による資金援助であれ、友人や家族による支援ネットワークであれ、あるいは雇用主が女性や男性にフレキシブルな働き方を認めたり、事業所内保育を提供することを選択した場合であれ、それらは社会的にも経済的にも、すべての人に利益をもたらすことでしょう。これは、ひとり親や収入の少ない夫婦、つまり育児をする余裕はないが働かないわけにもいかない人々にとって特に重要なことです。

あなたならどうする？

では、育児休暇を取得するのはあなたか、それとも夫かを決めるとき、どんな点を考慮すべきでしょう？　一番わかりやすいのは、どちらがより稼いでいるかということ。しかし、それ以外にも考慮する点は多いのです。一日中一人でいるのが得意なのは夫妻のうちどちらだろう？　どちらの雇用主が、子育てにより協力的だろう？　どちらの雇用主が、よりフレキシブルな労働時間を認めてくれるだろう？　共働きの夫婦がこのような話し合いをするようになればなるほど、職場文化も、会社にとって優秀な従業員を確保するためには、社員が必要としていることに応えなければならないと考えるようになるでしょう。そうなりますように。

娘は「プリンセス」と呼ばれたがっている。私はどこで間違ったのだろう?

キャロライン・クリアド゠ペレス／シモーヌ・ド・ボーヴォワール／ケイト・ミレット／コーデリア・ファイン

女の子ですか、男の子ですか?　新しい子どもが生まれたとき、私たちが最初にされる質問です。そしてそれはほんの始まりに過ぎません。幼少期を通じて、子どもたちはみんな、性別によって決められた特定のおもちゃで遊んだり、特定の行動をとったりすることが奨励されるのです。これは正しいことでしょうか?　それとも間違っているのでしょうか?　また、もしあなたが、自分の子どもの興味やふるまいが社会からの期待によって左右されてほしくないと考えるのなら、いったいどうすればいいのでしょうか?

　落ち着いてくださいね。これは何世紀にもわたる社会的条件付けの話なのです。おそらく男の子たちは、車で遊ぶというようないわゆる男の子のことをするし、女の子たちは、小さな人形で母性本能を鍛え、社会が求めている母親やケアの提供者としての役割をいつか果たす日のため、今から準備を重ねているのでしょう。
　幼児を、この世にかれらが生を受けた最初の日からどのように扱うべきか、そしてその結果、かれらの一生にどんな影響を及ぼすのか——この問題に取り組むのは難しいことですが、多くのフェミニストたちは果敢に挑戦してきました。『あなたらしくやって世界を変えよう (Do It Like a Woman ... and Change the World)』(2015) の中で、**キャロライン・クリアド゠ペレス**

（1984-）は出産報告の調査を引用しました。社会学者のバーバラ・カッツ・ロスマン（1948-）は、親たちが出産報告をする際によく使う言葉は、男の子に関するものであれば「誇り」、女の子に関するものであれば「幸せ」なのだと述べています。

　実際のところ、ある国ではもし誕生した子が女児だったなら、出産報告をする可能性が低いということもわかりました。これは単に誇りや幸せの問題ではありません。このような国では基本的に女児は望まれておらず、女児であるという理由だけで中絶されたり、殺されたり、出生時に手放されたりするのです。

生まれながらの運命

　しかし実際に、親たちは女児より男児を産んだほうが嬉しいのでしょうか？　そんなことは、普通に考えれば信じがたいことです。先進国のどこの病院に行っても、跡継ぎになる男児を産めなかったという理由で、出産を終えた妻が夫のもとから追放される姿を見ることはまずありません。

　しかし、好むと好まざるとにかかわらず、私たちが幼い子どもたちと一緒にいるときには、社会から来る、そして私たち自身から来る力が働いています。この力とは、私たちが男の子と女の子を異なるものとして扱うということを意味しています。そしてその扱い方によって子どもたちの経験が左右され、最終的には子どもたち自身の生き方が決定されてしまうのです。

　シモーヌ・ド・ボーヴォワールは、幼年期や幼児期についての考察において時代の最先端にいた人物で、幼い人の人生が形成されやすい時期について雄弁に語っています。ボーヴォワールにとって、子どもの身体は（家父長制的な）世界を初めて経験する道具であり、それゆえ、その身体的な形態に起因する思い込みは、

子どもたちが自分自身をどのようにまなざすかに影響するといいます。「女の子はキスで甘やかされ、より優しく扱われる。一方男の子は、彼が他者を喜ばせることに無頓着であればあるほど周囲を喜ばせる」とボーヴォワールは1949年の著書『第二の性（The Second Sex）』で説明したのでした。

　「このようにして幼い女の子たちは、自分は他者の注目を必要とする幻想的な存在であると思うようになる」とボーヴォワールは言います。「思春期よりはるか前、ときには幼少期から、女の子がすでに性的に見分けられているように見えるとしても、それは神秘的な本能が彼女を受動性やなまめかしさ、母性に向かわせるからではない」。「しかし、幼児の人生への他者による介入はほとんど自然に行われるものであり、女児の運命は、生後間もない時期から否応なしに彼女の中に吹き込まれてしまうのだ」。女性らしさとは自然なものではなく、育まれるものであるとボーヴォワールは説いたのです。

　ボーヴォワールがこの「神秘的な本能」について語った際に触れた内容は、のちに生物学的本質主義として知られるようになりました。つまり、あなたの息子や娘の本質が生物学によって決定されるという考え方です。これは生物学的決定論としても知られ、その代表的な例として、遺伝的体質から女の子は生まれつき母性が強いという考え方があります。『フェミニズム理論辞

「女の子はキスで甘やかされ、より優しく扱われる。一方男の子は、彼が他者を喜ばせることに無頓着であればあるほど周囲を喜ばせる」　　──シモーヌ・ド・ボーヴォワール

典（Encyclopedia of Feminist Theories）』（2003）によれば、ボーヴォワール以降の著名なフェミニスト生物学者であるリンダ・バーク（1948-）、ルース・ブライヤー（1923-88）、アン・ファウスト＝スターリング（1944-）、ルース・ハバード（1924-2016）、スー・ロッサー（1947-）など、多くの

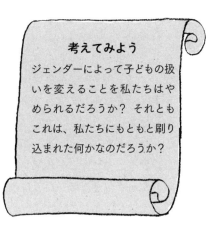

考えてみよう

ジェンダーによって子どもの扱いを変えることを私たちはやめられるだろうか？ それともこれは、私たちにもともと刷り込まれた何かなのだろうか？

フェミニストがこの点を問題視しています。

これらのフェミニストたちが人間に対するこうした生物学的考察に同意しないのは、人間が自分は何者であるかという認識を形成する際の、外部からの力というものが無視されているから。私たちは自分の両親の行動や、テレビで見たもの、本で学んだことなどを通じて、自分が何者であるかという認識を形成していく。子どもたちは真っ白なキャンバスに囲まれて育つわけではありません。生まれたその日から、世界はかれらを絶えず形作っているのです。

それに抗うことに意味はあるのか

もしあなたが「私の娘は女の子だから、社会の期待に沿わなければならない」という考えに陥っていないなら、あなたは正しい道を歩んでいると言えるでしょう。しかしそれでも、こうした落とし穴を完全に避けるのは難しいことです。

BBCによって実施されたある実験がそれを証明しています。

この実験はジェンダー間の平等を達成することがどれほど難しいかを探るために試みられたものでした。コンセプトは単純で、男の赤ちゃんを女の子の服に着替えさせ、その逆も実施します。その後、ボランティアを部屋に招き、さまざまなおもちゃを用意して子どもたちと遊んでもらいました。

　その結果、もれなく「女の子」にはぬいぐるみや人形が、「男の子」には車やロボットが手渡されました。ボランティアたちは自分が罠にはまったことに気づき、ためらうことなく自分たちの固定観念をそのまま幼児たちに投影してしまったことにショックを受けたということでした。

　このような性差別は、幼稚園の中だけで起こるものではありません。あなたの娘は、プリンセスが登場するディズニー映画を何本見たことがあるでしょうか？　ディズニー映画によって私たちは、女の子は男性に助けられなければならないか弱き乙女だと教えられます。人生にはこのひとつの道しかないとあなたの娘に教

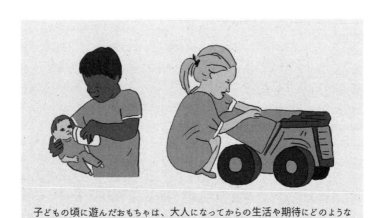

子どもの頃に遊んだおもちゃは、大人になってからの生活や期待にどのような影響を与えるのでしょうか？

える、世界中に広まり体系化されてしまったこの性差別を前にして、いったい私たちはどうすればいいのでしょうか？

　女性の抑圧は家庭から始まると**ケイト・ミレット**は言いました。もし子どもたちが、親である母親が家事をこなす姿を見て育ったら、家事は女性の仕事なのだと学習するでしょう。飼い慣らされた可愛いペットであることは、女性の仕事でもなければ、女性の人生における役割でもないことを娘に教えてあげてほしいと思います。

おもちゃが子どもに教えること

　このテーマについて、カナダ生まれのイギリス人心理学者**コーデリア・ファイン**（1975-）は「男女の興味は生まれつき違う」という神話を否定しようとしています。2010年に出版された彼女の著書『ジェンダーという妄想（Delusions of Gender: How Our Minds, Society, and Neurosexism Create Difference）』の中で、ファインは次のように述べています。「社会的・環境的要因は、生物学的要因よりもはるかに精神に影響を与える（生物学的要因があるとすればだが――審議は未完のままだ）」。

　現在、世界の多くの地域で男女の権利は平等であるため、不平等があるとすればそれは生物学的な違いによると主張する人もいます。それに対して、「馬鹿馬鹿しい」とファインは言います。「性差別を正当化するために科学を利用するのは、もうやめよう」。

　さて、ここからが本題です。近年、子ども向け玩具がどれほど性差別に満ちているかを浮き彫りにしようとする取り組みを多く見かけます。現在ほとんどの玩具店では、いわゆる男の子のおもちゃと女の子のおもちゃの棚は別々に分けられています。万が一、男の子が人形を手に取り、それを自分の遊び道具だと勘違いして

はいけないからです。

　ロンドンの玩具店ハムリーズは 2011 年にジェンダー・ニュートラルに移行した最初の大手玩具店として有名ですが、多くの場合、男の子用と女の子用のおもちゃはいまだに分けられており、その宣伝方法もターゲットが男の子か女の子かによってまったく異なります。ピンク色の棚には人形やバービーが並んでおり、女の子たちは愛らしい柔らかなお人形をミニベビーカーに乗せて遊ぶよう促されます。青色の棚にはトラック、車、ロボットなどが陳列されており、それらのおもちゃは対照的に空間認識能力、自信、テクノロジーへの興味を育むのだそうです。

あなたならどうする？

　工学技術協会（IET）の調査によると、科学、技術、工学、数学（STEM）に焦点を当てたおもちゃは、女児よりも男児をターゲットにする可能性が 3 倍も高いことがわかりました。小学校で女児が情報通信技術（ICT）やコンピューティングに熱中しているにもかかわらず、イギリスのエンジニアに占める女性の割合はわずか9％という最近の報告もあります。結論はただひとつ、「子どもに与えるおもちゃの種類が、人生のチャンスを左右している」ということ。だからあなたの娘がプリンセスになりたがっているのなら、それは素敵なことです。ただし、彼女は数学に秀でたプリンセスにもなれるということ、そして彼女は自分が望むどんな道に進むこともできるということをしっかりと教えてあげてほしいと思います。

第4章

仕事と賃金

主婦になりたいんだけど、だめですか？

ベティ・フリーダン／シャーロット・ブロンテ／サンドラ・ギルバート／スーザン・グーバー／ヴァージニア・ウルフ

フェミニストたちは、女性が幅広い選択肢を持ち、自分自身の人生をよりコントロールできることを願っているので、専業主婦を選ぶことが決定的に「間違っている」とは決して言いません。しかし、無給のキャリアというこの特殊な選択に、フェミニズムそのものが眉をひそめることはあるかもしれません。というのも女性は知らず知らずのうちに、家族に関しては自分が担うべき以上の仕事をこなすよう強制されてきたからです。さらに悪いことには、純粋で気高く、無私無欲な——まるで天使のような「存在」にされてしまうこともあるから。

　少なくとも欧米諸国では、家庭というものが輝きを取り戻しつつあります。かつては知的な働く女性向けに遠大で複雑なテーマを扱った記事を掲載していた雑誌が、まるで1950年代に逆戻りしたかのよう。政治やキャリアに関する記事の代わりに、セレブに関する記事、「マスト・アイテム」のショッピングや体験談、ダイエット法（しばしば「健康的な食事」を装っている）などに溢れかえっているのです。手芸もレジャーとして復活し、編み物やかぎ針編みが主流になり、あらゆる年齢の女性（そして少しの男性）が実践するようになってきました。レシピには、かつては喜んでスーパーマーケットに委ねていたような手のかかる料理も登場。「たった数時間で自分でパンを焼けるのに、なぜパンを買うの？」と、記事が問いかけてきます。

たった数時間？　時間に追われ、常にあわただしくストレスの多い今日の文化を考えると、パンを焼く時間なんてどうやって確保するのでしょう？　そのヒントは、2016年のクープ・デュ・モンド・ドゥ（ベーカリー・ワールドカップ）の優勝者にあるのかもしれません。上位3チームの内訳は男子11名、女子1名。男性だけの韓国チームの優勝を取り上げたBBCは、次のように書いています。「男性のほうが料理をするようになってきた。少なくとも、人前で自慢するためには」。フェミニストのデライラ・キャンベルは、『トラブルと闘争（Trouble and Strife)』誌の「主夫を選択？」と題された記事の中で、男性が「私的な家事労働の公的な覇者」となり、料理のセレブや「専門家」になる気満々なのだと示唆しています。

新しい女性の創造

一方、家庭に戻ると、状況は大きく変わっています。研究によれば、**ベティ・フリーダン**（1921-2006）が著書『新しい女性の創造（The Feminine Mystique)』のために調査した1950年代と比較すると、男性も家事や料理、育児をするようになりました。しかし、2010年以降は逆転し、女性がますます家庭で家事をするようになっているのです。夫婦に子どもがいて、育児と仕事を両立させている場合は特にそうです。フルタイムの主婦業は魅力的な選択肢のように見えるかもしれませんが、フリーダンが1963年に出版した本には、今日でも通用する警告が含まれています。専業主婦の場合、女性たちはフリーダンに、眠気、集中力の欠如、抑うつ状態などの全身倦怠感を訴えました。フリーダンは、この症状は、家庭の中で毎日のルーティンを延々とくりかえすような仕事（特に小さな子どもを持つ女性にとってはそうである）の刺激

「もし私が〈家庭の天使を〉殺さなかったら、彼女が私を殺しただろう。彼女は私の書くものから心臓を抜き取っていただろう」
　　　　　　　　　　　　　　　　　　——ヴァージニア・ウルフ

の少なさ、そこからくる退屈さに起因するものだと理解したのです。

　現在、うつ病の有病率は世界的に男性より女性のほうが高く（女性の5.5％に対して男性は3.2％）、階級、所得、人種、文化、食生活、教育、その他多くの社会経済的要因にかかわらずこの傾向があることを思えば、主婦業を一生のキャリアとして考えるときは、一旦立ち止まって熟考するのが賢明かもしれません。女性たちも、主婦業は大変憂鬱な仕事であると証言しているのだから。さらに言えば、女性たちは以前にもこの罠にはまったことがあるのです。労働習慣、労働時間、賃金において、私たちと同じような激変を経験した時代、つまり19世紀の産業革命の時期のこと。私たちが現在生きている技術革命の時代は、産業革命の時代と同じような不安や不確実性を孕んでいると言われています。社会における規範や伝統、役割さえも不穏なほど流動的であるため、期待や義務に関しては、確認や再定義をされなければならないでしょう。

　産業革命の時代、新しい女性、堕落した女性、家庭の天使という3つのタイプの女性の役割が生まれました。新しい女性とは、女性解放や参政権に関係する人々のことでした。かれらは奇妙な女性たちとみなされはしましたが、まだ社会に受け入れられていました。一方、堕落した女性は社会から追放されました。男性（既婚、未婚を問わず）と不倫している独身女性、隠し子のいる女

性、浮気妻、女優、モデル、娼婦などがそうです。前述のふたつのタイプの女性たちには共通点があります。それはかれらが、第三の選択肢である「家庭の天使」を規定するルールに従うことを拒む女性たちであるということです。

家庭の天使

　この変わったフレーズは、ヴィクトリア朝のイギリス人作家、コヴェントリー・パットモア（1823-96）の詩のタイトルに由来しています。この詩の中で彼は、ホノリアと呼ばれる素朴な田舎娘の特徴を賞賛し、彼女への求婚と結婚について語っています。パットモアは「妻の悲劇」（カント9の1）について、「男は喜んでいればよい／喜ばせるのは女の喜びである」と述べています。妻は、夫がどうしようもなく意地悪であるにもかかわらず、喜ばせずにはいられないのだと彼は言います。また、妻が「氷柱に心をゆだね」、その妻の「せっつくような言葉のひとつひとつが夫を刺激する」と書いています。

　夫をより良い人間にするのが妻の仕事であり、妻は「生まれつき」無欲で優しく、疑うことを知らず、優美で、同情的で、自己犠牲的で、敬虔で、そして何よりも純粋である。これらの魅力的な資質は、夫に変容をもたらし、夫を（今風に言えば）「最高の男」にします。この詩は絶大な人気

家庭の天使

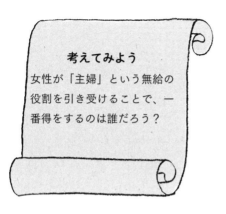

考えてみよう

女性が「主婦」という無給の役割を引き受けることで、一番得をするのは誰だろう？

を博し、作家のジョン・ラスキン（1819-1900）は「家庭の天使」という観念を熱心に取り上げました。彼は、女性の居場所は家族の世話をし、家事をする家の中であり、夫の居場所は公的な空間であり、そこで夫はお金を稼ぎ、家族を守ることができるのだと信じていました（これも「慈悲深き家父長」を想起させます──48頁へ→）。ラスキンはエッセイ『女王の庭園（Of Queen's Gardens)』の中でこう説明しています。「女性の能力は統治するためのものであり、戦いのためのものではない──そして、女性の知性は発明や創造のためのものではなく、甘美な秩序のためのものである」。

屋根裏部屋の狂女

　この考えに反対したであろう女性作家の一人が**シャーロット・ブロンテ**（1816-55）です。1837年、詩人ロバート・サウジー（1774-1843）は彼女に手紙を送りました。その中で彼は、「文学は女性の人生の仕事ではない、あるはずがない」と書きました。それに対する彼女の鮮やかな反撃が小説『ジェーン・エア』（1847）であり、この作品を通して彼女は大変な「発明と創造」を示しただけでなく、前述されたものとはまったく異なる女性の役割を描き出したのです。ジェーン・エアは「古風で、静かで、重々しく単純」ですが、恋に落ちたエドワード・ロチェスター

のためでさえ、天使になることを拒むのです。「私は天使ではありません」と彼女は言いました。「死ぬまで天使にはなれません。私は私自身です。ロチェスターさん、あなたは私に天上のものを期待したり、要求したりしないでください——私があなたからそれを得ることがないのと同じように、あなたも私からそれを得ることはないでしょうから」（これが平等というものですよね）。

　大地にしっかりと足をつけたジェーン・エアは、自分というよりこの「家庭の天使」と正反対の恐ろしい人物、屋根裏部屋の狂女の存在に気がつきます。フェミニストの作家**サンドラ・ギルバート**（1936-）と**スーザン・グーバー**（1944-）は、紫色の顔、肥大した顔立ち、白髪まじりの黒髪を持つこの狂女を、鳥肌が立つほどに野性的だと評しています。ジェーン・エアのハイドに対するジキルのように、狂女バーサは一日のうち特定の時間帯にしか姿を現しません。それは危険なまでにコントロールを失った女の姿でした。彼女はヴィクトリア朝の悪夢そのものだったのです。その当時の社会的ルール、規範、期待のすべてを完全に無視した女性。作家のジーン・リース（1890-1979）は『サルガッソーの海』（1966）でバーサの前日譚を書き、彼女を再び蘇らせました。この作品において、バーサは（アントワネットから）名前を変えられ、（ジャマイカからイギリスへ）転居させられ、自分を望まなくなった夫によって独房に入れられ、狂っていくさまが描かれています。これは天使になることをかたくなに拒否した女性のさだめでした。ヴィクトリア朝時代の女性像に反抗した女性

「男は喜んでいればよい／喜ばせるのは女の喜びである」
　　　　　　　　　　　　——コヴェントリー・パットモア

たちは、「逸脱」「不自然」「狂気」のレッテルを貼られることになりました。エレイン・ショーウォルター（1941-）は1985年の著書『心を病む女たち——狂気と英国文化（The Female Malady）』[朝日出版社、1990]の中でそのことを実証しています。

　しかし、もう少し受動的に抵抗した人々には別の運命が待っていました。1877年、アメリカ人医師サイラス・ウィアー・ミッチェル（1829-1914）は、神経衰弱（極度の痩せと貧血を特徴とする状態）に苦しむ女性に、強制的にずっとベッドで横になること、隔離、強制摂食からなる休養療法を施すことを提案しました。これは「病気を言い訳として家事から逃れる手段にしている女性たちを懲らしめるのに使えるかもしれない」と彼は話したそうです。

あなたならどうする？

多くのフェミニストにとって、完璧な主婦になることは家庭の天使になることとほとんど同じに思われるのです。小説家**ヴァージニア・ウルフ**（1882-1941）は「女性のための職業（Professions for Women）」と題したスピーチの中で、もしあなたの内なる声が「同情的であれ、優しくあれ、お世辞を述べよ」「自分に考える頭があることを誰にも気づかせるな」と促していると感じたら、ウルフがそうしたように、その内なる女性を殺さなければならないかもしれない、と語りました。比喩的に言えば、まさにその通りなのです。そのあと、ウルフはこう付け加えました。「自分自身であればいいのです。あ、でも、さて自分自身とはいったい何なのでしょうね？」——これこそが一番考えなければならない問いなのでしょう。

「私たちはもう、女性の中にある

"夫や子どもや家庭以上のものがほしい"

という声を無視することはできない」

ベティ・フリーダン

177

なぜ私は彼より安い給料で働いているんだろう？

ジェニファー・ソール／リンダ・バブコック／サラ・ラシェーヴァー／シェリル・サンドバーグ／シルヴィア・ウォルビー／クララ・レムリック

事実、世界のほとんどの地域で、女性たちはあらゆる仕事や職業に就いています。女性大統領、外科医、原子物理学者、トラック運転手、溶接工。一見すると、女性たちは機会均等な職業環境を楽しんでいるように見えているかもしれません。では、いったい何が問題なのでしょうか？　残念ながら、職場における不平等を防止することを目的とした法律があるにもかかわらず、アメリカの平均的な仕事において、女性の収入は男性の54〜79％に過ぎません。上位収入者のうち、女性の収入は男性の収入1ドルに対して、わずか39セントなのです。

イギリスのフェミニスト哲学者**ジェニファー・ソール**(1968-) によれば、問題のひとつは、女性が一貫して育児の主体的担い手とみなされていること（ソール、2003）。これは子どものいない若い女性たち、子どもがいる若い女性たち両者を悩ませる事態です。というのは、出産や子育ての問題が、女性の自尊心や潜在的可能性に影響を与えるからです。どのような職種であれ、人選においてはその仕事を最善の形でこなせる人物を選ぶだろうとソールは言います。また、女性がその職務の妨げになるようなほかの責任を負っている（あるいは将来負う可能性がある）とみなされれば、その時点で評価が下がることになるのが現実でしょう。その結果、女性よりも男性のほうが給与や福利厚生が充実した仕

事に就くことになります。この問題の核心は、女性たちが既存の文化的観点から自由になるのが難しいということ。世の中から第一に女性、第二に労働者とみなされるのではなく、彼女も男性同様に一人のプロフェッショナルであると認められることが非常に困難なのです（これもまた、女性が「セカンド・シフト」をすることで苦しむ例のひとつです——137頁へ→）。

　マイクロソフトの取締役であるマリア・クラーヴェイによれば、女性はいったん仕事に就くと、昇給を求めにくくなることがあるそうです。彼女は、2014年に開催された「コンピュータ産業の女性たち（Women in Computing）」と呼ばれる会議で、マイクロソフト社のCEO、サティア・ナデラにこの考えをぶつけました。上司に昇給の話を持ちかけるのが難しいと感じた場合、女性はどうすればよいと思われますか？　ナデラは、「黙っていても特に問題はないと思う」と述べました。なぜなら、女性が黙っていても「システムがあなたの仕事に対する正しい評価をして、実際にきちんと昇給させると信じているから」だそうで、さらに、女性

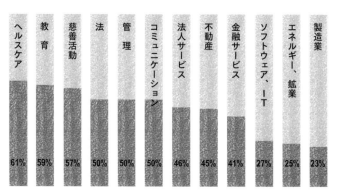

出典：World Economic Forum, 2017

さまざまな業界における女性雇用の割合

は昇給を求めないほうが「良いカルマ」を積むことができると付け加えたのだそう。彼のこのコメントは物議を醸しました。こうした慈悲的な性差別（47頁へ→）こそが女性の足を引っ張るのだと、世界中のフェミニストたちが考えているからです。

自己価値を高める

『そのひとことが言えたら…───働く女性のための統合的交渉術（Women Don't Ask）』（2003）［北大路書房、2005］の著者である**リンダ・バブコック**と**サラ・ラシェーヴァー**は、交渉はきわめて重要だと言います。アメリカの統計によると、初任給を交渉しない場合、生涯収入で50万ドル以上を失うことになり、男性の初任給は女性より年間約4,000ドル高いそう。理由としては単純で、男性は必ず収入交渉をするからです。また、在職中一貫して昇給交渉を行う女性は、しない人に比べて少なくとも100万ドルは多く稼いでいます。バブコックとラシェーバーはふたつの原因を指摘しています。第一に、多くの女性が自分自身や成功に対する期待を低く持つように社会で教育されてきたため、仕事のオファーがあること自体に感謝し、給与交渉など思いもよらないというのです。第二に、多くの場合、女性は自分の仕事の市場価値を知りません。バブコックとラシェーバーの調査では、同じ仕事に対して女性が期待する給与は男性より3 〜 32％低かったのだ

「私は働く女性で、耐えがたい状況に反対している一人です。一般論を語る講演者の話はもう聞き飽きたのです」

───クララ・レムリック

そう。フェイスブックの最高執行責任者（COO）であり、『LEAN IN（リーン・イン）女性、仕事、リーダーへの意欲』（2013）［日本経済新聞出版、2013］の著者である**シェリル・サンドバーグ**（1969-）は、夫と義理の兄弟から、給与交渉の方法を教えられたのだと話しています。というの

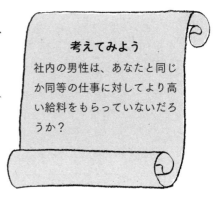

考えてみよう

社内の男性は、あなたと同じか同等の仕事に対してより高い給料をもらっていないだろうか？

も、最初に提示された給与を即決で受け入れようとするシェリルの態度にかれらが非常に驚いたからだとか。また彼女の経験では、一般的に女性というのは会議などで貴重な貢献ができるにもかかわらず、それをためらいがちで、自分の価値を過小評価しがちであるとも語っています。女性は必要なスキルの100％を身につけるまで昇進希望を出しません。かたや男性は、必要なスキルのほんの一部しか持っていなくても、自分の力をひたむきに信じ、平気で昇進希望を出すというのです。2013年に設立されたリーン・イン・サークルは職場に平等をもたらすスキルを学ぶために毎月集まる女性たちの小さなグループであり、1960年代の意識改革グループを彷彿とさせました。

個人的か政治的か？

多くのフェミニストはサンドバーグの著書に異議を唱えました。彼女の本は中流階級の女性が直面する課題を取り上げているに過ぎず、非常な低賃金で不安定な仕事に就いているはるかに多くの女性の問題を取り上げていないと主張しました。また、この問題

は個人で解決できる問題ではなく、集団的で社会的な解決を必要
とする政治的問題だと彼女たちは考えたのでした。

　社会学教授のパトリシア・ヒル・コリンズ（1948-）は、労働
における人種的分業、制度的人種差別、異なる家族構造が、有色
の女性により大きな圧力をかけている事実も指摘しています。社
会学教授の**シルヴィア・ウォルビー**（1953-）は、家族の要求や
構造が女性の均等な賃金を獲得する能力に一貫して影響を与えて
いるのを見て、次のように指摘しました。それは、ふたつの異な
るタイプの家父長制——ひとつは公的家父長制、もうひとつは個
人的家父長制の交差によるものだと。1990 年に出版された著書
『家父長制の理論化（Theorizing Patriarchy)』の中で、女性たちは
最初、個人的家父長制に囚われていたのだとウォルビーは述べて
います。このような環境において、女性は基本的衣食住を手に入
れるため、必然的に男性（父親や夫）に依存していたのです。政

ギャップに気をつけて

国連によると、世界の男女間の賃金格差は
2018 年時点で 23％であり、現在のペースで
解消するには 100 年かかるといいます

治的市民権（選挙権、教育
や職業へのアクセスを含む）
を求めて闘う中で、第一波
のフェミニストたち（15 頁
へ→）は女性に「公的家父
長制」、つまり有給労働と
いう資本主義の世界へのア
クセスを与えました。しか
し資本主義の台頭と第一波
フェミニズムの成功は、資
本家である雇用主が、この
新しい労働力である女性を
安価な労働力の供給源とし

て都合よく迎えたことを意味しました。

　シュラミス・ファイアストーン（1945-2012）が述べているように（160頁へ→）、女性が赤ちゃんを産み、育児の主体的責任者であるかぎり、かれらは融通が利く仕事を求めざるを得ません。つまり必然的に仕事の選択肢が狭まり、雇用主から「信頼できない」とみなされることも多くなるでしょう。多くのフェミニストたちはこの問題を解決するために、私的な無償労働（家事、料理、育児、高齢者や病人、障害者の世話）という現象を研究してきました（157頁へ→）。哲学教授のアン・ファーガソン（1938-）は、理想的な社会では、この手の仕事は家庭内または国家補助を通じて男性にも分担され、その結果、教師や看護師を含む介護職の賃金が上昇するだろうと述べています。また、女性を「生まれつき世話好き」というステレオタイプに当てはめることで、女性たちに家庭内の無償労働の責任を押し付け、「感情労働」を伴う仕事を薄給に留めることも簡単にできるのだと指摘しています。

「女性の仕事」は価値が低い

　多くのフェミニストは、介護職やサポート職（清掃員や食堂の従業員など）など、主に「女性に適している」とみなされる仕事の賃金が低いという事実に注目してきました。しかし、そのような仕事も女性ではなく男性が担うとなると、同じ職業であっても給与水準が劇的に上昇するのです――コンピュータ・プログラミングの世界で起こったことを思い出してみてください（参考文献参照）。また、2017年のジェンダー・ギャップ指数が示しているように、どのような職業であっても女性が大量に参入し始めると、「その職業に就くことによる賃金関連の利益は減少」します。「同じ価値の仕事に対する同一賃金」が法制化されている国もありま

「ベッドメーキングをし、食料品の買い物をし、カブスカウトやブラウニーの運転手をし、夜、夫のそばに横たわりながら、彼女は自分自身にさえ無言の問いを投げかけることを恐れていた——"これが私のすべてなの？"」

——ベティ・フリーダン

すが、女性がその職業の労働者の大半を占めるようになると、その仕事そのものが軽んじられるようになるのです。

「女性の仕事」は価値が低いという考えは、女性が資本主義の職場に参入して以来存在しており、この不平等に注意を喚起することはしばしば社会主義のフェミニストたちに委ねられてきました。1909年、アメリカに移住したロシア人移民**クララ・レムリック**（1886-1982）は、賃金改善を求めて、2万人以上の女性シャツ職人にストライキの蜂起を呼びかけました。女性たちは監督者から長時間労働、過密労働を課され、屈辱的な待遇を受けていたのです。しかしストライキの成功にもかかわらず、ある会社——トライアングル・シャツウエスト工場——はストライキ参加者とその組合が提唱した改革の実施を拒否しました。その2年後、工場は全焼し、敷地内に閉じ込められた146人の労働者が死亡しました。「トライアングル・シャツウエスト」は、その後数年間にわたり「搾取工場」の代名詞となりました。今日も、1909年にレムリックが闘いを挑んだ労働条件をめぐって女性たちは闘いつづけています。2012年にパキスタンのカラチとラホールで起きた工場火災では、過密で安全設備や消火設備がなく、出口が施錠され窓が塞がれていた工場で、数百人の労働者（主に女性）が死亡しました。

あなたの賃金は本当に彼より低いのか？

　哲学教授であるクリスティーナ・ホフ・ソマーズ（1950-）は、男女の賃金格差の考え方は虚構であると主張しています。彼女は「フェミニストによって暴かれた賃金格差神話（Wage Gap Myth Exposed - By Feminists）」という記事で次のように書いています。「23セントの男女賃金格差は、単にフルタイムで働く男女の平均収入の差」であり、「職業、地位、学歴、勤続年数、週当たりの労働時間の差などは考慮されていない」。ジェンダー格差がないことを確認した──とは言いがたいのですが、フェミニストたちはソマーズのリストを例に挙げ、たしかにそこに問題があると同意しています。それは「リーン・イン」できず、「ガラスの天井」を打ち破ろうとするエリート集団だけの問題ではありません。あらゆる職業や地位に就くことを妨げられ、教育を受けられず、無給の「セカンド・シフト」を理由にフルタイム雇用へのアクセスが制限され、「女性の仕事」が過小評価されているため、今日、世界のどの国においても、女性は常に男性よりはるかに低い収入しか得られない哀れな役割に囚われているのです。

あなたならどうする？

同じ仕事、または同等の仕事をしている男性より自分の給与が低いと感じたら、雇用主（または人事部）に、二人の給与体系が異なる正当な理由があるかどうかを確認してください。そうではなく不当な差別を受けている場合は、非公式にでも公式にでも、苦情申し立てを行うことができます。それでも正当な結果が得られないときには、調停や雇用法廷への申し立てを検討してください。

ボスになるには私は優しすぎる？

ロザベス・モス・カンター／アリス・イーグリー

優れたリーダーシップをめぐる概念は、軍隊を率いて戦場に赴き、あらゆるもの（国や企業）を征服するという古風なイメージに基づいている傾向があります。紀元前5世紀の中国の武将、孫子の『孫子の兵法（The Art of War)』は今日でもリーダーになろうと励んでいる人々の読書リストに現れがちですが、それも特段驚くべきことではないのでしょう。しかし、このアプローチには多くの問題があります。なかでも「女性的」な特性を完全に軽んじているために、野心的な女性は奇妙なダブルバインドを経験することになるのです。優しすぎたら、あなたはリーダーになれない。優しくないので、あなたは普通の女性と言えない。どちらにしても「残念ですが、今回は採用を見送らせていただくこととなりました」。

2013年にギャラップ社が実施した「仕事と教育に関する調査」では、リーダーのありかたは以前とあまり変わっていないことが示されました。（仕事でも政治でもどこでも）リーダーの性別に好みを示す男女は、女性よりも男性をリーダーとして選びたがります。この状況は、1953年にギャラップ社が初めてこの質問をしたときから変わっていません。でも良いニュースもあります。一つ目に、35歳以下の人は年配の人に比べて上司の性別を気にする傾向がずっと低いのです。二つ目に、男女とも実際に女性上司の下で働いた経験を持つと、特定の性別に対するこだわりとともに偏見というものは消滅すると報告されています。

トークン・ウーマン──「象徴」としての女性たち

　俯瞰して見てみれば、物事は正しい方向に進んでいるようです。しかし現状では、あなたの優しさは問題になるのかもしれません。というのも、政治、商業ベンチャー、そして宗教に至るまで、世界中の大きな組織でトップの地位に就いている女性はとても少ないから。1977年、アメリカの教授**ロザベス・モス・カンター**（1943-）は、フォーチュン500企業の上層部における女性の経験を調査した画期的な著書『企業の男と女（Men and Women of the Corporation）』を出版しました。40年も前に出版されたものですが、その調査結果は、トップポジションに女性が占める割合が15％未満である企業や組織の現状に今日でも当てはまることがわかっています。現在の状況を理解するためにも、彼女の著書はとても重要だと思われるのです。

　このようにトップポジションに就いている稀有な女性は、組織内で「トークン（象徴）」とみなされます。その結果、特殊なプレッシャーにさらされるのです（たとえば支配階級の人種に属さなかったり、かれらの信条と異なる信条を持つ場合など「トークン（象徴）」的な価値が高くなればなるほど、そのプレッシャーは高まっていきます）。トークン・ウーマンは高い可視性を持ち、注目を集めやすいものですが、それは有益なことではないとカンターは言います。なぜなら、パフォーマンスにおいてプレッシャーが増大したり、感情的な表現をセーブする必要を感じるようになってしまうから（彼女たちが感情的表現をすると、周囲はそれをかなり誇張して捉えようとします）。第二に、トークン・ウーマンは、ほかの従業員から社会的に孤立していると感じるようになります。たとえば自分と男性たち（圧倒的に多数派）との違いが誇張され、拒絶を感じ、同時に社内のほかの女性たちから切り離されていると

「平和をもたらすリーダーシップは、火を放って戦争に向か
うよりもずっと勇敢なものなのだ」

——アスマ・ジャハンギール

感じるようになるのです。第三に、彼女たちは自分がジェンダー
をめぐる周囲の人々の固定観念や期待を一身に受け、自分の希望
とは相反するそれらの餌食になっていることに気づいていたとい
う報告があります。カンターはこれらを詳しく調べ始めました。
こうした状況で頻繁に登場する4つのカテゴリーや役割を読み解
けば、あなたの質問に対する答えが見つかるかもしれません。

「ペット」「母」「誘惑者」、「鉄の処女」？

　カンターは、組織内で管理職に就いている女性の数が少ない
場合、女性管理職と一緒に働くことに慣れていない同僚や上司
がかれらを4つのステレオタイプに分類しようとすることを発見
しました。そのうちの3つ——「ペット」「母」「誘惑者」は男性
に「受け入れられやすい」タイプですが、本質的には無能である
とみなされるものです。4つ目の「鉄の処女」は有能であるとみ
なされますが、「優しくな」かったり、何らかの形で「女性的」
な特徴を示したりすると、異常で奇妙な（したがって完全に信頼
できるわけではない）存在だと捉えられるようです。マーガレッ
ト・サッチャー（1925-2013）はカンターが執筆していた当時、英
国首相を務めた唯一の女性であり、公には「鉄の女」（鉄の処女
の変化形）と呼ばれていました。この称号は2005年、ドイツの
アンゲラ・メルケル（1954-）が首相に立候補した際に受け継が
れました。「ドイツの鉄の処女」の異様さは、イギリスのデイ

リー・テレグラフ紙にこのように書かれました――「彼女は党内では少々風変わりな存在とされている。プロテスタントの血を引き、再婚し、子どもがいない女性が、男性優位のカトリック主体の組合を仕切っているのだ」（この「風変わりな」女性は、2017年までにフォーブスの『世界で最もパワフルな女性100人』のトップに12回輝いた上、7年連続でトップだったのです）。また2009年、ヒラリー・クリントン（1947-）がアメリカ大統領選に初出馬した際、彼女も「鉄の処女」と評されました。彼女は選挙期間中にパンツスーツを着用し、「温かみの欠如」を示したと大衆から非難を浴びました。

　これらの女性は結果を出すこと、影響力を持つことに重きを置いていましたが、男性的な権力構造に必要な人間関係を解さない存在として捉えられることになります。かれらは女性のあるべき姿に「なじむ」ことができませんでした。かれらは「権威的すぎ

ペット　　　　　母　　　　　　　誘惑者

女性がより高い地位の職に就くと、周囲の男性は自分たちにとってより受け入れやすく、脅威ではなくなるような役割を彼女たちに割り当てる傾向があります

> **考えてみよう**
>
> 野心的な女性リーダーが固定観念を押し付けられるのではなく、彼女自身としてまなざされることは可能だろうか？

る」「不屈である」「生身の人間ではなく鉄でできている」と思われていました。不自然なほど男らしく（「タマがある」）、「簡単に男になれる」と見られました（これは通常、指導者として良いこととみなされますが、指導者が女性である場合はそうではありません）。これらの女性たちは、戦士の女神であるメデューサやカリを形容する言葉で表現されたのでした——「怖い」「意地悪」な「堅物」で、「強気なビッチ」であり「いじめっ子」だというわけです。

　もし組織のトップクラスで有能だとみなされるのがこのような女性だけだとしたら、女性たちがステップアップをためらうのも理解できます。野心的な女性たちに強いられている「優しさ」のステレオタイプを、あなたが好きになれない可能性だってあります。カテゴリーの中の「ペット」とは、女性を認めることなどめったにない会社の役員になった女性のことです。彼女の任命は形だけのものであり、一種のマスコットであるかのようにみなすことで、周囲への脅威レベルが軽減されるのです。彼女は一種の娯楽として扱われ、一般的には好かれているけれども無能と見られており、（ほかの役員男性から見ると）真剣なプレーヤーとして取締役会に参加してはいません。世間知らずだとか、子どもっぽいと思われることで「ペット」はからかいや嘲笑の的になります。彼女は「面白い子」「からかいやすい子」「かわいい子」、「い

「意図的であろうとなかろうと、私は女性に関する思い込みに挑んでいます」　　　——ヒラリー・クリントン

い子」（しかし基本的には「女の子らしい子」）として軽く扱われます。「かわいいペット」的な意味でボスのお気に入りにはなるかもしれませんが、もはや「面白い」存在でなくなると、簡単に脇に追いやられる運命にあるのです。

　トークン・ウーマンは彼女の慰めや同情を求め、彼女の世話好きで養育的な側面にだけ注目する人々によって、「母」の役を期待されるかもしれません。この女性が競争相手に与えうる脅威は、母として彼女を位置づけることで中和されるのです。彼女は性的な脅威ですらありません。彼女が権威を示そうとするとき、周囲は彼女のことを、本質的に不格好で、面白みもなく、ただ威張り散らしている女教師のようにみなします。「母／女教師」は「ボス」になるにはあまりに保護者的でユーモアがなく、リーダーになるには優しすぎるというわけです。ゆえに彼女のようなステレオタイプは、ある程度の能力はあるものの重要なリーダーシップを発揮することができないのです。

　最後に、高い地位にある女性が、その優れた人間関係スキルを使って社内に同盟関係を築いた場合、その女性は「誘惑者」とみなされてしまうかもしれません。「誘惑者」というカテゴリーのステレ

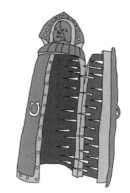

「鉄の処女（アイアン・メイデン）」のイメージ

オタイプとは、彼女が「ボスと寝ている」（あるいは寝ようとしている）、男を朝メシにする「吸血鬼」なのだと暗示するものです。このステレオタイプによって、その女性の魅力は、彼女の能力を否定する手段として周囲に利用されることもあるのです。

あなたならどうする？

ここでの主な問題は、よくあるように、女性が「優しく」あるべきだという文化的な要求に根ざしています。女性は社会から、思いやりや感受性といった「共同体的」な資質を発揮するよう期待されます。一方リーダーには、支配性、主体性、強靭性（「主体的」行動）など、伝統的に男性性と結びついた行動を示すことが期待されるのです。そのため、文化的に受け入れられている一般的女性像に照らし合わせると、女性はリーダーになるには優しすぎると見られてしまいます。そこで主体的な行動をとれば「肝が据わっている」とみなされますが、社会的にはどこか女性としては欠陥があると見られたり。単純にはいきません。けれども経営と組織について教える**アリス・イーグリー**（1938-）は、より多くの女性がトップの座に就くにつれ、女性ボスのもとで働く経験をする人が増え、その結果いわゆるステレオタイプなリーダー像が消えていき、女性リーダー全般への信頼が高まるという調査結果を発表しました。だからきっと、優しい人でありつつトップにも立つことは実は可能だと思うのです（あと数年は待たなければならないかもしれませんが）。

私が給料の交渉をしていたとき、上司は「こんなに数字の話をしたら君はくらくらするかもしれないけれど」と言った。どういう意味だろう？

フィリス・チェスラー／ジュディス・サージェント・マーレイ／オランプ・ド・グージュ／メアリ・ウルストンクラフト／マララ・ユサフザイ

あなたが今読んだのは、男性が「女性の能力を見限る」ために使ってきた「あるある」な言い分のひとつです。つまり、男性は理性的であり、女性は感情的で理性的な思考ができないというもの。この考えは、少なくともアリストテレス（紀元前384-322）の時代まで遡ります。アリストテレスは『動物誌（The History of Animals)』［岩波書店、2015］の中で、女性の「自然な生活」は子どもを育てること、そして「生まれながらの支配者」が獲得した財産を守ることに集中することだと書いています。なぜなら女性は「男性より衝動的で……嫉妬深く、屁理屈をこね、すぐ怒り、攻撃的になる傾向が強い」からだというのです。

　この発言には反論すべき点がたくさんありますが、あなたの上司の言葉に最も近いのは次のような内容です。まず、女性には理性がないと思い込んでいること。この上司はその点を暗示し、さらにこの既成観念に基づいて、あなたは数学ができないと推測しています。こうした考えはいつまで経ってもなくなりません。今日、どの国に住んでいても、こんな記事の見出しを目にすることはよくあるのです——「なぜ男子学生のほうが試験に強い

「弟たちにとって、将来について考えるのは簡単なことだった。かれらは何にでもなれるのだから」

——マララ・ユサフザイ

のか？」新聞のヘッドラインの下にある記事全文を読む人は少ないと思いますが、読んでみるとその内容に心底驚くことがあります。英国のデイリー・テレグラフ紙は2013年に前述の見出しの記事を掲載しましたが、記事中でオックスフォード大学の入試担当者がこう説明していました。「一般的に男子学生は直感に従うが、女子学生は躍起になって問題を解こうとする」。女子学生に対するこの記述はどういう意味なのだろう、と、何度も読み返したくなりますよね。結果的に、この記事は大きなダメージをもたらしました。「なぜ男子学生のほうが試験に強いのか？」という見出しは急速に拡散し、女子たちはやはり自分たちは見下されているのだと気がついたのです。

　女性には理性が欠けているという考えは危険です。というのもこれは、少女や女性は「少し感情的」であるという見方と、女性は常に「クレイジー」になる一歩手前なのだという固定観念を一本の線で結ぶものだから。1859年までにヨーロッパの医師たちは、全女性の4分の1がヒステリーに苦しんでいると主張しました。その結果、多くの女性たちが精神病院に収容されることになりました。この医師たちの見解は、**フィリス・チェスラー**（1940-)が1972年に出版した著書『女性と狂気（Women and Madness）』[ユック舎、1984] に記したように、妻や娘を日常生活から排除したいと思っていた男性にとっては、かれらを精神病院に放り込む格好の理由となったのです。今日、状況はずいぶんましになった

私が給料の交渉をしていたとき、上司は「こんなに数字の話をしたら
君はくらくらするかもしれないけれど」と言った。どういう意味だろう？

けれど、Google上にはいまだに「なぜ女性はクレイジーなのか」
というテーマのウェブサイトがたくさん存在します。まるで女性
が狂っていると考えるのは当然のことだとでもいうように。

いったい、この考えはどこから来たのだろう？

　今日も見られる「女性は理性的でない」という考え方は、18
世紀の啓蒙思想（理性の時代とも呼ばれる哲学運動）に遡るよう
です。このとき、ヨーロッパの人々は初めて教会（特にローマ・
カトリック教会）の権威に疑問を投げかけ、代わりに科学に答え
を求めるようになりました。その主唱者の一人であるジャン＝
ジャック・ルソー（1712-78）は、1762年に出版した『社会契約
論（The Social Contract）』[岩波文庫、1954] の冒頭「人間は生まれ
ながらにして自由である。しかし今やいたるところで鎖につなが
れている」という言葉で国民を鼓舞し、フランス革命に影響を与
えたことで有名な人物です。しかし、ルソーが「人間（Man）」
と言うとき、女性はそこに含まれていなかったことがすぐに明ら
かになりました。彼は本気で「男性（Men）」だけを指していた
のです。同じ年の別の著書『エミール（Emile）』では、女性を鎖
につないでおく必要性について具体的にこう書いています。「少
女たちに課す重荷を常に正当化し、いずれにせよそれを課しなさ
い。彼女たちは幼い頃から封じておかなければならない」。

　ルソーは自分の考えに問題があることには気づかないまま、女
性が「生まれつき」どのような存在であるかを説明することに
よって、女性を束縛することを正当化しました。「男と女は平等
ではない」とルソーは言います。「一方は能動的で強く、他方は
受動的で弱い。女性は男性を喜ばせるための存在であり、男性
に喜びを与え、役立つ者になるべく教育されなければならない」。

残念ながら、当時この発言に公の場で反論できる立場の女性は多くありませんでした。しかしアメリカには**ジュディス・サージェント・マーレイ**（1751-1820）、フランスには**オランプ・ド・グージュ**（1748-93）、イギリスには**メアリ・ウルストンクラフト**（1759-97）がいました。三人とも独学で学び、グージュは「最も啓蒙された世紀に、運命は私を真っ暗闇の中に置き去りにした」と語りました。ウルストンクラフトは、女性を妨げているのが「運命」であることを受け入れようとしませんでした。もし啓蒙主義の男性知識人たちが、女性には教育が欠けていて、それゆえ男性と同じレベルの理性を身につけることができないと気づいていたのなら、答えは女性たちを教育すること以外にありませんよね？　しかしこの考えは、予想通りではありますが、男性知識人たちから猛反発を受けました。

　奇しくも、ルソーはウルストンクラフトの親しい友人でした。彼女はルソーが女性に対して使ったのと同じような言葉で、彼の女性嫌悪（ミソジニー）に反論しました。「ルソーは自らの弱さを自分でさらし

私が給料の交渉をしていたとき、上司は「こんなに数字の話をしたら君はくらくらするかもしれないけれど」と言った。どういう意味だろう？

ているが、それでも、彼を愛することなしには、彼のそっけない記述に何らかの意味を見出そうとすることは不可能である」と彼女は言いました。女性は、男性が許容するよりも、また女性自身がこれまで必要だと考えてきたよりも、はるかに高いところを目指さなけ

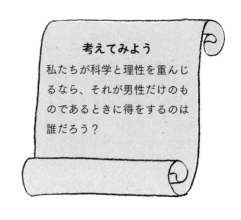

考えてみよう
私たちが科学と理性を重んじるなら、それが男性だけのものであるときに得をするのは誰だろう？

ればならない道の途上にいたのです。女性を「頭でっかちのおもちゃ」にしておくことは男性の利益になっていた——なぜならそうすることでほとんどすべてのことをコントロールできるからだ、とウルストンクラフトは語るのでした。

マララ——教育の代償

　少女や女性の教育が自立に向けた重要な原動力であると理解されると、すでに教育を共通善として認識していた国々では比較的早く事態が動き始めました。しかし、その後の進展はそれほど歓迎される結果にはなっていません。今日でも、少女や女性は教育面で広く差別されていると言えます。というのも、世界の非識字成人の3分の2は女性なのです。妊娠、貧困、児童婚、ジェンダー規範にさらされ、学校で、あるいは登下校時に暴力やセクシャルハラスメントを受けることもある少女たちが、その結果学校へ行くことができなくなるという事態も起きています。2009年、11歳の**マララ・ユサフザイ**（1997-）は、BBCウルドゥー放送の番組で、自分のような少女が学校に通うことがいかに重要か

を訴えました。その前年にタリバンがすべての女子教育を禁止する勅令を出したにもかかわらず、彼女は勇気を持って訴えたのです。ある日、彼女がスクールバスで帰宅していたとき、タリバンの反乱軍が彼女を探してバスに乗り込み、彼女の頭を撃ち抜きました。ペシャワールの軍病院に運ばれた彼女は国際的な専門家チームによる治療を受け、一命を取り留めます。ある小児集中治療専門医の女性は安全保障上の理由から治療への関与を懸念していましたが、結局は不安を振り切って参加に踏み切ります――「マララは教育を受けたいという理由で銃撃されました。そして私は教育を受けた女性であるからこそ、当時パキスタンに医師としていたわけです。そんな私がノーと言うことはできませんでした」――彼女はのちにそう語っています。その後マララは回復し、2014年にノーベル平和賞を受賞しました。そして銃撃から5年後、彼女はオックスフォード大学のレディ・マーガレット・ホールというカレッジに入学します。このカレッジは、1879年に同大学で初めて女性に席を提供したカレッジなのです。

あなたならどうする？

知識は力です。だからこそ世界中で、実に何世紀にもわたって、一部の男性たちは教育が女性の手に渡らないようにと必死になってきたのでしょう。もし女性が実際に教育を受けたとしたら？いや、そんなこと、なかったふりをすればいいだけです。だっておそらく、女性は生まれつき数学ができないのですからね。

「ならば、女性らしいきれいな言い回しは捨てなさい。男性たちは私たちの隷属的な依存心を和らげるために、それを恩着せがましく使うのだから」

メアリ・ウルストンクラフト

上司が仕事ではハイヒールを履けって言ってくる。これって合法？

ニコラ・ソープ／ジェニファー・L・レヴィ

2015年12月、ロンドンの金融センターで、臨時受付職の**ニコラ・ソープ**は上司からこのような言葉を投げかけられました――「フラットシューズはだめだ、5～10cmのハイヒールを買いに行くように」。大変驚き、ソープがそれを拒否したところ、なんと無給で帰宅させられることに。彼女はこの差別を理由に嘆願書を提出し、企業がハイヒールの着用を強制できるかどうかの裁定を英国政府に迫りました。そして、その答えは「イエス」だったのです。

　ソープの一件は、ネット上でも政府の委員会室でもイギリス中で大きな注目を集め、さらに何百人もの女性たちが「髪をブロンドに染め」「露出度の高い服を着て」「常に化粧をし直す」ことを求められたと語り始めました。そして正式な調査の結果、同社は法律に違反していたと結論づけられたのです。しかしながら政府の結論は性差別的で容認しがたく、潜在的に違法と思われる行為が明らかになったにもかかわらず、平等法2010条のもと「（企業に対し）救済の余地はある」というものでした。同法は次のように述べています。雇用主には男女社員の服装規定を区別する権利があり、男女両方に対して服装を指定することができる（たとえハイヒールであっても）。雇用主がドレスコードにおいて規定してはならない内容は、一方の性がほかの性より良い扱い、あるいは「悪い扱いをされている」と思わしき内容のみだと。
　2016年に英国のユナイトという労働組合がブリティッシュ・

「私が原子力に関する演説をしていても、新聞は私がなぜイ
ヤリングをしなかったのかについて書くのだろう」
——パット・シュローダー

エアウェイズ（BA）の女性乗務員の代理人として「ズボンをは
く自由」を求めた事件がありました。「凍てつくような天候の中
で、女性が短いスカートをはくことを強要された」場合でもない
かぎり、このズボンをはく自由は裁判で認められるとは考えにく
いものでした。基本的に、宗教上・健康上の理由で女性が免責を
主張できる場合を除き、BAの服装規定ではズボンの着用は禁止
されていたのです。しかし、この裁判でユナイト労働組合が勝訴
したあと、組合のスポークスマンは「もはや女性客室乗務員が冬
の寒さ、雨、雪の中で震える必要がなくなった。マラリアやジカ
ウイルスのリスクがある地域でも彼女たちはズボンを着用して身
を守ることができるようになった」と発表しました。

裁判を起こす

ジェニファー・L・レヴィ法学部教授は『The Yale Journal of
Law & Feminism』誌で、性的搾取を含む服装規定を裁判で覆す
のは常に困難な闘いであると指摘しました。その理由は次のふ
たつ。第一に、裁判所は個人的被害の可能性は認めても、ジェン
ダー差別を理由に服装規定を覆すには、集団単位の被害の立証を
要求するからです。第二に、裁判所は社会的に「普通」とまなざ
されるもの、容認されているもの（ハイヒールなど）が悪質であ
るという主張を否定することで、申し立てを却下する可能性が高
いのです。こんなふうに——「日常において、女性はハイヒール

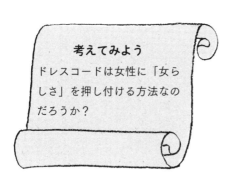

考えてみよう

ドレスコードは女性に「女らしさ」を押し付ける方法なのだろうか?

を自由意志で選んで履いていますよね。それなのに、何が問題だというのでしょう?」

レヴィはまた、裁判所は性差に基づく慣習をたいていの場合違法とみなしますが、ドレスコードに関してはその逆である

と指摘しています。そのドレスコードが単に差別的であるだけでなく、有害であり、男性に対する服装規定よりも女性に負担が大きいことを証明できるかどうかが焦点になるのですが、それは訴訟当事者次第なのです(そしてまず、訴えるお金があればの話)。

ドレスコードの何が問題なのか?

一部の社員にも共有されている企業や政府の見解では、ドレスコードとは従業員がその仕事にふさわしい服装をするための指針だということです。しかしこれらの「指針」は完全にルール化しているので、女性は自分自身が不適切だと感じる服装を強いられる可能性があります。ニューヨーク・タイムズ紙(2017年1月25日)によると、ある小売店のマネージャー男性は女性従業員に「男性の買い物客の割合が高くなると予想される」12月は短いスカートをはき、ブラウスのボタンを少し外すようにと勧めたそう。ここから、問題が見えてきます。社会が理想とする「女性らしさ」に身を包んだ女性たちに目を奪われて喜ぶのは誰なのでしょう? 頭から足までブルカに身を包んだ女性であれ、ビキニに身を包んだ薄着の女性であれ、これを見て誰が喜ぶのでしょうか?

そして、「正しい服装」という考え方はどこから来たのでしょうか？

ローマ風のスラット・シェイミング

　古代ローマ人は、多くのことの責任を問われるべきです。紀元前3世紀頃までは女性も男性もトーガを着ていましたが、紀元前215年にオッピア法という法律が制定されました。この法律は、女性が半オンス以上の金を所有することを禁止し（これは女性の富の差し押さえに等しいと歴史家は言います）、どのような服を着るべきかを規定しました。既婚女性は、ストーラと呼ばれる丈の長いチュニックの着用規定がありました（ニューヨークの自由の女神はこのチュニックを着ています）。ローマ帝国では、娼婦や奴隷はトーガを着用することになっており、誰が見ても一目でその女性が「尊敬に値する」かどうかがわかるようになっていました。ストーラは既婚女性の美徳（「従順な」女性）を意味し、トーガは「みだらな」女性の服装のおそらく最初の形だったと思われます。この服装既定の考え方は、ある男性の所有物とほかの男性の所有物とを区別するために導入されたものです（ほかの男性の妻を口説く気まずさを未然に防ぐため）。加えて、ストーラを着た女性に

ドレスコードは時に極端な服装を女性に要求します——身体をほとんど覆ってしまうか、ほとんど見せるか

> 「私は、女性が化粧をし、ヒールを履き、スカートを身につ
> けることを期待する会社で働くことを拒否した。2017年に
> そんなことがあっていいはずがない」——ニコラ・ソープ

性的暴行を加えることは、トーガを着た女性を暴行するよりも罪
が重いとされていました。この古代法の裁定は、女性が何を着用
しているかを見れば、その女性が「利用可能」で「その気」があ
るかどうかがわかるという、それ以来ずっと続いている女性神話
のもとになったようです。

　しかし、女性たちはこの風潮を快く思ってはいませんでした。
歴史家リヴィは、紀元前195年までには、女性たちはこの法律を
廃止させようと「延臣の家のドアを取り囲んだ」と述べています。
古代ギリシャも同様に女性の服装を規制することに関心を持ち、
多くの国家が「女性管理官」を任命しました。この管理官は女性
の服装をチェックし、服装規定を強制することを職務とする男性
判事のグループのことです。かれらは衣服の没収、罰金徴収、あ
るいは女性の衣服を引き裂くこともできる権威を持っていました
——これは、2017年に南フランスの20もの町がブルキニ（イス
ラムの女性の全身を覆う水着）とヒジャブ（イスラム女性の頭部を覆
うスカーフ）の禁止を導入したとき、現地警察が行使した権威と
同じものです。南フランスのニースのビーチで、武装した警察が
一人の女性を取り囲み、数百人の見知らぬ人たちの前で服を脱が
せている写真がツイッターに投稿されました。見物客はハッシュ
タグ#WTFFranceを使い、これらの行為の妥当性、必要性を問い、
知恵を求めました。

　「ブルキニ」という名称は「ブルカ」と「ビキニ」を組み合わ

せたもので、その防水機能を表すだけでなく、女性に身体の露出
をもっと減らすように、あるいは増やすようにと男性が法律を盾
に求めてきた、このふたつの相反するものをうまく合わせた名称
です。フェミニスト・ムスリム集団のリーダーであるハナネ・カ
リミは、フランスの世俗主義はほかの国の宗教と同じように教条
主義的な力で動いていると指摘しています。そして「女性の身体
の管理に関しても、まったく同じ論理で動いている」と言います。
古代ローマ時代から現代のフランスに至るまで、女性の服装を規
制する試みは数え切れないほど行われてきました。その理由は、
女性が肌を露出しすぎると、男性が欲望を抑えられなくなるから
というものであったり、もっと女性に肌を露出させたほうが店の
売り上げにつながるからなど、さまざまでした。服装規制という
名の振り子の揺れかたは、男性が女性を利用することと避けがた
く関わっているのです。地域の妻たちをほかの男たちの視線から
「守りたい」と願う男たちは、服装規制や24時間外出禁止令など
を導入し、彼女たちが人目に触れることを制限しています。女性
の身体を見せることで儲けてやろうと思う男たちは、ビキニ姿の
女性の写真を車やカレンダー用に売ったり、女性にバニースーツ
を着せ、バーの客がシャンパンにもっとお金を使うよう仕向け
ます。そして何か質問されると目を宙に向けて、「それのどこが
悪いんだ？」と無邪気に訊ねたりするのです。雑誌『プレイボー
イ』の創始者ヒュー・ヘフナーは、なんと自らをフェミニストと
呼んでいたのでした。まるで、プレイボーイという雑誌のブラン
ド全体が男性の快楽のために築かれたという事実に気づいてもい
ないかのように。

あなたならどうする？

スーツなど、より「男らしい」服装で就職面接に臨む女性のほう
が、そのポジションにふさわしいと認識されることが研究で明ら
かになっています。けれど悲しいことに、それは同時に「鉄の処
女（アイアン・メイデン）」のステレオタイプ（188頁へ→）に飲み
込まれてしまうのです。2016年のアメリカ大統領選挙で、ヒラ
リー・クリントンがパンツスーツについて何度も言及されたこと
を思い出してみてください。1972年にコロラド州出身の女性と
して初めて下院議員に当選したパット・シュローダー（1940-）は、
2017年の『Bustle』誌のインタビューでこう語っています。「私
が原子力に関する演説をしていても、新聞はなぜ私がイヤリング
をしなかったのかについて書くのだろう」。2016年11月、新聞は
テリーザ・メイ英首相の（1,000ポンドもする）革のズボンについ
て猛烈なコメントをしました。しかし、ドナルド・トランプ米大
統領のはるかに高価なブリオーニのスーツ（約6,000ドル）につい
ては一言も触れませんでした。上司はあなたに何を着るべきか指
示することができるかもしれません。でも、きっとあなたにもそ
れに異議を申し立てる根拠があるでしょう。ほかにも女性に生じ
る仕事関連の問題はたくさんありますが、それに対してできるこ
とは、公正と良識のために闘うのか、それとも事を荒立てず仕事
を続けるか、このどちらかなのです。

出世のためには男性の同僚と飲みに行かなきゃだめなの？

トリッシュ・ハッチ／ロブ・ウィラー／ロス・マクミラン／ローズマリー・ガートナー／ベス・クイン／ジェニファー・バーダール／マキシン・ウォーターズ

何の変哲もない質問のように聞こえますが、実際は、行っても不利になるし、行かなくても不利になるのでしょう。さらに言うなら、あなたには行くかどうかを決断する余地さえないかもしれない。2017年、マイク・ペンス米副大統領がこの問題について個人的なルールを設けていることがニュースになりました。彼は、妻以外の女性とふたりきりで食事をすることはなく、妻がそばにいなければアルコールが出るイベントにも出席しないというのです。これは性的誘惑に対する賢明な防衛策だと彼は言いました。「誘惑が強すぎる」からという理由で同僚女性をクビにしてもらったなんていう男性もいます。だから、お酒にはちょっと気をつけたほうが良いかも。

ユタ州の上院議員であるトッド・ワイラーは「こんなことを考えているのはマイク・ペンスだけだと偽るのは『不誠実』」だと述べました。妻に敬意を払おうとしている男以上に素晴らしいものがあるだろうか？　と彼は言い、自分にも同じルールがあることを認めたのです。「私はちょっと古風なのかもしれない」。そこには「女性は、男性たちが信じられないほど親切にしてくれていることに感謝すべきだ」というメッセージが込められています。ニューヨーク・タイムズ紙が2017年に実施した世論調査によると、アメリカでは40％の男性が女性の同僚と飲んだり食事をし

207

たりするのは不適切だと考えていました。興味深いことに、40%
以上の女性が同じことを感じていましたが、その理由はまったく
異なっていたのです。

男性の視点

　お酒を片手に女性とふたりきりになると、自分を信用できなく
なる男性が多いようです。ソルトレーク・トリビューン紙がユタ
州の住民を対象に世論調査をしたところ、男性回答者からこんな
コメントが寄せられました──「僕は妻を愛しているし、浮気な
んてしない。でもやろうと思えばできるんだ。みんなそれを認め
るべきだと思う」。なるほど。でもそれどころか、男性が一方的に
誘惑を感じるだけで、女性はあっさり解雇されてしまったりする
んです。2013年、アイオワ州フォート・ドッジで働く歯科衛生士
のメリッサ・ネルソンは、仕事上の関わりしかなかったにもかか

「覇権的男性性」とは、「男の中
の男」が性的ヒエラルキーの頂
点にいる場合、すべての女性は
底辺にいることを意味します

わらず、上司が彼女をたまらなく魅
力的で、結婚生活を脅かす存在だと
感じたために解雇されたのです。歯
科医が彼女に「好意を抱く」まで
10年勤め、大好きだったこの仕事
を失ったことで困惑したネルソンは、
この歯科医をジェンダー差別で訴え
ました。彼女の証言に異議が唱えら
れることはありませんでした。けれ
ども裁判所は、彼女の仕事は「彼
の結婚生活を維持するため」に打ち
切られた（これだったら妥当である）
のであり、彼女の性別が理由（これ

> 「男女を完全に分離するピューリタン的な考えには懸念を抱く——いささか不愉快ですらある。それでは、人々が単に別の個人として関係することができないのだから」
>
> ——クラウディア・ガイスト

だったら違法になる）ではないと判断し、訴訟を棄却しました。

　ここで性別が関係なかったとは考えにくいでしょう。ネルソンの夫に歯科医が謝罪をしましたが、その際に彼が訊ねたのと同じ疑問が湧いてきます。「どうしてそのような考えが頭をよぎったのですか？　なぜ彼女をモノとして考えるのですか？」——ここで私たちは再び、職場におけるステレオタイプのフィールドに戻ってきたようです（188頁へ→）。そこでは、女性自身のプロ意識に関係なく、「誘惑者」というステレオタイプが適用される可能性があるのです。また、「我慢できない」と「誘惑を感じさせるのは君のせい」のあいだであいまいにされている部分があり、結果的には女性が職を失ったり、男性が女性の同僚と1対1で会うことを拒否したりするというような事態が起きているのです（マイク・ペンスの場合のように）。『マザー・ジョーンズ』誌の編集者クララ・ジェフェリーが言うように、「ペンスが女性と二人きりで食事をしないのなら、どうして女性が首席補佐官や弁護士、選挙運動本部長などに任命されたのでしょう」。Women's Leadership Institute のディレクター、**トリッシュ・ハッチ**は、職場での昇進にはカジュアルな交流が不可欠だと指摘しています。「そのような場所で、絆や人脈が育まれるのです」と彼女は言います。「誰かと会話をしていて、相手がこう言うとします。『このプロジェクトを手伝ってくれる人、あるいはこのプロジェクトに適した人を知らない？』」——するとあなたは自然に、これまで交

流したことがある人の顔を思い出すことでしょう」。会食などでの人脈作りは昇進に欠かせないツールですが、もし男性が仕事関連の場で妻以外の女性と話すのを拒むとしたら、キャリアアップにつながるチャンスはほとんど失われてしまうと言っても過言ではありません。

　管理職は男性のほうが女性よりはるかに多いのが現実です。その管理職の男性たちが、ランチミーティングから夜遅くまでかかる仕事のプロジェクトを終わらせるまで女性と1対1で交流することを拒めば、これは女性にとって現実的な問題となります。社員にとってはこのようなときこそ、能力を発揮して自分が昇進するに値する存在だと見せる機会なのですから。ここで女性が「目立つ」ことを禁じられれば、女性の昇進の可能性は必然的に低くなるはずです。

　一方、女性が男性を含むチームを監督する役割を担っている場合（男性の上司と男性の部下なら明らかに問題なしとされるにもかかわらず）このように1対1の交流が妨げられると、仕事を効果的に遂行することができなくなります。実際、男女間のあらゆる交流が性的なものとみなされれば、日常的な仕事が不可能になります。だから本当は（もうお分かりですよね）……女性をまったく雇わないほうが簡単なのです。

女性の視点

　男性から見て「我慢できない」存在であることで、女性が非難されたり、無視されたり、解雇されたりする場合、女性は一般的にその状況をまったく違った見方で見ています。人脈作りの一環として同僚と飲みに行くことを考えていたとしても、同僚の男性も同じ考えだろうか？　と気になってしまうかもしれません。男性

たちはこの交流を性的なものとして見ている可能性も、見ていない可能性もあるでしょう。厄介なことに、もともと性的に見ていなくても、かれらはあなたの行動を潜在的な脅威と解釈し、「あなたがあなたのいるべき場所に戻るように」性的で卑屈な反応を示す可能性もあります。**ロブ・**

> ### 考えてみよう
> 職場の同僚と飲みに行くとき、あなたが「どのような女性であるか」という語りをあなた以外の誰かに奪われはしないだろうか？

ウィラー（1977-）をはじめとする研究者たちは、これを「男らしさの過剰補償」と呼んでいます。この補償行為は、（女性管理職が台頭するなどの）社会的変化や、「本当に」男らしいか自分を疑ってくる人物によって自分の男らしさを脅かされていると感じたときに発動するようです。この種の脅威が襲ってくると、男性は極端な形の男らしさを発揮し始めることがわかっています。つまり、単に「男らしい」反応をするだけでなく、過剰なまでに男性的反応をするということです。

　たとえば男性と女性がデジタル画像を共有する様子を調べたある実験において、男性は伝統的な考えを持っているタイプの女性に対してよりも、フェミニストを自認する女性によりポルノ的でより攻撃的な画像を送っていることがわかりました（マース他、2003）。調査によれば、職場（あるいはほかの場所）で「自己主張が強すぎる」とみなされる女性は、男女のヒエラルキーを脅かしていると捉えられるそうです。つまり、男性は「トップ」である自分の立場が危うくなると感じるのです。この場合、誹謗中傷の最も一般的な形態は、ある種のセクシャルハラスメントになりま

す（**ロス・マクミラン**と**ローズマリー・ガートナー**によれば、失業中
の夫を持つ有職者の妻は、より大きな家庭内暴力のリスクに直面する
のだそう）。意外かもしれませんが、これは女性の管理職や監督
職——ヒエラルキーに挑む女性たち——が、ほかの女性よりもセ
クハラを経験しやすいということ。たとえトップであっても、女
性は弱い立場にあります。というのも、セクシャルハラスメント
は女性を性的な対象へと貶めるものであり、社会学教授の**ベス・
クイン**によれば「女性の正式な組織的権力を凌駕する可能性があ
る」からです。

セクシャルハラスメント

　リーダーシップ研究の**ジェニファー・バーダール**教授は、性
別を理由に個人を軽蔑したり、卑下したり、屈辱を与えたりする
行為を「身体的性に基づくハラスメント」と呼ぶのだと言います。
なぜならその行動は「性的」なものではなく、支配的なものだか
ら。自己主張が強く、支配的で、自立しているなど、ステレオタ
イプ的に男性とみなされる行動をとる女性は、ほかの女性よりも
ハラスメントを経験する可能性が高いのです。つまり、男性が女
性の身体や、想像される性的行為についてコメントしたり、ほか
の男性に「ほら、見ろよ」というような言葉や身体的メッセージ
を送ったりするのは、女性を「男性の性的目的のための手段とい

「セクシャルハラスメントは権力を持つ女性に対する均等化の
装置として機能し、性的欲望というよりも支配やコントロー
ル欲によって動機づけられる」——ヘザー・マクラフリン、ク
リストファー・ウッゲン、エイミー・ブラックストーン

う低い地位」に追いやることで、男性支配を強化するために行動
しているのだということ。ゆえに女性は職場での性的な発言など
を圧力的なものと感じ、男性の言葉通りには受け止めません——
「褒め言葉だよ！　ほんとだって！　おい、彼女どうしちゃったん
だ？」こんなふうに、男性は女性に嫌がらせをすることも、その
嫌がらせが及ぼしうる害を否定することもできるのです。

あなたならどうする？

どちらに転んでも、気まずい立場に立たされることは間違いなさ
そうです。女性のそばにいると自分を信頼できなくなるような男
性が話しかけてきたら、その場から立ち去るか、仕事を失う覚悟
をしておくこと。もしあなたが「男子の一人」であるかのように
楽しい時間を過ごしたなら、数日後には「あなたに自分の居場所
を知らしめる」ため、かれらからなんらかの仕打ちを受ける可能
性もあることを覚悟しておくこと。魅力的すぎたり（「男が我慢で
きないくらいに」）、利口すぎたり（「権力を掌握する」）、世話を焼き
すぎたり（「ママっぽい」）、皮肉屋すぎたり（「冷たい女」）しないよ
うに。**マキシン・ウォーターズ**下院議員（1938-）のアドバイス
を聞くのも良いかもしれません。フォックス・ニュースのビル・
オライリー氏は、「彼女のヘアスタイルに気を取られ」るあま
り「彼女の言うことを一言も聞き取れず」、彼女が下院で行った
主張を無視しました。ウォーターズからのアドバイスはこうです。
「すべての女性たちに言いたい。右翼の口利きやいかがわしい連
中に、決して脅かされないで。ありのままのあなたでいて。あな
たがするべきことをしましょう。そして、この国の本当の問題に
ついて議論しようではありませんか」。

女性は裸でなければ
メトロポリタン美術館に入れないのか？

ゲリラ・ガールズ／メアリー・リチャードソン／リンダ・ノクリン／ベタニー・
ヒューズ

1985年、プロの女性アーティストのグループがニューヨーク近
代美術館に対して抗議行動を起こしました。当時、同美術館は
現代美術の「決定版」と銘打った展覧会を開催していましたが、
169人のアーティストのうち、女性はわずか13人しかいなかった
のです。この抗議は、女性アーティストの作品と同様に無関心に
受け止められたため、1989年、活動家たちは女性のヌードと匿
名性の両方を用いて訴えることにしました。

　ゲリラ・ガールズと名乗った抗議者たちはポスターを作成し、
美術界で最も有名なヌードのひとつ、ジャン＝オーギュスト＝ド
ミニク・アングル作の『ラ・グランド・オダリスク』(1814) を
中心に据え、作品の女性の頭をゴリラの頭に置き換えました。さ
らに、「女性は裸でなければメトロポリタン美術館に入れないの
か？」という質問をポスターに書き加えました。抗議者たち（今
ではゴリラのマスクをかぶっているときだけ人前に姿を現します）は
美術館の常設展示に注目し、「モダン」アートのギャラリーに展
示されたヌードの人物像の85％は女性であるにもかかわらず、女
性アーティストが5％にも満たないことに気がついたのです。
　女性は主体性をもって世界で活躍するより、性的な対象として
歴史に登場するほうがずっと多いという事実。これを改めて証
明するものをかれらは見つけたのでした（191頁へ→）。ゲリラ・

ガールズはこれらのギャラリーを監視しつづけましたが、23年後、状況は特に改善されていないことが判明します。2012年、モダンアート部門の全アーティストのうち、女性はわずか4％でした。一方、展示作品のヌードの人物の76％は女性でした。「女性アーティスト数減少、男性ヌード増加」がかれらのコメントです。「これは進歩と言えるのでしょうか？　私たちはまだマスクを脱ぐことはできないようです」。

芸術を斬る

　有名な裸婦画を破壊するのにゲリラ・ガールズたちの自制心が働いたとしても、婦人参政権運動家の**メアリー・リチャードソン**（1882-1961）はそうではありませんでした。1914年にナショナル・ギャラリーに展示されていたディエゴ・ベラスケス作の『ヴィーナスのローク』（1647）を彼女は何度も切りつけました。タイムズ紙では、この絵は「理想主義的でも情熱的でもなく、まったくの自然で、まったくの純粋」と評されていました。しかし同年、すでに10回も投獄され、ハンガーストライキ中の強制摂食にも耐えたという参政権運動家のリチャードソンは、この批評には同意しませんでした。彼女にとってみれば、その作品は男性による女性の表現であり、女性がどのような外見をもち、どのようにふるまうべきかという男性の考えを模したものだったのです。究極の侮辱は、この女性の絵が本物の女性よりも価値があるとみなされていたこと。リチャードソンは絵を何度も切りつけ、そのあとでこう言いました。「別の絵を手に入れることはできる。しかし命を手に入れることはできない」。

　リチャードソンとゲリラ・ガールズの両氏は、女性を真剣に受け止め、男性と同等に尊重するようにと世間を説得するのは難

しいことだと述べています。美術史家の**リンダ・ノクリン**（1931-2017）が1988年のエッセイのタイトルにしたほど、頻繁に取り上げられる問いがひとつあります——「なぜ偉大な女性アーティストはいないのか？」ノクリンは、女性は芸術に関して非常に多くの制度的障壁に直面しており、かれらの作品が美術館に展示されることはおろか、今までにこれほど多くの作品が作られたことも奇跡的だと述べました。女性にとって、教育、さまざまな（公的または個人的）支援、公共スペース、市場、社会的ネットワークへのアクセスは男性と同レベルではなかったのです。ごく最近まで、キュレーター、美術館の館長、批評家、資金提供者、学者など、美術界で重要な人物はすべて男性でした。作品を評価し、「収蔵可能」なものと判断するのは男性であり、商業美術産業は——社会における富の不平等な分配を鑑みれば——その大半が男性である富裕層の欲望を満たすことで繁栄してきました。これは完全に女性を排除するシステムです。ノクリンは、アーティストとしてのキャリアとは、単に「先天的な素晴らしい才能」の表れではなく、制度的な構造の産物と捉えるべきだと指摘しています。また、女性に与えられた教育、訓練、市場へのルートの不平等を考えると、女性が偉業をなす能力があるということを証明しよう

呉健雄
(1912-1997)
核物理学者

エスター・レダーバーグ
(1922-2006)
微生物学者

ジョセリン・ベル・バーネル
(1943-)
天体物理学者

として「女性の業績を数えるのはやめよう」と提案しました。機会が驚くほど少ないのにもかかわらず、実際には、偉大な女性アーティストは存在するからです。

女性の貢献を認める

21世紀の今、さまざまな分野の歴史家たちが女性の功績を歴史の教科書に復活させようと試みています。歴史学者ベタニー・ヒューズ（1967-）が指摘するように、女性は常に人口の50%程度を占めてきましたが、歴史上で女性が記録されているのは全体のわずか0.5%程度。彼女は、紀元前40,000年から紀元前5,000年ごろまで、女性は考古学的記録に非常に多く登場していたと説明しています。かれらは財産権を持ち、土地を所有し、高位の巫女として奉仕することができ、当時の洗練された集落の中で他と比較しても高いレベルで活動することができたのです。しかし、紀元前5,000年頃に「量的シフト」が起こり、成功の尺度が変わってしまいました。以前は、文明はその継続性によって成功したかどうかを判断されていました。しかし新しい成功の尺度は、どれほどその文明が拡大したかに変わっていきました。拡大には軍事力と筋力が必要でした。この変化については、イリアス、オデュッ

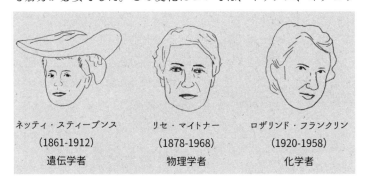

ネッティ・スティーブンス
（1861-1912）
遺伝学者

リセ・マイトナー
（1878-1968）
物理学者

ロザリンド・フランクリン
（1920-1958）
化学者

> **考えてみよう**
> もし、彼女たちの芸術や発明が誤って評価されたり、失われてしまったとしたら、私たちはどうやって女性の功績を知ることができるのだろうか？

セイア、ギルガメシュなどの叙事詩で顕著に語られています。これらの叙事詩は、新しい男性の英雄とかれらの征服の歴史を叙述しています。それ以来、歴史における女性の役割は、男性の役割の台頭と反比例するように減少してきました。そして、女性は教育機関や専門職機関から阻まれてきたにもかかわらず、事実上あらゆる分野で常に成果を上げてきたのですが——必然的にその貢献は少なくなっていきました。おそらくもっと奇妙なのは、女性の功績を公に認めず、あるいはそれを自分の功績とすることによって、問題にさらに拍車をかけようとする男性がいることでしょう。たとえばエジプトの女王クレオパトラ（紀元前69-30頃）は、アフリカとイスラムの伝承においては高名な数学者、詩人、哲学者であると記録されていますが、西洋では、ローマの二人の名将、カエサルとマーク・アントニーを誘惑したことで「記憶されている」のです。メアリー・リチャードソンもゲリラ・ガールズも、もはや次の事実を知っても驚かないでしょう——クレオパトラは、勝者アウグストゥス皇帝によって戦利品として街中を引き回されるのを避けるために自殺しましたが、その自殺のあと、アウグストゥスはクレオパトラの銅像を引き回したのでした。

賞賛はなぜいつも男性に？

2016年のリオ五輪でハンガリーの水泳選手カティンカ・ホッ

「女性たちはいつも"あなたには無理、難しすぎる、あなたには無理、この競争に参加しないほうがいい、絶対に優勝できないのだから"と言われる」　　──ザハ・ハディド

スーが金メダルを獲得したとき、解説者は彼女のコーチをこう祝福しました──「（彼女を）まったく別の選手に変えた張本人である男性」。ホッスー選手自身の努力を評価するのではなく、男性コーチに称賛が与えられたのです。このような男性による「手柄の横取り」は、歴史上数え切れないほど起こってきました。たとえば11世紀、サレルノの医師トロトゥーラは、彼女が著した非常に有名な著作を自分の功績とすることを阻まれました。これらの著作は女性が罹患する病気や症状に関する重要な医学的資料として広く利用されましたが、時が経つにつれ、人々が疑問を抱くようになったのです。女性が本当にこんな医学書を書けるだろうか？　と。この医学書を書くのにあたっては男性も協力したはずだと言う批評家も出てくる中、なんと彼女の著作の何冊かは、男性著者名義で再発行されたのです。今日、歴史家たちは、トロトゥーラが実在し、女性であったこと、そしてそれらの著作を本当に書いたことを認めています。彼女の名誉回復にはわずか千年かかっただけというわけです。

　科学において女性が果たしてきた役割も、大変残念ながらこれまで見過ごされてきました。中国の核物理学者、呉健雄（1912-97）とオーストリアの物理学者リセ・マイトナー（1878-1968）の核爆弾開発への貢献は、今ようやく認められている段階です。一方、アメリカの生物学者ネッティ・スティーブンス（1861-1912）が発見した、男性の精子に含まれる染色体によって性別が決定されるという発見は、いまだに彼女の同僚であるE・B・

ウィルソンの功績とされることが多いのが現状です。ウィルソンはスティーブンスの研究結果を見たあとに自らの結論に達しましたが、科学史家のスティーヴン・ブラッシュ（1935-）は「ウィルソンはほかの分野でより多大な貢献をしているため、この功績は彼のものとされがちである」と述べています。

　これは「マチルダ効果」として知られているものです。この言葉は1993年に科学史家のマーガレット・ロシター（1944-）によって作られました。「マチルダ効果」とは、女性科学者の多くの業績が歴史的に過小評価されてきた一方で、男性科学者の功績が不釣り合いに評価されてきたことを指しています。この名称は、1968年にロバート・K・マートンによって定義された「マシュー効果」に端を発しています。これは「すでに著名な人物のほうが無名の人物よりも信用を得やすい」ということを指します。実際、「マチルダ効果」は「マシュー効果」の踏襲なのです（多くのフェミニストにとっては迷惑な話ですね！）。

あなたならどうする？

歴史的な業績に関する記録は主に男性によって書かれたものであるため、女性はどの分野においてもあまり重要な功績を残していないとされています。死後何年も経ってから再び脚光を浴びるようなことがあれば、彼女たちの功績はそれまで誤って伝えられてきたのかもしれません。その背後には、教育を禁じられ、経済的・精神的支援を拒否され、しばしば働くことさえ完全に禁じられたにもかかわらず、それでも執筆し、絵を描き、発見し、制作し、発明をした何千人もの女性たちがいたのです。かれらの仕事は常に再発見され、それらは美術館に収蔵されています。なお、そこには裸の女性の姿は見当たらないのです。

第5章

メディアにおける女性

オンラインで意見を交わす勇気はある？

シーラ・ローバトム／ローリー・ペニー／ベリル・フレッチャー／オードリ・ロード

インターネットは良いものであるはずでした。人々が自由に、批判されることなく交流できる素晴らしい新世界であり、自分が誰であるか、どんな姿をしているか、どこの出身であるかが問題にならない場所でした。でも、ネット上で自分の意見を述べる勇気のある女性なら誰だって言うでしょう。今のインターネットはそうではない。あるいはまだそうではない、と。

　ソーシャルメディアのプラットフォームには良い側面もたくさんあります。たとえば、フェミニズムの運動やBlack Lives Matter、トランスジェンダー嫌悪、同性愛嫌悪、人種主義、性差別に反対する運動にとって、ソーシャルメディアは世界をより良い方向に変えるのに役立ってきました。

　しかしその一方で、集団になって他者を罵倒したり、憎悪のメッセージを拡散したり、賛同できない人々に殺害予告を送ったりする新たな場も提供してきました。この虐待の犠牲者のほとんどに共通するのは、女性であるということです。

　セキュリティ会社Nortonによる2016年の調査では、回答者1,000人のうち半数近くがネット上で何らかの虐待や嫌がらせを受けた経験があることがわかりました。30代以下の女性では、その割合は76％に上ります。ここで言う「ハラスメント」とは何のことでしょう？　オンラインで自分の考えを共有する場合、女性として経験する可能性のあるハラスメントは、望まない

接触、インターネット上の荒らし、ネットいじめから、セクシャルハラスメント、レイプや殺害の脅迫まで多岐にわたります。特に不幸なケースにおいては、この調査に参加した30代以下の女性の10人に1人がそうであったように、リベンジポルノや「セクストーシン」［セックス（性）とエクストーション（脅迫・ゆすり）を合わせた造語で、性的脅迫のこと。インターネット上で出会った相手に性的な動画や写真を送るよう持ちかけ、のちにそれらを使って脅迫する手口。目的は性的な搾取から金銭の要求まで多岐にわたる］を経験する可能性もあります。差別はこれだけにとどまりません。ネット上で嫌がらせを受けたレズビアン、バイセクシュアル、トランスジェンダーの女性は、性的指向を理由にターゲットにされていました。

　これはインターネットについて何を物語っているのでしょう？いや、もっと重要なのは、作家、ブロガー、サイバー犯罪の専門家であるタラ・モス（1973-）が2017年の講演で問いかけたように（次の頁の引用へ→）、これは人間について何を語っているのだろう、ということです。

なぜ女性なのか？──なぜ今なのか？

　インターネットが普及する前は、人々は限られた方法でしか自分自身を表現することができませんでした。メディアは主に男性が経営する大企業によってコントロールされており、女性は主に男性によって描かれていました。イギリスの社会主義フェミニストで作家の**シーラ・ローバトム**（1943-）は、1973年に出版し

「これは奈落の底から出てくるものではなく、"インターネット"から出てくるものでもない。私たちから出てくるものなのです。私たちは文化として、自分たちが使うテクノロジーに偏見を注ぎ込んでいるのです」　　　　　　——タラ・モス

た著書『女性の意識、男性の世界（Women's Consciousness, Man's World)』でこのことを論じています。「私たち（女性）は、逸話や身近な体験を通して自分自身を認識している。世界はシンプルにそこに存在し、私たちはその中にいた。私たちは男性が作ったレンズを通して世界を見ながら、その外形に触れ、行動することしかできなかった。私たちは、自分の内面を外側の物事の動きと関連づける手段を持っていなかったのだ」。しかしその後デジタル革命が起こり、それとともにフェミニズムの第四の波がやってきました（20頁へ→）。インターネットにアクセスできる人なら誰でも、主流メディアでは決して取り上げられなかった自分の意見を伝え、自分の声を聞いてもらうことができるようになったのです。イギリスのジャーナリストで作家の**ローリー・ペニー**（1986-)は、こうした変化について幅広く書いています。2013年に出版された著書『サイバーセクシズム——インターネットにおけるセックス、ジェンダー、権力（Cybersexism: Sex, Gender and Power on the Internet)』では、この新しいプラットフォームの浮き沈みについて語っています。「インターネットは女性嫌悪を日常化し、性的いじめを容易にしたが、当初は異なる効果を生み出していた。女性、少女、そしてクィアの人々に国境を超えて制限なく語り合う場を与え、ストーリーを共有し、私たちの現実を変えたのだ」。

なぜオンラインに女性が必要なのか

インターネットが利用され始めた頃、多くの人々がインターネットをユートピアとみなしていました。特に女性は、インターネットが家父長制と闘うためにどのように役立つかに関心を持っていました。「サイバーフェミニスト」という言葉が生まれたのは1990年代のことです。技術に関心のある女性たちがオンライン・フォーラムに集まり始め、男性優位のコンピュータ・テクノロジーの世界にスペースを確保し、「ジェンダーはオンライン世界で融解しうるか」と自問自答し始めたのでした。ニュージーランドの小説家**ベリル・フレッチャー**（1938-2018）にとって、サイバースペースは大きな可能性を秘めていました。『サイバーフェミニズム──接続性、批評性、創造性（CyberFeminism: Connectivity, Critique and Creativity）』に収められた1999年のエッセイで、彼女は「サイバー空間は、想像力と言語を極限まで引き伸ばすことができる。それは膨大な情報の図書館であり、ゴシップ合戦であり、政治的な要素を孕んだ感情風景である。要するに、フェミニストにとって完璧な場所なのだ」と述べました。現在に早送りすれば、サイバースペースは誰にとっても完璧で安全な場所ではないことは明らかです。結果的に、人々はますますオンラインで自分自身を検閲するようになっていますよね。データ＆ソサエティ研究所とイノベーティブ・パブリックヘルスリサーチセンターによると、アメリカでは多くの若い女性がネット上で

考えてみよう

ネット上で沈黙することは、現実世界で女性であることを理由に沈黙させられているのと同じことではないだろうか？

の嫌がらせを避けるために自己検閲しており、15歳から29歳の女性の41％は虐待を避けるためにそうしているようです。

　いずれの場合も、女性たちはネット上で罵倒されるより、自分の声を使わないことを選んでいるのです。ネット上から去るべきは、被害者ではなく加害者です。ローリー・ペニーは『サイバーセクシズム』の中で次のように述べています。「私たちは、何世紀にもわたって若い女性たちが言われてきたことをそっくりそのまま言っているのだ。権力と冒険に満ちた大人の世界に来てほしいけれど、レイプされたり、嫌がらせを受けたりするかもしれないから、黙って座って、きれいにお化粧直しでもしていたほうがいいよ、と」。

オンライン上のふるまいがもたらすオフラインでの影響

　オンライン上での扱われ方は、その人の私生活に直接的かつ非常に厄介な影響を与えます。たとえば、オンラインでの虐待は身体的なダメージを与えます。ネット上で虐待を受けた女性の55％が、その結果、不安やストレス、パニック発作を経験したと答えています。また、自尊心の欠如や無力感といった心理的な影響にも直面しているというのです。これは人権問題にほかなりません。アムネスティ・インターナショナルは、2017年の英国総選挙の際に、政治家の女性について独自の調査を実施しました。というのも、ソーシャルメディア上で女性が直面する罵詈雑言の量が尋常ではないから。同団体は、選挙に向けてツイッター

> 「沈黙するとき／私たちはまだ恐れている／それなら語るほうがいい」
> 　　　　　　　　　　　　　　　　　　　　──オードリ・ロード

で活動した177人の女性議員に言及したツイートを分析し、この問題が黒人、アジア人、少数民族（以下、総称でBAME）の女性に主たる影響を及ぼしていることを明らかにしました。立候補している20人のBAME議員は数で大きく下回っているにもかかわらず、罵倒ツイートのほぼ半分（41%）を受け取りました——白人議員はその約8倍もいたというのにです。このような嫌がらせ行為は、女性が政治に参加することを妨げ、公の場で自分の意見を述べることさえ阻んでいるため、真に喫緊の問題である、とアムネスティは発表しました。

では、こうした反響を恐れて、女性は公的な議論に参加することを控えるべきでしょうか？ 「黒人、レズビアン、母親、戦士、詩人」と自称する**オードリ・ロード**（1934-92）は、ソーシャルメディア時代以前から活動していましたが、当時でさえ第二波（17頁へ→）の中で、女性たちは同じような苦闘に直面していたのです（前頁の彼女の詩「A Litany for Survival」の引用へ→）。

あなたならどうする？

これをインターネットの問題と捉えるのは、まったく的外れなこと。どのような公共の場においても、女性が女性であるというだけで攻撃されるかぎり平等は実現しません。あなたが唯一すべきことは、このような場からはじき出されることを拒否すること。だから声を上げましょう。あなたの考えを知らせてください。物議を醸すような意見を投稿してください。なぜなら、かつてオードリ・ロードがエッセイ『沈黙の変容（Transformation of Silence）』の中で語ったように、「沈黙はあなたを守りはしない（Your silence will not protect you）」からです。

なぜ私は女性セレブの容姿にこだわるのか？

ナオミ・ウルフ／スーザン・ソンタグ／カミール・パーリア

タブロイド紙から華やかな雑誌、ソーシャルメディアに至るまで、イメージの世界はますます世論を動かし、うわべばかりを気にするこの世界に拍車をかけています。スマートフォンは日常生活の一部となり、私たちは携帯から目を離せません。服装、体重、髪の色、肌の色。世間の注目を浴びる人々は、その言動ではなく外見をめぐって、絶えず監視の目にさらされています。こうした詮索のまなざしはまぎれもなく、男性よりも女性に向けられるのです。

　昔からそうでした。イギリス政府は1918年にはすべての世帯主および30歳以上の女性に、1928年には21歳以上の女性に、選挙権を与える法案を可決しました。それを受けてスペクテイター紙は、女性たちが政治を「非現実的で安っぽく、めかしこんだ」ものにしていると論じました。こうした編集的なアプローチ——つまり女性の外見はその言動よりも興味深いものであると示すような——は、政治家の女性だけでなく、世間という場に身を置くすべての女性をいまだに悩ませています。

　ヘアスタイルからスカートの長さまで、女性が何を身につけているかは世界で最も重要なことのようです。有名人から政治家に至るまで、あらゆる人の写真をシェアすることで莫大な利益を上げている新聞や雑誌を信じるなら、の話ですが。過激な記事であればあるほど、ネット上の見出しは「クリック」されます。だからゴシップ誌に載るには、その女性が「すごく美しい」か「すご

くおぞましい」かのどちらか
でなければならないのです。

　女性とメディアは常に難し
い関係にありました。1970
年代のフェミニスト・デモの
さなかに起こっていたこと
について、アメリカの第三
波フェミニスト、**ナオミ・
ウルフ**（1962-）が『美の陰
謀――女たちの見えない敵

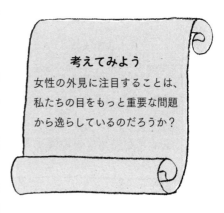

考えてみよう
女性の外見に注目することは、
私たちの目をもっと重要な問題
から逸らしているのだろうか？

(The Beauty Myth)』（1990）の中で次のように述べました。「見出
しにはこう書かれていた――女性たちは反乱を起こしている。彼
女たちはこの運動の描かれ方を受け入れていた。風刺画はその役
目を果たしたのだ」。

　メディアが最初にしたことは、容姿で女性を批評することです。
そうした批評によって、平等な権利のために立ち上がった女性た
ちが何のために行進していたのか考えるのを止めないように、彼
女たちの主張から目をそらさないようにと願わずにはいられませ
んよね。しかし現実には、あなたは女性の服装や化粧のようすに
夢中になり、その馬鹿馬鹿しく品のない、破壊的な手法ですべて
の女性を比較している自分自身にハッとするのです。

　ウルフが『美の陰謀』の中で述べているように、「自分たちの
関心が何に集中しているかを認識できる女性は多いが、その集
中がどれほど政治的に機能するかを十分に理解している人は少
ない」のです。「女性リーダーの身体的特徴に注目させることで、
彼女は美人すぎる、あるいは醜すぎるとして排除される可能性が
ある。その結果、その問題に女性たちが同調するのを妨げるとい

う効果をもたらす。もし一般によく知られた女性が『美人』すぎるという汚名を着せられれば、彼女は脅威であり、ライバルであり、あるいは単にまじめな人ではないというふうに見られる。一方で『醜い』と揶揄されれば、彼女のアジェンダと自分を同一視することで、自分にも同じ烙印を押す危険性が生まれてしまう」。

カメラを通して自分自身を見る

インスタグラムのようなプラットフォームの台頭は、外見に対するナルシシズム的な強迫観念を煽るだけです。しかし1977年当時、あるフェミニストはマスメディアと安価なカメラへのアクセスが世界にもたらす問題を予測していました。**スーザン・ソンタグ**（1933-2004）は著書『写真論（On Photography）』[晶文社、1979] の中で、「写真によって現実を確認し、経験を美化する必要を感じることは、いまや誰もが中毒になっている美的消費主義なのだ」と書いています。「銃や車と同じで、カメラは中毒性のある幻想製造機である」。

ソンタグは、私たちがいかにして理想化された生活に執着するようになり、現実の自分自身を見るよりもカメラのレンズを通して自己をまなざすようになるかを予言しました。しかしおそらく最も憂慮すべきことに、ソンタグはこれを受動的な行為ではなく、攻撃的な行為とみなしています。「理想化されるイメージ（ファッションや動物の写真のような）は、率直さを美徳とする作

「写真によって現実を確認し、経験を美化する必要を感じることは、いまや誰もが中毒になっている美的消費主義なのだ」
——スーザン・ソンタグ

品（クラス写真、殺風景な静物画、顔写真のような）に劣らず攻撃
的である。カメラを使うことはいつでも、ある種の攻撃性を内包
している」と彼女は語ったのです。

　また、私たちが他人の写真を見ることに費やす時間は、実は無
害な楽しみや「やましい喜び」などではありません。むしろ「新
しい視覚記号を私たちに教えることで、写真は見る価値のあるも
のや目撃する権利のあるものについての観念を変え、拡大してい
く。写真はひとつの文法であり、さらに大切なことには、見るこ
との倫理なのだ」。他人のイメージを通して世界を見る時間が長
すぎると、人はそうやって見ている世界を信じ始めるかもしれま
せん。しかし、これらのイメージは現実ではなく、編集されたも
のです。誰かがあなたに見てほしいと思っている世界なのです。

なぜセルフィーを撮るのか？

　ソーシャルメディアの台頭は——セレブリティ、ブランド、そ
して一般の男性、女性、子どもなど——すべての人に検閲や編集
なしに世界に直接語りかける機会を与えました。
しかし、私たちはフィルターやアプリを使って写
真を編集し、雑誌や新聞、テレビの映像に近づけ
ることを選んでいます。私たちは別の現実を提示
する写真に慣れていますが、現実はそれに沿って
いません。ウルフは、これは西洋の民主主義原則
の根底にある矛盾を浮き彫りにしていると言いま
す。『美の陰謀』の中で彼女はこう問いかけてい
ます。「検閲を嫌い、自由な意見交換を信条とす
る西洋の価値観は、ここで生き残ることができる
のだろうか？」

　多くのフェミニストたちが男性の視線について、そして、家父長制社会において女性は男性の視線があって初めて存在するという考えについて語ってきました。イギリスの美術批評家ジョン・バージャー（1926-2017）は、1972 年に出版した著書『イメージ——視覚とメディア（Ways of Seeing）』［PARCO PICTURE BACKS、1986］の中でこう書いています。「男が行動し、女が現れる。男は女を見る。女は自分が見られているのを見る」。この考え方はデジタル時代によって悪化の一途をたどっています。女性が自分のパブリックイメージを「所有」し、見られたいように見られるようになるところか、美容雑誌のフォトショップで加工された理想的な写真であれ、ゴシップ誌のスキャンダル写真であれ、デジタルの時代は私たちの写真に対する貪欲さを増長させてきました。

　極端なケースでは、女性の画像が身代金要求のために用いられることもあります。2014 年に iCloud のハッキング事件が起こったとき、多くの著名な女性がインターネット上に自分のヌード写真を掲載される事態に直面しました。ハッカーに狙われた有名人の一人、アメリカの俳優ジェニファー・ローレンスは、2017年に『ハリウッド・レポーター』のポッドキャスト「Awards Chatter」にこう語っています。「この惑星に輪姦された気分です——私のプライベートな写真を見ることができない人は、世界中に一人もいない。バーベキューに行っただけでも、携帯を開けば

「私のプライベートな写真を見ることができない人は、世界中に一人もいない……このことは自分の中でどうしても処理しきれなかった」　　　　——ジェニファー・ローレンス

誰だってその写真を見ることができる。このことは自分の中でどうしても処理しきれなかった」。彼女はさらに、その経験を「言葉にできないほど、信じられないほど暴力的なもの」と表現しました。

現代のセレブリティ

大衆文化、特に過去30年間のフェミニズム運動についてコメントしてきたアメリカ人批評家に**カミール・パーリア**（1947-）がいます。2015年のエッセイ（またもや『ハリウッド・レポーター』誌に寄稿されたもの）「グループセルフィーは女性を前進させることができるのか？（Can group selfies advance women's goals?）」において、彼女らしく機転の利いた淡々としたアプローチで語ったのは、アメリカのカントリー歌手テイラー・スウィフトによって名を知られるようになった「ガールスクワッド」という現代の現象についてです。スウィフトは定期的に自分自身と有名人の友人たちとの写真を共有し、ツアー中は彼女たちをステージに上げたりしています。

これらのグループセルフィー（#squadgoalsというハッシュタグでアクセサリー化されている）によって、スウィフトはフェミニズムをマーケティング・ツールとして利用していると批判されました。しかし、責めるべきは彼女でしょうか？

「若い女性パフォーマーたちは今、群がり、境界線を越えて侵入
してくるパパラッチ文化に翻弄されており、昨今における肌を露
出したファッションの性的客体化によってさらに無防備な状態に
なっている」とパーリアは言います。「業界のピラニアの大群と
やりあう中で若い女性たちが孤立を感じ、人目にさらされている
と感じることでこのガールスクワッド現象が拡大したのはたしか
だ」。

あなたならどうする？

有名な女性たちはカメラの海で孤立しています。そして私たちは
かれらの対岸にいるのです。ナオミ・ウルフは、この表層は目く
らましだと言うでしょう。彼女は『美の陰謀』の中で「女性の顔
にエアブラシをかけることは、女性のアイデンティティ、権力、
歴史を消し去ること」だと語っています。それは、その女性が何
を語っているのか、何をしているのかについて考えるのを止めさ
せるテクニックであり、女性を弱体化させる手段なのです。そし
て写真革命の黎明期に、スーザン・ソンタグはすでにそれを見抜
いていたのでした。

思っていたほどストレートじゃないかも……

オードリ・ロード／ジル・ジョンストン／マドンナ／ジュディス・バトラー

人間のセクシュアリティを分類するのは容易ではありません。私たちが皆、ひとつの箱の中には収まりきらないのだという事実に人々は目覚めつつあります。性的欲望の幅広いグラデーションを少しずつ認識できるようになってきたのには、インターネットが大きな役割を果たしているようです。カナダのオンタリオ州にあるウォータールー大学で実施された最近の調査によると、インターネットでポルノを鑑賞する女性たちは、自分のセクシュアリティを探究するために新しいテクノロジーを利用しているのだそう。また、ほかの人とつながって性的関心について話し合う手段としても機能しています。

　私たちはこれまで、フェミニズム理論のレンズを通してジェンダーに焦点を当て、私たちが自分自身に対する期待を形成する上で社会が果たしてきた役割を見つめてきました。しかし、セクシュアリティについてはどうでしょうか？　家父長制が女性を「その他／他者」としたように、異性愛が標準である世界では、ほかの形のセクシュアリティを経験する者も「その他／他者」とみなされます。この類似性を見過ごすことはできません。フェミニストたちは何十年ものあいだ、この二項対立について探究してきました。そのようなフェミニストの一人が、自身のセクシュアリティによって多くの差別に直面した黒人のレズビアン、**オードリ・ロード**です。1980年に発表したエッセイ「年齢、人種、階級、性（Age, Race, Class and Sex）」の中で、ロードは人類が自らを

「男」か「女」のどちらかであると理解することの限界について
述べています。「社会統制の道具として、女性たちは人間の違い
のうち、女性と男性のあいだに存在する違いだけを正当なもの
として認識するよう促されてきた」。彼女はまた、理解の必要性、
男女が自分たちは異なるという事実を受け入れることの必要性、
そして、一人の女性と別の女性、一人の人間と別の人間とのあい
だにも多くの違いがあることを認識する必要性について語りまし
た。

　ロードは1992年に亡くなりましたが、きっとインターネット
のおかげで、他人がどのように生きたいのか、どのように生きる
ことを選択したいのかをより理解できる機会を得られるように
なったと楽観的に捉えていることでしょう。今では世界中で「二
元的なジェンダー観を持った異性愛者」に当てはまらない人々に
出会うことができます。

　こうした人間観——二元的なジェンダー観を持った異性愛者
——が正しかったことはあったのでしょうか？　それとも家父長
制社会が作り上げた幻想に過ぎなかったのでしょうか？　ほかの
研究によれば、レズビアンは女性の体型に強く惹かれるものです

「まだそれに気づいていない女性を除けば、すべての女性は
レズビアンである」　　　　　　　　　　——ジル・ジョンストン

が、自分はストレートだと言う女性のほとんどが、実際には男性の裸と女性の裸の両方（の動画）に興奮を覚えるようです。自分は果たして、これまで信じてきたように本当に異性愛者なのか？と自問しているのはあなただけではないかもしれません。

では、すべての女性はレズビアンなのだろうか？

　1960年代から1970年代にかけてこの議論は盛んに行われました。第3章で言及したように、**ジル・ジョンストン**（1929-2010）はこの分野で特に声高に主張しました。この著名なアメリカのフェミニスト活動家は、「まだそれに気づいていない女性を除けば、すべての女性はレズビアンである」と言ったことでよく知られています。彼女はまた、女性と男性は互いに離れて生きることを学んで初めて平等になれると主張する分離主義運動を主導しました。そしてこの運動を——物議を醸すことになりましたが——セクシュアリティと結びつけたのです。「すべての女性がレズビアンになるまでは、真の政治革命は起こらない」と、彼女は1973年の著書『レズビアン・ネーション——フェミニストの解決策（Lesbian Nation: The Feminist Solution）』の中で語っています。

　ジョンストンの政治的なレズビアニズムをめぐる論争は英語圏の多くに広がり、1981年に出版された悪名高い小冊子『あなたの敵を愛しなさい？——異性愛フェミニズムと政治的レズビアニズムの論争（Love Your Enemy?: The Debate Between Heterosexual Feminism and Political Lesbianism)』で盛り上がりはピークを迎えることに。その中で、政治的レズビアンとは「男性とセックスをしない女性であり、女性との性行為を強制することを意味しない」と定義されています。さらに「私たちは、真のフェミニストは異性愛を捨てるしかないと考える。男性至上主義という抑圧のシス

237

テムの中でのみ、抑圧者は実際に被抑圧者の身体の内部に侵入し、植民地化する」と書かれたのでした。

　冊子は性的指向が選択の問題であると示唆したため、当時多くの人々のあいだで物議を醸しました。より現代的なセクシュアリティの解釈としては、セクシュアリティは自分の内側にあるものです。それはあなたの存在の本質的な部分なのです。だから、異性愛的な愛だけが本当の愛だと思わせようとする社会の試みは信じがたいほど制限的なもの。自分のセクシュアリティには複数の側面があるのだと、より多くの女性たちが今になってようやく知るようになったことも理解できる気がしますよね。

マドンナ、クィア理論──固定観念に囚われることを拒否する

　自分の枠に囚われることを拒否してきた女性の一人が、世界的なポップスター、**マドンナ**（1958-）です。「ポップ界の女王」と呼ばれる彼女は、音楽業界の女性差別や性差別をものともせず、長く輝かしいキャリアを歩んできました。彼女はステレオタイプに当てはめられることを拒否したために何度も何度も公の戦いに巻き込まれ、そのたびに逆転の発想で定義から逃れ、女性に与えられたさまざまな役割を実験してきました。

　ジュディス・バトラー（1956-）は1990年の著書『ジェンダー・トラブル──フェミニズムとアイデンティティの攪乱（Gender Trouble: Feminism and the Subversion of Identity)』で、ジェンダーの政治学について幅広く書いています。アイデンティティ政治を批判し、「女性」をひとつのまとまったグループとして提示することは「（二元的な）ジェンダー関係を無意識のうちに規定し、具象化する」ことだと主張したのです。バトラーとマドンナ──一

人はフェミニストの学者、も
う一人は世界的スーパース
ター──は媒体も聴衆もまっ
たく異なりますが、ともに
セックスとジェンダーという
窮屈な制約に挑む者たちな
のです。オードリ・ロード
（235頁へ→）と同じように、
バトラーは男性と女性、スト
レートとゲイという対比の外

考えてみよう
セクシュアリティに対する社
会の二元的な見方は、私たち
が自分自身を完全に理解する
ことを妨げているのだろうか？

に、さまざまなタイプの女性が存在することを世間が認識するよ
うに願いました。彼女はこれらの定義を「異性愛的なアイデン
ティティのキメラ的表現」とまで呼びました。

　しかし、「普通」の外にいることをカミングアウトするのは誰
にとっても容易ではありません。「私はゲイです」。アメリカの詩
人マヤ・アンジェロウ（1928-2014）は1996年、LGBTを中心と
する4,000人の集まりで語りました。少し間を置いて、こう続け
ました──「私はレズビアンです。私は黒人です。私は白人です。
私はネイティブ・アメリカンです。私はクリスチャンです。私
はユダヤ人です。私はイスラム教徒です」。彼女は、人種、性別、
宗教にかかわらず、すべての人が共有する人間性というものを信
じており、すべての人がそれを受け入れるよう呼びかけてもいた
のです。

　これは簡単なことではありませんでした。黒人のレズビアン、
フェミニストとして公然と活動した最初の一人であるロードに
とって、人生は困難なものでした。彼女の交差性（54頁へ→）は
逆手に取られ、彼女のアイデンティティの各側面は、何らかの形

239

で彼女に不利に働くよう利用されました。たとえば、政治的敵対者たちは彼女のセクシュアリティを公表することで、黒人学生のあいだで彼女の信用を失墜させようとしました。しかしこれは、フェミニズム運動における彼女の発言力をいっそう強めることになったのでした。

「年齢、人種、階級、性」（Age, Race, Class and Sex）の中の感動的な一節で、ロードはこう語っています。「黒人のレズビアン、フェミニストとして、自分のアイデンティティのさまざまな要素に慣れ親しみ、人種的・性的抑圧からの解放にコミットする女性として、私は常に、自分自身のある一面を抜き取り、これを意味のある全体として提示し、自己のほかの部分を消し去ったり否定したりするよう勧められていることに気がつく。けれど、それは破壊的で断片的な生き方なのだ」。

あなたならどうする？

ロードは定義を否定し、その代わりにさまざまな側面を持つ自分自身を生きることを選びました。彼女ならこう言うでしょう。他人の考えに自分を合わせようとするのはエネルギーの浪費です。その代わりに、私たちは自分自身のすべての部分を同時に生きることを学ばなければならないのだと。だから、違いを受け入れて。なぜなら、多くの女性が提唱してきたように、完全に自分自身でいることは、最大の抵抗だからです。

「主人の道具で主人の家を解体することはできない」

オードリ・ロード

なぜ新しい服を買うのを
やめられないんだろう？

ベティ・フリーダン／ナオミ・ウルフ／ベル・フックス

歴史の中で、服は女性にとってさまざまなものを象徴してきました。ときには抑圧を意味し、女らしさを厳守させ、社会が期待するイメージであなたを着飾るものでしたが、同時に自己の表現を担い、選ぶ生地やそのカットを通して本当の自分を見せる機会を与えるものでもありました。世界のほとんどの地域では、今でもこのふたつの役割が並存しています。

　しかし、どこに住んでいようとたしかなことがあります。それは、買い物が好きなのは女性だということ。2009年の『ハーバード・ビジネス・レビュー』誌のレポートによると、世界全体では女性が年間約20兆ドルの消費支出を握っているそう。これは大きな消費力です。ファッションそのものが女性の娯楽であると考えられており、そこには消費のパイプがまっすぐに引かれています。最近の調査でアメリカのティーンエイジャーに趣味を訊ねたところ、少女たちは「ショッピング」だと答えました。アメリカには高校よりもショッピングモールのほうが多いとか。いったいどういうことなのでしょうね。

　でも、ファッションは単なる娯楽ではありません。イギリスはヨーロッパ最大の小売・アパレル市場を持っており、2020年には770億米ドルの規模になると予想されています。世界のどこに住んでいようと、インターネットのおかげで買い物はますます簡単になっています。2017年、小売業全体の売上高に占める電

子商取引売上高の割合が最も高かったのはイギリス（16.9％）で、次に中国（15.5％）、ノルウェー（12.1％）、フィンランド（11.2％）、韓国（11.3％）と続きます。アメリカは8.3％で8位です。

女性はいつからショッピングと結びつくようになったの？

いい質問ですね。第二次世界大戦後、大量生産によって一般消費財の市場は突如としてビッグビジネスに変貌しました。男性は仕事に戻り、女性は家庭に戻っていきました。新しい産業形態は一部の女性に新たな自由をもたらし（たはず）、かれらはより多くの時間を自由に使えるようになりました。さて、何をするのでしょうか？　もちろん買い物です。

物議を醸した第二波フェミニスト（17頁へ→）の**ベティ・フリーダン**（1921-2006）は、この分野では特に権威的な存在でした。彼女は1963年に著書『新しい女性の創造（The Feminine Mystique）』を出版し、母国アメリカでこの現象が爆発的に広がるのを目の当たりにしたのです。しかし注意すべきは、フリーダ

どうやってショッピングは**女性**の**特権**になったのか？

「どうにかして、どこかで、誰かがこう考えたに違いないのだ。女性を社会で活躍もせず、名もなく、何かにいつも憧れ、エネルギーを発散させたくて仕方がないという状態にしておけば、より多くのものを買うようになると」

——ベティ・フリーダン

ンもまた、彼女が提唱したフェミニズムに対して批判を受けたということ。フリーダンは、多くの女性には時間的余裕がないことを認識していなかったのです。多くの女性たちにとって状況はより悪いものでした。かれらは家事をこなすだけでなく、外で仕事をしなければならなかったからです。

　しかし、収入の大小に関係なく、フリーダンらはすべての女性に影響を与えるもの、つまり広告によって作られたステレオタイプに着目しました。それはただひとつのアメリカンドリーム、すなわち（白人の）核家族です。仕事に行った夫、家にいる妻、そして二人の子どもたち（148頁へ→）。

　ブランドはどのような広告や宣伝でこれを実現したのでしょうか？　それは、女性たちのアイデンティティはかれらが何を買うかによって決まるのだと伝えることでした。フェミニストのキャシー・マイヤーズは1986年、『フェミニズム理論事典（Encyclopedia of Feminist Theories）』でこうしたステレオタイプを「危険なほど攪乱的な女性像」と呼んで批判しています。消費文化の台頭は、ひとつの理想化された女性像と結びついていました。それは「白人で、家庭の中で働き、家庭を唯一の居場所とする」女性像でした。

　ナオミ・ウルフは1990年の著書『美の陰謀（The Beauty Myth）』

の中でこう語っています。
「消費文化は、性的クローンで構成された市場、つまりモノを求める男とモノになりたい女によって支えられている。その対象は常に変化し、使い捨てにされ、市場に左右される」。この移ろいやすさは、自分自身に対する不満が時間ととも

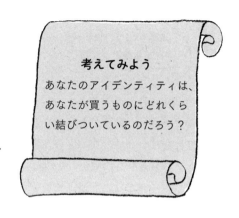

考えてみよう
あなたのアイデンティティは、あなたが買うものにどれくらい結びついているのだろう？

に減少するのではなく、むしろ増大するように仕向けるためだとウルフは言います。この不満が、多くの女性を常に買い物に駆り立てるのです。

女性と広告の関係

フリーダンは、広告主がいかに女性を食い物にしているかについて同様の考えを持っていました。「どうにかして、どこかで、誰かがこう考えたに違いないのだ。女性を社会で活躍もせず、名もなく、何かにいつも憧れ、エネルギーを発散させたくて仕方がないという状態にしておけば、より多くのものを買うようになると」。彼女は『新しい女性の創造』の中でそう書いています。くりかえしになりますが、なぜフリーダンが批判に直面したのかがここでもわかるのではないでしょうか。世界中のほとんどの女性は、お金がありすぎてやることがないという恵まれた状態を経験したことがなかったのです。

しかしここでフリーダンが具体的に語っているのは、広告主に狙われる女性たちのことです。ドレスであれ、アイロンであれ、

「消費文化は、性的クローンで構成された市場、つまり、モノ
を求める男とモノになりたい女によって支えられている」

──ナオミ・ウルフ

新ブランドの保湿クリームであれ、最新の製品を持っていなけれ
ば自分は十分ではないという考えを（文字通り）信じてしまうよ
うな、影響を受けやすい女性たちのことです。

　フリーダンはこう述べています。「白髪を染めても時間は止ま
らない。プリマス（新しい車）を買っても新しいアイデンティティは得られな
い。マルボロ（流行りのたばこ）を吸ってもベッドへの誘いはない。たとえ彼女のほ
しいものがそれだとしても」。そしてそのような約束が果たされ
ないと彼女は際限なく物事に飢えつづけ、何が本当に必要なのか、
何がほしいのかがわからなくなるのだと。フリーダンにとって女
性は消費の奴隷であり、それ自体が抑圧の一形態なのです。女性
たちは自分の内面が空っぽであることに気づかないよう、買い物
の習慣に鎖でつながれている。ああ、なんてことでしょう。

病としての買い物──ナルシシズムと買い物依存症

　悲しいかな、もう穏やかな猶予はありません。買い物依存症に
話を移しましょう。女性は買い物をし、男性は商品を作る。その
理由を最初に取り上げた著名なフェミニストはシモーヌ・ド・
ボーヴォワール（1908-86）でした。1949年に出版された著書
『第二の性（The Second Sex）』の「ナルシシズム」と題された章
で、彼女は、女性がいかに世の中で無力であり、それゆえに自分
の人生に意味を与える何かを見つけなければならないかについて
述べています。「男性の真実は、彼が建てる家、彼が切り開く森、

彼が治療する患者の中にある」と彼女は言います。「女性は事業、あるいは目標によって自分自身の身を立てることができないため、自己の人格の内在性において自らを把握しようとする」。

ボーヴォワールは今日の消費文化にショックを受けるに違いありません。そして悲しいことに、退屈な主婦というステレオタイプが存在するのには理由があります。買い物の習慣が中毒性を帯び、ファッションのサイクルが加速し、ますます買い物しやすくなるにつれて、ナルシシズムが毎日、いや毎時間頭をもたげてくるのです。

しかし、ファッション業界はお財布に悪いだけではない

ファッション業界自体にも責任があります。ファッション産業は女性の産業だと誤解されていますが、その裏を探れば、女性が買い物をすることで利益を得ているのは主に男性であることに気づくでしょう。最も評価の高いブランドのいくつかは国際的な複合企業が所有しており、そのデザイン部門を率いるクリエイティブな「若き天才（wunderkinder）」のほとんどは男性です。

この業界はまともに人を扱ってもいません。低賃金の縫製労働者（主に女性）、虐待を受けるモデル、不安を煽る広告、性暴力など、数え上げればきりがありません。

ファッション業界を悩ませる別の悪には、多様性の欠如と文化の盗用があります。ベル・フックス（1952-）が1992年のエッ

「ファッションの世界もまた、他者性を利用することで商品が売れることを学習するようになった」

——ベル・フックス

セイ「他者を食らう（Eating the Other）」で述べているように、
「ファッションの世界もまた、他者性を利用することで商品が売
れるのだと学習するようになった」のです。「ベネトン広告の成
功はその多様な人種的イメージによってさまざまな広告戦略のモ
デルとなっており、この傾向を象徴するものである」。白人以外
の文化はすべて「その他／他者」と捉えられ、標準とは異なる
ものとみなされます。フックスはしばしば白人の主流文化がほか
の文化からイメージやシンボル、伝統を取り入れる方法を批判し、
それは文化を「その他／他者」化する問題を永続させるだけだと
述べました。

あなたならどうする？

フリーダンが『新しい女性の創造』の中で嫌ったステレオタイプ
は、女性を拘束し、文字通りファッションの奴隷にするもので、
今日でも問題になっています。そして多様性もまた、向き合わな
ければならない問題でありつづけています。女性たちはひとつの
理想を売りつけられ、生きていくためにはこの新しいアイテムを
「持たなければならない」、そしてある種の外見を「持たなければ
ならない」のだと何度も何度も言われるのです。Gucci で散財し
ようが、Primark で散財しようが、そのメッセージは変わりません。
たとえお金がなくても、お金を使いなさい。だって、そうすれば
気分が良くなり、より良い人間になり、より良い女性になれるか
ら。でも、果たしてそうなのでしょうか？

映画界の女性たちはどこにいる？

ジーナ・デイヴィス／ロクサーヌ・ゲイ／ローラ・マルヴェイ／ヴァージニア・ウルフ

2017年10月以来、映画の世界はスキャンダルの火で燃え盛っています。語られる物語はどれも、少数の人々があまりにも大きな権力を手にした結果起こった——世界中のエリートたちの——不祥事にスポットライトを当てるものです。そしてこの問題は、俳優の**ジーナ・デイヴィス**（1956-）による画期的な研究から発覚したように、映画業界だけの話ではありません。

　映画界の女性が40歳を過ぎても働きつづけるには、逆境をはねのけなければなりません。ハーニッシュ財団とUSCアネンバーグの調査によれば、40歳から64歳までの女性出演者の割合はわずか19.9％とのこと。高収入の女性俳優でさえ、共演男性俳優の約40％のギャラしか手にできないのです。キャスリン・ビグロー（1951-）が2009年、『ハート・ロッカー』で女性初のアカデミー監督賞を受賞した成功例がありますが、こうした例はごく少数であり、大きなムーブメントを引き起こしたり、映画界の土俵を変えたりすることはありませんでした。2001年以降、興行収入上位作品に占める女性監督の割合は減少しており、撮影監督に占める女性の割合はわずか5％となっています。

　この問題は普遍的なものです。IBMインド基礎研究所による別の研究では、ヒンディー語使用の映画における人々の性別表現について調査したものがあります。研究者グループは1970年から2017年のあいだに公開された4,000本の映画のウィキペディ

アページのIBMデータベースを使い、タイトル、キャスト情報、あらすじ、サウンドトラック、ポスターを抽出しました。また、2008年から2017年のあいだに公開された映画の公式予告編880本も分析しました。

　約50年間で、男性キャストはウィキペディアのあらすじ説明において平均30回言及されているのに対し、女性キャストは15回しか言及されていません。このことから何が読み取れるでしょう？　女性俳優の役割は男性俳優ほど重要ではないため、女性の出演数は男性より少ないという推測もできます。

　これは重要なことです。だってこう思いませんか？──いったいなぜ映画界には女性が少ないのだろう？　それは女性たちの扱われ方と関係があるのでしょうか？　権力の不均衡があるのでしょうか？　#MeToo（女性たちが自分の経験をオンラインで共有したり、性犯罪の被害に遭ったことを認めたりすること）にまつわる話題が世間で増えていることも関係があるのでしょうか？

　2017年に発覚したアメリカの映画プロデューサー、ハーヴェイ・ワインスタインに対する疑惑は、その後アメリカの映画業界

における複数の人物の犯罪に光を当てることになりましたが、問題はそれだけではありません。韓国映画振興委員会（KOFIC）とWomen in Film Koreaが2017年に実施したある調査によると、俳優、監督、脚本家、スタッフに至るまで、韓国の映画界で働く女性の10人に1人が「望まない性的要求」を経験したことがあるというのです。そして、こ

「エンタメ業界の女性はいつもこれを経験しているわけだけど、すべてが常に天秤にかけられていた」

——ロクサーヌ・ゲイ

う思いませんか？——グローバルに見ても、なぜ、粘り強く頑張ってトップに上り詰めることができる女性の数は少ないのでしょう？

数少ない女性主導の映画にかかるプレッシャー

女性主導、あるいは女性監督のドラマや映画はめずらしいものですが、それらがゴーサインを得た場合、膨大な批判が浴びせられることがあります。たとえば、こんなことは女性主導でないほかの多くのTV番組や映画では起こりませんが、アメリカのTVシリーズ『Girls』（2012-17）や2011年の映画『ブライズメ

2006年に活動家のタラナ・バークが始めたのち、#metoo運動は2017年に多くの人に知られるようになりました

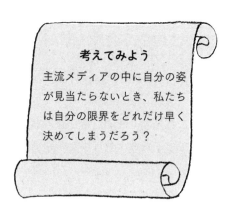

考えてみよう
主流メディアの中に自分の姿が見当たらないとき、私たちは自分の限界をどれだけ早く決めてしまうだろう？

イズ』はともに批判を受け、放映中止となったのです。2014年に出版された『バッド・フェミニスト（Bad Feminist）』の著者である**ロクサーヌ・ゲイ**（1974-）によれば、批判を受ける理由はそれらの作品がとてもめずらしいタイプだったから。女性監督たちは明らかにこれまでとは違う試みを行っており、そのために世間に罰せられるのです。

「あの映画には大きなプレッシャーがかかっていた」とゲイは『ブライズメイズ』について語っています。「女性主導のコメディが制作される望みがほかにもあるとするなら、この映画はなんとしても素晴らしいものでなければならなかった。エンタメ業界の女性はいつもこれを経験しているわけだけど、すべてが常に天秤にかけられていた」。ゲイはしばしば、映画における女性の役の少なさを多様性の欠如と並列に取り上げます。彼女にとって、このふたつは同じ問題の一部だからです。

カメラと男性の視線

ローラ・マルヴェイ（1941-）もまた、映画理論の立場からこの議論に重きを置いてきた女性です。マルヴェイは、1975年にイギリスの映画理論誌『スクリーン』に発表したエッセイ「視覚的快楽と物語映画（Visual Pleasure and Narrative Cinema）」でよく知られています。家父長制的なハリウッドの体制から脱却する唯一

の方法は、古典的なハリウッドの戦略に根本的に挑戦し、オルタナティブなフェミニズムの手法で再構築することだとマルヴェイは言います。その出発点として、既存の撮影スタジオの枠にとらわれない映画制作があります。世界中のインディペンデント映画は、ハリウッドの大予算映画の多くが蔓延させているステレオタイプに挑んでいるのです。

マルヴェイは特に、映画において女性はしばしば受動的な役割で描かれることを指摘しています。「既存の見せ物的な役割において、女性は視線を向けられ、展示されます。その外見は強い視覚的印象とエロティックなインパクトのために記号化され、見られるものとして暗示されるのです」。女性が職場やあらゆる場所で平等に表象されるためには、男性と同じように、性的に客体化されない存在として描かなければならないとマルヴェイは言います。

自分ひとりのシーン

しかしこの問題はイギリスの作家**ヴァージニア・ウルフ**（1882-1941）が約1世紀前に指摘したように、性的客体化だけの問題ではありません。彼女は『自分ひとりの部屋（A Room of One's Own)』（1928）［平凡社ライブラリー、2015］の中で、女性が男性によって描かれることがいかに多いか、そしてその描かれ方がいかに偏狭なものであるかを認識していました。「女性たちは今も昔も母親であり娘だが、ほとんど例外なく男性との関係において描かれる。ジェーン・オースティンの時代まで、小説の中の偉大な女性たちは皆、異性から見られるだけでなく、男性との関係においてのみ存在していたのだ。そして、それは女性の人生においてどれほど小さな部分だろうか」。

　ウルフは、現代映画におけるもうひとつのムーブメント、アメリカの漫画家アリソン・ベクデル（1960-）にちなんで名づけられたベクデル・テスト（Bechdel Test）にも影響を与えたと言われています。ベクデル・テストに合格するためには、その映画のシナリオに、二人の女性が男性以外の何かについて語り合うシーンを盛り込まなければならないという規定があります。このテストに合格する映画がいかに少ないかを知れば、あなたは唖然とするでしょう。

17%ルール

　どうしてこのようなことが重要なのでしょうか？　それは、私たちが消費するメディアの多さと関係しています。特に子どもたちは1日に7時間もメディアと関わっているのです。映画『テルマ＆ルイーズ』の主演俳優ジーナ・デイヴィスが男女平等と多様性を推進するための機関を設立したのは、まさにこうした理由のためです。支局は「See Jane」と呼ばれ、そのキャッチフレーズはこうです──「彼女がそれを見ることができたら、彼女はそれになることもできる」［ジェーン（Jane）はアメリカの教科書などでも頻繁に用いられる女性名で、匿名性のある女性像を連想させる言葉。See Jane（ジェーンを見て）とは、しばしば注目に値しないとされる「女性」の存在を──彼女たちがやることを、そして、彼女たちが「いる」ことを──見て・知って、と願うような名付けであると考えられる］。

　女性と少女は人口の51％を占めていますが、現状では、エンターテインメント・メディアに登場する女性の数は男性よりも少ないのが事実です。またメディアを通じて、少女たちは幼い頃から自分は男子よりも価値が低いと教えられつづけます。デイヴィスと彼女のチームが20年以上にわたって行った調査では、セリ

「彼女がそれを見ることができたら、彼女はそれになること
もできる」　　　　　　　　　　　　　　　　——See Jane

フのある女性の登場人物1人に対して男性は3人であり、群衆
シーンに女性の登場人物が占める割合はわずか17%でした。

　実際、登場人物の男女比は1946年以来まったく変わっていま
せん。「社会全体がそうであるように、映画界の主要な決定権を
持つ人々も圧倒的に白人、男性、中年であることに問題の一端が
ある」とデイヴィスは指摘しています。

　私たちが観る映画が私たちの行動に影響を与える——そんな
ことがあるのでしょうか？　「See Jane」は現状を変える必要性
を強調するため、ある出来事に言及しています。2012年、アー
チェリーが少女のあいだで急に流行りだしました。それは、アー
チェリー選手として女性のヒロインが登場する2本の映画『ハ
ンガー・ゲーム』と『ブレイブ』が公開されたのと同じ頃で
す。ジーナ・デイヴィス調査団（Geena Davis Institute on Gender in
Media）がこれを調査したところ、10人中7人の少女が、カット
ニスやメリダ（この2作品の俳優）に影響されてアーチェリーを
始めたと答えたのでした。

状況は良くなっている？

　ジーナ・デイヴィスやその他の人々のイニシアティブのおかげ
で、映画界における女性の状況は改善されつつあります。アメ
リカの俳優リース・ウィザースプーン（1976-）とサンドラ・ブ
ロック（1964-）は、女性主導、女性監督の作品を多く扱う映画
制作会社を設立し、大成功を収めています。またアンジェリー

ナ・ジョリー（1975-）は、彼女自身が主演する作品を増やしています。

　男性俳優もまた、状況を変える手助けをしているのがわかります。たとえば、ボリウッド俳優で映画監督のファルハン・アクタル（1974-）は、自らの影響力を積極的に使うために、インドで「レイプと差別に反対する男性たち（MARD）」というキャンペーンを立ち上げました。このキャンペーンはインドの女性に力を与え、ジェンダー平等の必要性を訴えるものです。

　また、映画、テレビ、舞台で働く女性300人が職場におけるジェンダー不平等やハラスメントに抗議するために2018年に立ち上げた「Time's Up」キャンペーンも、変化をもたらすことが期待される取り組みとなっています。

あなたならどうする？

競争条件を公平にするためには、ほかに何を変える必要があるのでしょう？　女性がより多くの役につくためには、男性は自分が主役ではない役を受け入れ、均衡を整えるために低賃金を受け入れる必要があります。これは、すべての人が望み、すべての人が手にする権利があるメディア、そんなメディアを提供するエンターテインメント業界を作るための手立てとなります。

どうして女性誌が必要なんだろう？

オードリ・ロード／バーバラ・スミス／グロリア・スタイネム／ヴァージニア・ウルフ／ナオミ・ウルフ／JINHA

新聞の女性欄から、華やかな雑誌、女性向けの作品だけを扱う出版社まで、メディアは女性を直接の対象としたコンテンツで溢れています。しかし、なぜこのような形で出版される記事や本、物語が必要なのでしょうか？　女性だけのスペースがあることが、なぜ重要なのでしょうか？　その答えは20世紀の偉大なフェミニストたちの思考と、今日の新しいメディアの刺激的な状況にあります。

　何から始めましょうか？　メディアの状況は気まぐれで、常に変化しつづけています。社会が大きく変わるとき、私たちが消費する新聞や雑誌は需要に対応するため適応するのです。新聞は広告主を維持し、収益を上げるために売れなければなりません。そのため、編集者は当然、人々が読みたいと思うものとほかの思惑（自分たち自身、あるいはおそらく広告主の思惑）とのあいだで綱渡りをするのです。

　フェミニズムの第二波（17頁へ→）の時代には、「平等」という当時のトピックに取り組むために、多くの新しい出版物や版元が誕生しました。『コスモポリタン』誌は戦後、より解放された女性読者の要求に応えるべく変身を遂げ、雑誌『スペア・リブ』、書籍出版社ヴィラーゴ、のちには『Ms.』や「キッチン・テーブル」（259頁へ→）といった新しいベンチャーがメディア業界を新しい方向へと押し上げることで、女性たちは初めて、男性

「多くの女性たちが一体となるとき、私たちは政治的な力となり、真に民主的な社会の可能性へと進み始める。そこではすべての人が勇敢であり、責任を持ち、思考し、勤勉で、自由でありながら他者を思って生きるために闘うことができる」
──シーラ・ローバトム

によって編集されないプラットフォームから発言する機会を得たのでした（けれど皮肉なことに、英国BBCが1946年に女性だけの番組『Woman's Hour』を初めて放送したとき、そのプレゼンターはほかでもない男性放送作家でした）。ゆっくりとではありましたが、変化は確実に起こっていたのです。

　ヴィラーゴは最も有名な女性向け出版社のひとつです。1973年に設立されたこの出版社は、自らを「人口の52％、つまり女性のための初の大衆向け出版社」「変わりゆく世界における両性のための刺激的で新しい出版社」と名乗りました。ヴィラーゴの最初の本はメアリー・チェンバレンの『湿原の女たち（Fenwomen）』であり、以降すべての本にシーラ・ローバトム『女性、抵抗、革命（Women, Resistance and Revolution）』（1972）から引用した言葉が刻まれています──「多くの女性たちが一体となるとき、私たちは政治的な力となり、真に民主的な社会の可能性へと進み始める。そこではすべての人が勇敢であり、責任を持ち、思考し、勤勉で、自由でありながら他者を思って生きるために闘うことができる」。

周縁化された女性たちに声を与える

1980年、**オードリ・ロード**（1934-92）と**バーバラ・スミス**（1946-）は別のタイプの出版社を設立しました。「キッチン・テーブル（Kitchen Table: Women of Color Press）」と名付けられたこの出版社は、黒人フェミニストたちの著作を届けることに専心しました。かれらは「ラディカル」な（急進的かつ一貫した理念のある）集団であろうとしたのです――つまり、あらゆる人種／民族、国籍、年齢、社会経済的階層、性的指向の有色の女性たちの著作を世に送り出したいと望んでいたのです。

これは大きな出来事でした。「キッチン・テーブル」は有色の女性たちによって完全に自主的に運営されていました。女性たち――とりわけ社会によって周縁化された女性たち――は当時、文化の受け手としても作り手としても相手にされていなかったのです。当時のマスメディアはかれらの居場所を作りませんでした。だから、かれらは自分たちで自分たちの場所を作らなければなりませんでした。

「私たちの出版社（A Press of Our Own. Kitchen Table: Women of Color Press）」というエッセイの中で、創業者のバーバラ・スミスは創業当初のことを次のように語っています。「1980年10月、オードリ・ロードは電話で私にこう言った――出版業界に私たちは変化を起こさないといけない」。スミスは周縁化された女性たちのためのプラットフォームが必要なわけについて続けます。「なぜ

> **考えてみよう**
>
> 真の平等とは、女性同士が自由にコミュニケーションをとるための指定されたスペースを持つ必要がなくなるということだろうか?

私たちは不可能を可能にしようと決めたのだろう? 出版に携わる女性たちの運動の初期スローガンは、『報道機関を有する者は報道の自由を有する』だった。メディアの力を含め権力へのアクセスをほとんど持たない有色の女性たちにとって、これはさらに真実味を増して響くのだ。不本意なシステムから、私たちは自由を取り戻さねばならない」。

　最も雄弁であるのは、スミスが次のように指摘していることでしょう。フェミニストであり、レズビアンであり、有色の作家であるかれらは「商用出版であれ独立出版であれ、いずれも白人が支配しているため、相手の言いなりになるか気まぐれでしか出版されない」ことを知っていました。これは当時の女性運動に存在した大きな問題、すなわち人種の問題を浮き彫りにしました。**グロリア・スタイネム**(1934-) のような白人ストレート女性が国内外のメディアからますます多くの時間を与えられるようになる一方、ほかの出自やアイデンティティを持つ女性たちはこの運動が自分たちのためのものではないと感じ始め、自分たちの物語を語る場がいかに必要であるかを痛感していたのです。

「男性欄」は新聞のどこにあるのだろう?

　鋭い目をした新聞読者なら、こう自問したことがあるかもしれません――「この新聞/ウェブサイトには、なぜ女性向けのコー

「雑誌は些末なものだと思われているが、実は、女性の大衆
文化という非常に重要なものを象徴している。女性誌は単な
る雑誌ではない」
——ナオミ・ウルフ

ナーがあるのだろう？　男性向けのセクションはどこに？　もし
かして、全部が男性向けなのか？」男女平等が実現するのを待っ
ているあいだにも、女性同士で語り合う場は必要なのです（とは
いえ「女性」の問題だと思われていることについて、男性はもう少し
学んだほうがよさそうですね）。

　ヴァージニア・ウルフはこうした場所の必要性についてよく
語っていました。フェミニズムの原型ともいえる『自分ひとりの
部屋（A Room of One's Own）』（1928）の中で、彼女はこう表して
います。「女性がひとりでいるとき、異性によって気まぐれに色
づけされた光に照らされていないとき」。歴史上ずっと、女性は
男性の目を通して見られてきました。しかし、1970年頃から変
化が生じ始めます。女性たちは自分自身のために話し、自分自身
を開示し、男性によって定義されない方法で自分自身を見る機会
を得たのです。

　このことと関連する文脈において、**ナオミ・ウルフ**は『美の
陰謀――女たちの見えない敵（The Beauty Myth）』（1990）の中で、
女性と現代メディアの関係の奇妙さについて考察しています。な
ぜ女性セレブが着ている服を気にしたり、どんな服を買うべきか
を教えてもらったりするのでしょうか？　「雑誌は些末なものだ
と思われているが、実は、女性の大衆文化という非常に重要なも
のを象徴している」とウルフは言います。「女性誌は単なる雑誌
ではない。女性読者と雑誌の関係は、男性読者と雑誌の関係とは

まったく異なるものであり、両者は同じカテゴリーには属さないのだ」。

女性に意見はあるのだろうか？

　グロリア・スタイネム、俳優のジェーン・フォンダ（1937-）、作家のロビン・モーガン（1941-）が共同で設立した女性メディアセンター（WMC）が2017年に行った調査によると、アメリカの3大テレビネットワーク、ABC、CBS、NBCを合わせると、男性が報道するニュースの量は女性の3倍だそうです。女性キャスター、現場レポーター、特派員の仕事は実際に減少しており、2015年に発表した前回の報告書では32％だったのが、2016年には25.2％にまで落ち込んでいます。どうやら意見は男性が所有するもののようですね。

　アメリカからトルコに至るまで、今日でも世界中の女性が「発言し、意見を聞いてもらう権利」のために闘いつづけています。世界をつなぎ、出版社に直接記事を売る通信社によって、ニュースの方針は大きく左右されてしまうのです。

　トルコでは近年、クルド人女性のみから成る

62%

38%

アメリカのメディア（インターネット、テレビ、印刷物など）では、男性の功績が全体の62%を占めています
出典：女性メディアセンター、2017

JINHA という通信社が設立されました。（政府に）異論を唱える声が組織的に封殺される中、そうしたバランスを是正するために生まれた動きでした。JINHA は2016年に閉鎖されましたが、女性たちが自らの物語を語るために自分たちのスペースを必要とした大切な例のひとつです。なぜなら多くの場合、そうした場は必要だとすら思われないから。「キッチン・テーブル」の背後にいる女性たちのように、JINHA の女性たちも自分の手で問題を解決することを決めたのです。

あなたならどうする？

女性のニーズは普遍的なものではなく、時代とともに変化します。ヴァージニア・ウルフからナオミ・ウルフ、有色の女性のための画期的な出版社からクルドの女性だけの通信社まで、声を持つ人は皆、それを使う場所を必要としています。そして、これらの例はすべてひとつのことを示しています——女性たちが真の変化を求めるためには、自分たちのスペースが必要なのです。

テクノロジーは性差別的なのか？

セイディー・プラント／ダナ・ハラウェイ／シベル・カヴァリ・バストス／
メアリ・ウルストンクラフト／ローリー・ペニー

私たちが消費するメディアが、私たちにどのような影響を与えて
いるか知っていますか？　人間の生活が加速度的に変化しつづけ
る中、私たちにはもうひとつ考えなければならないことがありま
す。それは、私たちが作り出そうとしているテクノロジーが私た
ち人間の経験にどのような影響を及ぼすのか、そしてそのテクノ
ロジーが私たちについて何を語っているのかということ。これは
もはや、テレビで何を見るかという話ではなく、私たちが一日中
使っている機器やソフトウェアが、私たちを取り巻く世界をどの
ように形成しているのかという話なのです。果たしてそれは良い
方向へ向かっているのでしょうか？　それとも悪い方向に向かっ
ているのでしょうか？

　アップル社が新しい健康アプリ搭載の iPhone をリリースし、
かなりの批判を浴びました。そのアプリには生理——ご存知の通
り、世界人口の半分がその影響を受けています——に関する言及
がひとつもなかったのです。アプリに何を含めるべきかを検討し
ていた女性たちはいったいどこにいたのでしょうか？　この一件
は、テクノロジー業界における女性の少なさを物語っています。
そして、テクノロジー部門に女性がいることの重要性にスポット
ライトを当てる出来事にもなりました。
　というのも、今現在、未来を築いているのは男性たちであり、
それがほかのさまざまな問題を生み出しているからです。性的不

「20世紀後半というこの神話的な時代に私たちはみなキメラであり、機械と有機体のハイブリッドとして理論化され、製造されたものである。つまりサイボーグなのだ」

——ダナ・ハラウェイ

祥事から「プログラマー」のステレオタイプ、シリコンバレーの役員室における女性の不足に至るまで、テック業界は女性を締め出しています。

世界経済フォーラムが2016年に発表した報告書「雇用の未来（Future of Jobs）」によれば、女性はほかの点でもテクノロジーのせいで損をすることになります。「産業のジェンダー・ギャップ——第4次産業革命における女性と仕事（The Industry Gender Gap: Women and Work in the Fourth Industrial Revolution）」は、世界中の女性は公平性と仕事を求めて、男性だけでなく、人工知能を持つロボットとも戦うことになるかもしれないと報告しています。

サイバーフェミニストは解決策を提示した——とっくの昔に

1990年代当時、テクノロジーは疑問と同じくらい多くの答えを提示していました。たとえば、サイボーグはジェンダーを超越するためにも用いられるのだろうか？　というような問いに対して。テクノロジーは社会を悩ませる固定観念や、問題に対する代替案を提示していたのです。サイバーフェミニストたちは固定観念を永続させるのではなく、固定観念に挑戦するためにテクノロジーを利用することを望んでいました。

しかし、逆のことが起こりました。あなたが仕事から帰宅したとき、食料品の注文を手伝い、「今日は楽しかったですか」と訊

「私たちはシステムを適応させ、よりよく機能するように書き換えることもできれば、過去の偏見の遊び場にすることもできる。すべては私たち次第なのだ」——ローリー・ペニー

ねるロボットを思い浮かべてみてください。あなたが思い浮かべるロボットは男性ですか、それとも女性ですか？ もしあなたが「女性」と答えたのなら、それは驚くことではありません。あなたが使っている便利な技術で、女性の声をしているものを思い浮かべてみてください。たとえばアレクサとかSatnav、自動化されたコールセンターに電話したときの電話口の声。多くの場合それは女性の声で、あなたの気持ちを落ち着かせ、リラックスさせ、あなたに従順でしょう。サイバーフェミニストたちはこのような世界を想定していませんでした。この言葉自体はイギリスの哲学者**セイディー・プラント**（1964-）が1994年に作ったもので、彼女はかつて Independent on Sunday 紙に「21世紀のITガール」と評されていました。

　この運動を形作った最も著名な思想家の一人が、**ダナ・ハラウェイ**（1944-）です。彼女は1985年に代表的なエッセイ「サイボーグ宣言——科学、テクノロジー、20世紀後半の社会主義フェミニズム（A Cyborg Manifesto: Science, Technology, and Socialist-Feminism in the Late Twentieth Century）」（265頁、引用へ→）を発表しました。ポスト・ヒューマニストの学者でありフェミニズム理論家である彼女は、ジェンダー「規範」の問題を取り上げ、フェミニズムの未来を想像し、人類の問題に対する答えとしてサイボーグを提案したのです。それは部分的には人間であり、部分的

には機械であるサイボーグ
です。彼女の想像したサイ
ボーグは、人種的偏見と家
父長制的偏見に挑戦する
ものでした。「これこそが、
フェミニストたちがコー
ディングしなければならな
い自己なのだ」とハラウェ
イは書いていますが、その
未来像はまだ実現していま

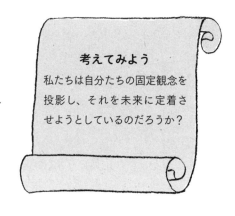

考えてみよう
私たちは自分たちの固定観念を
投影し、それを未来に定着さ
せようとしているのだろうか？

せん。女性のコーディングは、ほとんど男性に委ねられています。
私たちが使用するテクノロジーは成熟してきましたが、交差的な
フェミニストにとってのひとつのユートピアはいまだに現実には
なっていないのです。

ロボットに性別を割り当てる

　これは単に懐かしい気持ちになるべき話じゃなく、真剣に取
り組むべき課題です。Twitterからポルノサイトまで、インター
ネットはある種のエコーチェンバーと化しています。ユーザー
たちは、オフライン世界で育んだ意見をオンライン上に反映しよ
うとコミュニティを探し求めているのです。デイヴィッド・ワ
インバーガー（1950-）は『Losangles Review of Books』に掲載さ
れた2016年のエッセイ「インターネット時代の知識を再考する
（Rethinking Knowledge in the Internet Age）」の中で、それらを「ネッ
トワーク化された知識」と書いています。インターネットが生み
出したネットワークは、古い考えの上に構築された新しいプラッ
トフォームなのです。

　アーティストの**シベル・カヴァリ・バストス**（1978-）は、「マルウェア」を私たちの偏見のメタファーとして用いています。「私たちはある種のコンピュータのように機能しています。その結果、気づかないうちに多くのマルウェアがインストールされてしまうのです」。彼女は2017年、ICAのポスト・サイバーフェミニスト国際会議でこう語りました。「人種差別、性差別、階級差別——これはすべてマルウェアです。私たちは何がウイルスなのかを知り、それらをシステムから取り除く必要があります」。

　この考えが、ロボットの文脈でどのように機能するかを考えてみましょう。私たちが作るロボットは、私たちが作ったネットワークと同じように社会的文脈と切り離すことはできません。だからこそ、ロボットに性別を割り当てることは問題なのです。親切で世話をよくしてくれそうな声にする目的でロボットの声質を「女性」にする一方、「男性」の声のロボットはより権威的な声を出すように設計されています。

　このことは、人々が「セックスロボット」を所有することの影響を考えると、さらに問題となってきます。**メアリ・ウルストンクラフト**（1759-97）はある種のゴシック的な予言として、1792年の著書『女性の権利の擁護（A Vindication of the Rights of Women)』の中で、男性が女性に期待するものについて次のように述べています。「彼女は男の玩具、彼のガラガラとなるように造られたのであり、彼が理性を捨てて楽しもうとするときはいつでも、彼の耳元でジャラジャラと鳴らなければならない」。ここでウルストンクラフトが述べている女性と、男が自分の楽しみのために購入するセックスロボットとのあいだに、どのような違いがあるというのでしょう？

女性とロボットの違いは？

ここで再び**ローリー・ペニー**に話を戻してみます。「男がロボットに出会い、男がロボットに恋をする」というディストピア的な物語が人気を集めている事態について考えてみましょう。『メトロポリス』(1927) から『エクス・マキナ』(2014) まで、同じ物語がくりかえされているのがわかりますよね。「主人公は……シリコンの恋人が本当に感覚や感情を持っているのかどうかを見極めようと苦悩する」。『New Statesman』誌の2016年の記事でペニーはこう書いています。「もし（感覚や感情を）持っているなら、彼が彼女を利用することは正しいのか？ もし持っていないなら、彼は本当に彼女と恋に落ちることができるのだろうか？ それは重要なことなのか？ そして……彼女は抵抗するのだろうか？ どうすれば彼女を止められるのだろうか？」これらは、社会がロボットではなく女性について何世紀にもわたって問いつづけてきた問いです。私たちが使うテクノロジーがますます日常生活の一部になっていく中で、それがどのように世界を形成しているのかを考えてみましょう。なぜなら、私たちが創り出す代替現実は、私たち自身の現実に影響を与えるからです。

あなたならどうする？

テクノロジーは性差別的なのでしょうか？　はい、だって男性でも女性でも（多くは男性ですが）、避けがたく偏見を持つ人間たちが作ったものですからね。ポルノからビデオゲーム、従順なロボットに至るまで、私たちが消費するメディアやともに生きるテクノロジーは、私たちを取り巻く世界についてさまざまなことを教えてくれます。ペニーが『サイバーセクシズム──インターネットにおけるセックス、ジェンダー、権力』で述べているように（266頁、引用へ→）、「私たちはシステムをよりよく機能するように書き換えることもできる。……すべては私たち次第」なのです。

第6章

私の身体は私のもの

第6章　私の身体は私のもの

どうしていつも
太っているような気がするんだろう？

エミリー・エドワーズ／スージー・オルバック／ナオミ・ウルフ

2007年の「Perspectives on Power（権力について）」の会議で行われた講演「摂食障害はフェミニスト的でありうるのか？　権力、抵抗、女らしさ幻想」において、歴史家の**エミリー・エドワーズ**はまず今日の状況を取り上げて語りました。私たちの社会における美の主要な構成要素のひとつは、細さであると彼女は言います。西洋文化の中で、女性が痩せていることの重要性は着実に高まりつづけています。実際「細さ」は「女らしさ」と同義であり、成功、知性、意志の強さを表すものとして、女性たちの脳内に刷り込まれているのだと彼女は指摘しました。

　エドワーズは摂食障害から回復した40人の女性を対象に調査を行いました。1978年に『肥満はフェミニズムの問題だ（Fat Is a Feminist Issue）』を執筆したイギリスの心理療法家**スージー・オルバック**（1946-）の調査結果と同じように、かれらは「痩せれば人生が良くなる」という考えを徹底的に内面化していたのです。

　オルバックとエドワーズは、雑誌や新聞の記事、広告、オンライン、テレビなど、女性たちはメディアから痩せるように常に圧力をかけられていると強調しています。「完璧な」女性像がこれらの記事とともに並べ立てられ、女性がもっと「努力」して身体を鍛えれば、誰もがこのような姿になれるのだとほのめかすのです。

「ダイエットは女性史において最も強力な政治的鎮痛剤である。静かに狂った国民は扱いやすいものだから」

——ナオミ・ウルフ

ありえないほど完璧

オルバックやほかの人々が指摘しているように、これはダイエット、エクササイズ、メイクアップ、美容整形業界にとって商業的に有利なコンセプトです。2017年のダイエット・減量産業は、米国だけで600億ドル以上の価値があると推定されています。達成不可能な「理想」を打ち出すことで、これらの業界はますます利益を上げることができるのです。しかし理想として提示されるモデルでさえ、現実にはそのような姿ではありません。かれらの画像は、「完璧な」体型にするために日常的にデジタル処理で加工されているのだから。『VOGUE』オーストラリアの元編集長、カースティ・クレメンツによれば、モデルの多くは「異様なまでに痩せなければならない」プレッシャーの中で、空腹を紛らわすために食べ物ではなく紙ティッシュを食べるようになったといいます。一度に数日間絶食する者もいて、目を開けているのもつらいほど衰弱し、入院しなければならないこともしばしばなのだと。そんなモデルたちの極端に細い身体さえ、出版前にデジタル処理で修正され、西洋文化が考える「美しい女性」により近づけられるのです。

グローバル化によって、美しいとされる女性のありかたは非常に多様なものになったかもしれない、とオルバックは指摘しています。しかしその代わりに、理想がある特定のタイプに絞り込まれただけでなく、そうしたステレオタイプが世界中で使われ、受

け入れられるようにもなりました。今日ではフィジーや東京の女性たちでさえ、西洋の女性たちと同じように、足が長く、胸が大きく、ウエストの細い身体を追い求めているのです。

なぜ女性はモデルを気にするんだろう？

　女性が公の場で（それなりに）高給の仕事に就けるようになる前は、父親や夫に養ってもらうのが当たり前でした。オルバックは、異性愛者の女性の多くがいまだに将来男性のパートナーを見つけて一緒に暮らし（おそらく結婚し）、子どもを産むことが必要だと考えていることを示唆しています。「男性を手に入れる」ことはほとんど達成不可能かつ不可欠な目標として提示されている。ここにはパニックになるような要素もあります。女性たちは、この希少だけれど不可欠な資源をめぐって互いに競争しているのだから、美の競争で抜きん出ることとほかの女性を卑下すること——特に美容ルーティンにおける不手際について——の両方をさまざまな形で教えられるのです。オルバックによれば、すべての女性は、自分自身を自己改善プロジェクトの対象として捉えるよ

女性は常に自分を「向上」させなければならないと言われてきました

うに促されています。けれ
どデジタルな「理想」に到達
する女性はいないので、ルッ
クス、魅力、決断力、コント
ロール力（エドワーズの言う
成功、知性、意志の力）にお
いて永遠に不足を感じること
になり、必然的に一生涯続く
プロジェクトになってしまう。

考えてみよう
「美しさ」って誰が決めるん
だろう？

エドワーズが指摘したように、「女らしさそのもの」がこの理想
と結びついているため、かれらの自尊心と自信は急落してしまう
でしょう。痩せなければ女性らしいとはいえず、好ましいとはい
えない——だから無価値だと感じるのです。そしてそれこそが問
題の本質なのだと、**ナオミ・ウルフ**は1990年の著書『美の陰謀
——女たちの見えない敵（The Beauty Myth）』の中で述べていま
す。

　「女らしさ」というキーワードは、それ自体「自然」であるか

のように見せかけながら、実際にはすべて男性によって構築された女性像であり、あなたたちはそこへ向かっているのだという事実を女性に常に警告するものだとウルフは言います。何世紀にもわたって女らしさの概念が変化してきたのは、気まぐれな流行りによるものではなく、女性の自立の波に対するバックラッシュの反応としてでした。ウルフによれば、私たちは「女性の地位向上に反対する政治的武器」にほかならない美の神話を吹き込まれているのです。家父長制は、非常に特殊なやりかたで女性に「身の程」をわきまえさせる方法を見つけなければなりませんでした。とりわけ、資本主義が家庭やその他の場所での女性の無償かつ低賃金労働に依存しているにもかかわらず——この労働を社会一般に認めさせようとする20世紀の経済学者たちの努力をよそに——この事実を公には認めたがらなかったからです（133頁へ→）。ウルフは、カナダ生まれの著名な経済学者であるジョン・ケネス・ガルブレイス（1908-2006）の指摘を引用し、女性は消費者としても「産業社会の発展に不可欠」であると示しています。「主婦業を『高貴な職業』とみなす考え方が根強いのは、経済的な理由からである……経済的な理由で不可欠な行動は、社会的な美徳に変容する」とガルブレイスは語っています。

　消費者、安い労働力、そして家庭での有給男性労働者に対する無償の支援を生み出すために、資本主義と家父長制は手を取り合って働いているのだとウルフは言います。変化する「女らしさ」の概念は、女性をコントロールするために使われる道具です。家父長制的資本主義システムが女性に求めるものはすべて「自然」なものであると刷り込まれますが、実際にはそれは「社会的強制」の一形態なのです。美の神話は「女性に関するものではない。男性の制度と制度的権力について語るものである」とウルフ

は言っています。

　家父長的権力は、各国が工業化を始めるまで、女性によって脅かされることはありませんでした。それまでは、政府、企業、宗教、文化機関、教育機関など、あらゆる制度は男性によって運営され、反対されることはなかったからです。しかし、18世紀半ばから19世紀半ばにかけての産業革命によって、女性は公的な場に進出し始めました。それまでは（洗濯や出来高払いの仕事など）無給でも有給でも家の中——自分の家でも他人の家でも——で働いていた女性たちが、家の外でも仕事を求めるようになり、選挙権を要求し始めたのです。

自立とボディイメージ

　ウルフによれば、世界各国の女性が1920年頃に選挙権を求め（そして獲得し）始めたのと、女性はより細くなるべきだという文化的な考え方が生まれたのが同時期だったことは偶然ではありません。ウルフはフェミニストのファッション史家アン・ホランダー（1940-2014）の研究を紹介し、それ以前の美の概念はまったく異なっていたことを明らかにしました。15世紀から17世紀にかけて美術品に描かれた「美しい」女性は「大きく膨らんだお腹」を持ち、18世紀と19世紀には「ふくよかな顔と肩」を持っていました。それらは健康的でたくましく見えます。しかし、1918年から1925年にかけて、「新しい直線的なフォルムが曲線的なフォルムに取って代わった速さには驚かされる」とホランダーは指摘しています。突然、女性のビジュアル描写は「病気の様相、貧困の様相、神経衰弱の様相」を呈し始めたのです。

　女性が仕事を得たり、お金を得たり、自立したりと、少しずつ力を得るたびに、家父長制は女性からその力を奪う方法を見つけ

なければならないのだとウルフは言います。家父長制は、自分が本当に「女らしい」かどうかを女性に問うことでそれを実行します。19世紀から20世紀初頭にかけて家父長制がこの問いを投げかけたのは、母性、家庭性、貞操、受動性についての神話を通してでした。

　1940年代に公の場で働くことを楽しんでいた女性たちは、1950年代になると（第二次世界大戦から帰還した男性たちに仕事を譲るため）家庭崇拝によって家の中へ引き戻され、その後ベティ・フリーダン（171頁へ→）のおかげで目を覚ますのだとウルフは言います。ウルフによれば、女性が無事にもとの場所に戻ったその時期に、体型に対する男性の支配が緩み、女性たちは嘲笑されることなく、より曲線的であることが許されるようになったそう。しかし、女性たちが家庭神話を見抜き、より充実した生活を求めて「男性たちの領域へ一斉に」戻るという要求をくりかえすようになると、その「差し迫った社会的要請」が、女性の丸みを帯びた身体に対する男性たちの喜びを打ち消していきました。美の神話は、それまで家庭というものが担っていた強制的な機能を果たすために発展したのです。つまりこの神話を利用することで、牢獄が内面化されたのでした。かつて女性たちは家庭という「牢獄」に閉じ込められていましたが、今では自分自身の身体という「牢獄」に閉じ込められ、絶え間なく身体に気を配り、評価し、変化させようとしています。「際限がなく刹那的な美は、際限がなく刹那的な家事から引き継がれた」のだとウルフは言います。

　細さが美の神話で重要な役割を果たすのは、それが女性の関心と時間を奪い（その間ほかのことは男性に委ねられる）、自分の価値が自分の好ましさに左右されることを常に思い起こさせるか

らであり、その好ましさは（女性の好ましさと「価値」を判断する男性によって構築された）「理想的な」美に近いかどうかに左右されるからだとウルフは語っています。男性という、自分たちに必要だと言われている（そしてそれを手に入れることで、ほかの男女に自分の価値を証明することになる）資源をめぐって、女性たちを互いに競争させるのです。ウルフは、「それが彼女たちを黙らせる」のだと指摘します。長期的・周期的なカロリー制限がいずれも受動性、不安、感情的傾向をもたらすことを発見したJ・ポリヴィーとC・P・ハーマンの研究を引用し、これら3つの特性を「解放された現代女性の自己意識に植え付けることで、支配的な文化は女性の解放の危険性をかき消そうとする」とウルフは語っています。

　フェミニズムの波は、女性に、自分には自分を取り巻く文化が語る以上の価値があると感じさせ、より大きな自由を推し進めるものです。しかし、家父長制的資本主義は無償・低賃金の労働力として機能する女性たちに依存しているため、女性たちに、自分たちの価値は低いのであって、高いのではないと信じ込ませなければなりません。美の神話は、これくらい美しくなければ、これくらい痩せていなければ、あなたの価値はそれほど高くないのだと、絶えず女性に教えています。自分自身を磨く努力が常に求められること。これはバックラッシュだとウルフは言います。より細く、よりきれいに、そして「ムダ毛」をなくすために永遠に努力すべきだという考えや、そのほかお金も時間もかかって気が散るようなあらゆる考えは、実は家父長制に対する脅威を食い止めるための装置なのです。

あなたならどうする？

太っていることは抵抗の一形態かもしれない、と『肥満はフェミニズムの問題だ（Fat Is a Feminist Issue）』の中でオルバックは言っています。「理想の母親、恋人、家政婦、娼婦であることを望むすべての人に、私の脂肪は『くたばれ』と言っている。あるべき姿ではなく、ありのままの私を受け入れて」。私たちを惑わせる神話が、経済や社会統制に関係する理由で紡がれていることを忘れてはならない、とウルフは言います。「美の神話は結局のところ、外見やダイエットや、手術や化粧品のことではない」のです。「もし明日、私たちみんなが家に帰り、こんなつもりじゃなかった——仕事も、主体性も、オーガズムも、お金もなくていいや——と言うなら、女性の体重はたちまち気にされなくなり、美の神話は一気に緩んで、世界は快適な居場所になるだろう」。しかし女性たちが自由を求めるかぎり、美の神話は私たちを締めつけつづけるでしょう。ゆえに体重が何キロであろうと、あなたは常に太っていると感じさせられるのです。

もし男性が子どもを産めたら
何もかも変わるのかな？

ゲルダ・ラーナー／カリン・ファン・ニューケルク／アリソン・ボーデン／ジャニス・デラニー／メアリー・ジェーン・ラプトン／エミリー・トス

歴史家の**ゲルダ・ラーナー**（1920-2013）によれば、初期の中東における女神崇拝は、女性の性的能力の神聖さと、子どもを生み出す驚くべき力を讃えるものでした。女性は力強い存在として崇められていたのです。しかし残念なことに、それ以降は女性にとって下り坂でした。女性の生殖機能はかれらが精神的（あるいは知的、理性的）な存在であることを阻むものであり、女性は身体性に永遠に閉じ込められていると示唆する宗教が発展したのです。

　ときどき男性たちは、女性が恐ろしく強い存在なのか、それとも驚くほど弱く注目に値しない存在なのかを決めかねているように思えることがあります。世界最大の宗教でさえこの問題と格闘してきたのですから。というのも、宗教はしばしば強力な母親像を登場させる一方で、制度上のヒエラルキーの中では地上の女性の実権を否定する傾向があるのです。ヒンドゥー教のパンテオンには、パールヴァティーやシーターのような育む神々がいる一方で、頭蓋骨の花輪とバラバラになった腕のスカートを身につけたカーリーのような恐ろしい神々も存在します。カーリーはしばしばシヴァ神の身体の上に立ち、その身体を踏みつけて殺しているように描かれています（このイメージには「フェミニスト」のステレオタイプのようなものが含まれていそうですね）。ここでは、女性は完全な支配権を与えられれば、強力で人を殺すことのできる

281

シヴァ神の上に立つ女神カーリー

存在であることが「明らかに」されており、彼女を従順に社会化する（そして彼女の心が危険なフェミニズムの思想で満たされないようにする）必要性が正当化されています。ヒンドゥー教の学者たちは、女神カーリーはエゴを殺す必要性を示すものであり、物語の中では悪魔だけを殺し、シヴァ神の上に立つことで「形」すなわち肉体とシヴァ神の「形のない意識」を比喩的に対比させているのだ、と辛抱強く説明するかも。しかしこうした学術的なコメントは西洋の論者にはほとんど理解されず、かれらは彼女の恐ろしい姿を一目見て、彼女を死、性欲、暴力の象徴であると断定してしまいます（この考え方は、2017年のブリタニカ百科事典のような権威あるテキストを通じていまだに永続しているのです）。

　というのも、カーリーは女性の力に対する男性の恐怖を体現すると同時に「身体」のシンボルであり、その足下のシヴァ神は「意識」や霊性のシンボルなのです。男性が思索的かつ知的な存在であるのに対し、女性は肉体に囚われているという考え方は、ほとんどの宗教で中心的な役割を果たすようになりました。たとえばキリスト教では、男性は精神的な存在であり、したがって神に近い存在である一方、女性は月経や出産を通じて肉体に根ざしたままであり、動物に近い存在であるため、ヒエラルキーにおいて男性は女性よりも上位にあると考えられています。女性の肉体を生きているというだけで女性は宗教的には男性より「劣る」存

「女性の定期的な出血は幻影を生む」
　　　　　　　　——パラケルスス、16世紀スイスの医師

在とみなされ、これはいつまでも変わることはないようなのです。1995年、ローマ教皇は、カトリック教会で女性が司祭になることを認めることはできないと説明しました。なぜなら、「ある種の多様な役割が存在することは女性にとって決して不利なことではありません。その多様性は恣意的な押し付けの結果ではなく、男性であること、女性であることに固有のものの表れであるからです」。その「固有の」ものとは、女性の身体なのです。

　イスラム文化の中では、生殖に必要な部位を持つ女性の身体は伝統的にとても魅惑的なものとされ、覆い隠さなければならないものだと考えられていました。人類学者であり宗教の専門家である**カリン・ファン・ニューケルク**が論じているように、「女性が何をするにしても、何よりもまず、かれらは誘惑する身体として認識される」のです（ニューケルク、1988）。男性の身体は（たとえば経済や政治の分野で活動できるような）いくつかの側面をもっているとみなされるのに対して、女性は「たとえ動いたり踊ったりせず、ただ男性の空間の中を歩いたり働いたりするだけでも性的な存在として認識され」てしまいます。

　プリンストン大学宗教学部長の**アリソン・ボーデン**によれば、イスラム教では女性という存在の固定観念が「身体」と「性」に凝り固まっており、男性は女性を前に自制心を失う危険性があると考えられているそうです。彼女は、1981年の世界イスラム人権宣言（UIDHR）が「すべての人は等しい人間的価値を持つ」と述べているにもかかわらず、これはいまだに変わらないのだと

今ではイスラム教のイメージが強い
ヴェールですが、かつては中世の西
洋の女性も着用していたし、今でも
西洋の修道女が着用しています

語っています。

　女性の魅力（そして男性を高尚な追求から遠ざけるとされる能力）に対する解決策は——さまざまな時代、さまざまな場所で共通して——職場でも家庭でも、女性を男性の領域から排除することでした。ボーデンは、ルネサンス期のイタリアでも今日のほかの国々と同様にそうであったと指摘しています。同様に、今日イスラム教と結びつけられることの多いヴェールも、ギリシャ、ローマ、ペルシャといった古代インド・ヨーロッパ文化に由来します。中世の西ヨーロッパの都市部の女性たちは、今日のブルカにも通じる、顔以外をすっぽりと覆う服を着ていました。それは古典的な西洋の修道女の服装の一部となっていったのでした。

呪われた身体

　歴史の中で、女性の身体はあらゆる信条を持つあらゆる国の男性にとって問題とされてきました。強すぎるとも弱すぎるとも見られるパラドックスを反映するかのように、女性の身体は魅惑的であると同時に嫌悪感を抱かせるものでもあります。これは特に、現在もなお世界各国に残る月経をめぐるタブーにその傾向が見て取れるでしょう。コーラン（2: 222）には、「月経のあいだは女性から離れなさい、清められるまで近づいてはならない」とあり、聖書には、「月経の不純さにおいて、彼女は汚れている。同

様に、これらに触れた者は汚れた者とし、衣服を洗い、水を浴びて、夕方まで汚れた者としなければならない」（レビ記15章）と書かれています。紀元73年の最初のラテン語百科事典は、経血に触れると「新しいぶどう酒は酸っぱくなり、それに触れた作物は不毛にな

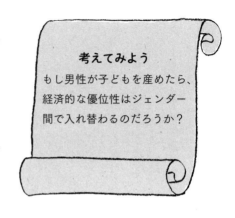

考えてみよう

もし男性が子どもを産めたら、経済的な優位性はジェンダー間で入れ替わるのだろうか？

り、接ぎ木は枯れ、庭の種は干からび、木の実は落ち、鋼鉄の刃も象牙の輝きも鈍り、蜂の巣は死に、青銅や鉄もたちまち錆びつく」と述べているのです。ちょっと待ってよ、と女性は叫びたくなりますよね。そんなに悪いものじゃないんだけど！　と。どうして月経はこれほどまでに男性の想像力を激しくかきたてるようになったのでしょう？

　1976年に発表されたフェミニズム的著作『呪い——月経の文化史（The Curse: A Cultural History of Menstruation）』の中で、社会学者の**ジャニス・デラニー、メアリー・ジェーン・ラプトン、エミリー・トス**は月経にまつわるタブーを探究しました。かれらは「西洋科学の父」であるアリストテレスが、生殖における男性の役割は「能動的な物質」（精液）であり、女性の役割は受動的なものであると宣言し、男性の優位性を認めたことを発見します。女性は性行為中に何も生成しないように見えたので、精液が能動的かつ生産的な物質であると仮定されたのでした。一方、女性の経血は流産や生命の欠如を連想させるため、「退行的」なもの、死に向かう一種の受動性を意味するものとみなされました

「女たちよ、恥じることはない……あなたは身体の、そして
魂の入口であり出口なのだから」

——ウォルト・ホイットマン

（「男性は活動的で生産的であるのに対し、女性は受動的で何も貢献し
ない」という根強い神話の出発点のひとつはここにあると考えられま
す）。

　やがて子宮は、女性の弱さと無益さの原因として注目されるよ
うになりました。ペルシャの医師で哲学者のイブン・シーナ（西
洋ではアヴィケンナとして知られる——c.980-1037）は「子宮は女
性の弱点である」と言い、18世紀にはイギリスの医師ジョン・
フリーンド（1675-1728）が経血とヒステリーを結びつけました。
彼の推論によれば、もし男性がそれほどの血を流すなら、かれら
もまた「ヒステリック」になるだろうというのです。女性の出血
傾向は弱さだけでなく、精神障害の原因でもあるという新しい考
えが定着したのでした。女性はその肉体ゆえに、生まれつきヒス
テリックなのだと考えられ始めたのです（この考えはフロイトに
まで波及し、精神分析の創始につながりました）。

　過去から続く、女性の生殖器官に関する男性の理論が長期的に
もたらした影響のひとつは、多くの女性がそれを真実だと信じる
ようになったことです。経血によって木から果実が落ちるという
ことはないかもしれませんが、経血はタブーであり、たとえ女性
同士であっても話題にすべきではないと信じるようになってしま
いました。世界中で「生理の貧困」と闘っている運動家たちは、
月経にまつわるタブーが少女たちの教育を犠牲にしていると主張

しています。なぜなら生理用品を買うことができない少女たちは、ボロ布や新聞紙、ビニール袋を使って経血が衣服にしみこむ危険に対処するよりも、学校を欠席してしまいがちだから。2017年、世界中の少女たちはこのような状況に直面していましたが、インドとケニアの政府だけが無料の生理用品を学校で配布し、この問題に対処する姿勢を見せました。ほかの国々ではこの問題は「上品に」無視されており、生理用品を買う余裕のない少女たちは月経中の「不登校」によって学校でも罰され、長期的に学業を達成できないという点でも不利益を被っているのです。

あなたならどうする？

グロリア・スタイネムは、「家父長制、あるいはそれを何と呼んでもいいけれど、男らしさとか女らしさとかでたらめなことを言うこのシステムは、生殖をコントロールするためのものだ。すべての経済学の授業は、生産からではなく、生殖から始めるべきだ」と言いました。作家のアンジェラ・カーターはさらに一歩踏み込んで、「もし男性が赤ちゃんを産むことができたら、かれらは男性でなくなってしまう。かれらは〈他者〉になってしまう」と語っています。

つるつるじゃなきゃだめなの？

クリスティン・ホープ／メラン・トーリエン／スー・ウィルキンソン／アンドレア・ドウォーキン／ゲイル・ダインズ

フェミニストたちは常に新しい文化的規範の形成に関心を寄せています。1980年代後半にトリプルエックス（ブラジリアンワックス）が導入されたことで、女性たちの自分自身の身体に対する扱いや、メディアの描写——ここではポルノグラフィを指す——が潜在的にどう変化したのかについての研究が再燃しました。1990年頃まで、主要な男性誌は陰毛を隠さないモデルを掲載していましたが、2000年以降はほとんど見られなくなりました。何か関連性はあったのでしょうか？

　1982年、フェミニスト研究者の**クリスティン・ホープ**は「白人女性の体毛とアメリカ文化（Caucasian Female Body Hair and American Culture）」という論文において女性の脱毛の発展を論じました。特定の文化を理解する上で一番役に立つのは「当たり前」とされている日常的な習慣であると語り、このテーマは注目に値すると示唆したのです。彼女は、第一次世界大戦以前は女性は脇や脚の毛を処理しなかったのが、1945年までには一般的になっていたことを発見しました。彼女が見つけた3つの大きな「脱毛の時代」（脇の下大キャンペーン—1915-19年、脚の毛との折り合い—1920-40年、脚の毛への風当たり強化—1941-45年）は、女性が政治的、経済的に大きな進歩を遂げた時代と重なっています。女性たちは選挙権を獲得し、仕事という公の世界に進出し、窮屈な衣服を脱ぎ捨ててきました。男女の「違い」を際立たせるため

「"なぜ21世紀の女性は脱毛しなければならないと感じるの
だろう？"——その答えは"ポルノではみんなそうしている
から"です」
——ケイトリン・モラン

　に作用する「つるつるの肌」は、男性をより強固に女性と対立さ
せるのに役立つ、とホープは言います。つまり、文化的慣習とし
ての脱毛は「女性らしさ」を高めるものであり、侵されつつある
男性の領域から、女性たちを遠ざけようとする動きの一部だった
のです。（ブラジリアンのような）新しい脱毛法は、フェミニスト
が勝ち取ったものに対する文化的な反発を示すものでした。
　ホープは、20世紀初頭の脱毛への動きは、清潔さに対するアメ
リカ人の関心度と関連していると同時に、「性役割に関するア
メリカ人の信念」を反映しているようだと示唆しました。ここに
はふたつのことが関係しているといいます。第一に、「男性的」
と定義される特徴、たとえば独立心、積極性、客観性などは、自
動的に「女性的でない」とみなされ、その逆もまた然りです。
「女性的」でありつづけようとする中で、女性たちはついうっか
り自分自身の中にあるこれらの特徴を否定してしまうのです。第
二に、「おとな＝男性、女性＝非おとな」とひとくくりにする傾
向があります。成熟した社会的に有能な大人について、彼女は男
性、女性、ジェンダーを特定しない大人という3つのタイプを設
定し、それぞれの特徴を明確に述べるよう求める実験を紹介しま
した。その結果、男性とジェンダーを問わない大人の特徴は非常
によく似ており、「とても支配的」「とても客観的」「簡単に影響
されない」といった特徴が挙げられました。一方、成人女性に関
連する特徴は、「とても従順」「とても主観的」「とても影響を受

けやすい」などでした。ホープと実験者たちは、このことが女性を相反する立場に追い込むと結論づけました。つまり、男性や大人に望ましいとされる肯定的な特質を発揮することを選び、女性らしさを疑われる（つまり「逸脱した」女性（186頁へ→）になる）のか、「決められた女性的なふるまいをし、二流の地位を受け入れ、おそらくは嘘をついて生きる」のか。

　ホープは、体毛をなくすべきだと言われることで、女性たちは「大人としてのある種の身体的兆候を取り除く」ことを求められていると指摘しています。男性にとって最も魅力的だと言われるボディイメージは、より若く（したがって弱々しく）、より「女性らしく」見えることを要求するものです。なぜ男性が女性にこのような姿になってほしいと願うのか、またこの願いが何を表しているのかについては、ホープは言及しませんでした。

グロい、それともグラマラス？

　2004年、社会学者メラン・トーリエンとスー・ウィルキンソンの調査によって、体毛に対する女性の感情がかなり極端なものになっていることが明らかになりました。女性たちは体毛を指して「グロい」「気持ち悪い」「反吐が出る」といった言葉を使っていたのです。その頃にはアメリカからオーストラリアまで、陰毛の完全脱毛は美容のアジェンダのひとつとなり、ティーン向けの雑誌でも特集が組まれるようになっていました。トーリエンとウィルキンソンは、論文「脱毛規範の探究——女性の体毛処理に関する質的アンケート調査（Exploring the depilation norm: a qualitative questionnaire study of women's body hair removal）」の中で、ティーン向けのウェブサイトには10代の少女たちからの「陰毛は剃るものなのか」という質問が殺到し、『セックス・アンド・

「ポルノの存在意義は男性の権力にある。女性を卑下することは、この権力を達成するための手段である」

アンドレア・ドウォーキン

291

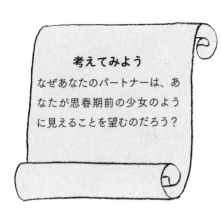

考えてみよう

なぜあなたのパートナーは、あなたが思春期前の少女のように見えることを望むのだろう？

ザ・シティ』のような人気テレビ番組では、このテーマについての議論が特集されていたと述べています。一方で広告や社会的な論評は、陰毛を「グラマラスで、セクシーで、解放的なものとして見せて」いますが、果たして女性たちはそう思えていたのでしょうか？

　フェミニスト研究者たちは、1990年代に男性向け成人雑誌から陰毛が消えたことに注目しました。特に、2000年前後に爆発的視聴者を増やしたメディアのひとつ、インターネット・ポルノに注目し始めました。『性欲の科学——なぜ男は「素人」に興奮し、女は「男同士」に萌えるのか（A Billion Wicked Thoughts）』（2011）［CCCメディアハウス、2012］の共著者であるオギ・オーガス博士によれば、最初のポルノサイトが誕生した1994年から、2010年までにポルノはウェブ検索全体の14％を占めるようになりました。2012年には、XVideosのウェブサイトだけで月間44億ビューを記録したのです。ポルノサイトは強力で、広く普及した文化的メッセージ媒体であり、すべてのポルノ映画の「マネーショット」は、陰毛が挿入を不明瞭にしないことを求めるといいます。ポルノの撮影現場では、「あそこをつるつるにする」現実的なニーズがあったのです。

フェミニズムとポルノ

　リベラル／ラディカル・フェミニストたちは、長年にわたって

ポルノ産業における女性の客体化について議論し、ポルノが女性の性の探究を拡大するのか縮小するのか、あるいは女性の自律性を脅かすものなのかを論じてきました。ドルシラ・コーネル（1950-）のようなリベラル・フェミニストは、表現の自由を主張し、ポルノに対する法的制限を拒否する傾向がありました。一方でラディカル・フェミニストたちは──フェミニスト学者キャロライン・ブロンスタインいわく──ハードコア・ポルノの成長をより体系的な視点から分析し、男性に見られ、男性に作られ、男性に利益をもたらすハードコア・ポルノは、女性の平等の進歩に対する構造的なバックラッシュの一部であると主張したのでした。急進主義者《ラディカル》たちは、ハードコア・ポルノは女性が割り当てられた社会的領域にとどまるよう組織化されたキャンペーンの一環、つまり女性に「身の程をわきまえさせる」ためのものだと考えました。**アンドレア・ドウォーキン**（1946-2005）のような急進派は、ポルノは女性を「勃起を引き起こすモノ」として描き、それに付随してたとえ暴力を伴っても「モノ」を好きなように扱うことを許可することで、すべての男性視聴者の目に映る「女性」を貶め、非人間的にすると述べました（1981年）。

　インターネット・ポルノとブラジリアンワックス脱毛の相関関係は単なる偶然なのでしょうか、それとも何か関連性があるのでしょうか？　ポルノ産業について広く研究しているフェミニスト社会学者**ゲイル・ダインズ**（1958-）は、ポルノの膨大な視聴者が現実世界での人々の期待に影響を与えていると主張しています。インターネットはすべてを変えた、と彼女は言います。TED Talk「ポルノ化した文化を通って大人になること（Growing Up in a Pornified Culture）」の中で、ダインズは、ポルノサイトの入門レベルとして人々がアクセスするような「普通の」主流ポル

ノは、老若男女を問わず女性に対して日常的に暴力的だと語っています。男の子がポルノを見始める平均年齢が11歳であることを考えると、これはポルノが子どもたちにとって主要な性教育になることを意味し、子どもたちはこれらのウェブサイトから「男（あるいは女）になるとはどういうことか」を理解しているのだとダインズは言います。オンライン・ポルノは、女性がどうあるべきか（どう見せるべきか）、女性をどう扱うべきかについて、少年や男性の考えを支配し始めているのです。ダインズによれば、インターネット・ポルノは男性や少年たちに、女性は常に「その気」であり、その女性らしさをもってすれば「当然」従順であると教えています。彼女たちは、いつでも征服できる存在なのです（305頁へ→）。

　その結果、男児は（身体的にも共感能力においても）鈍感になり、親密な関係を築く能力が制限され、ますます鬱屈していきます。一方で少女や女性たちは、性的な面できわめて特殊な行動を求められるようになっているのです。プラン・インターナショナル・オーストラリアとOur Watchの調査（2016年）に参加した少女たちは、少年たちがネットで見たものを現実に体現すること、つま

りポルノ「スター」の誇張された外見、役割、行動を取り入れ、自分の身体を単なるセックスの道具として提供することにプレッシャーを感じていると報告されています。初めての性体験について訊ねられたある少女は、「私の身体は大丈夫そうだった。彼は楽しんでいるようでした」

と答えたそう。シモーヌ・ド・ボーヴォワールなら、この短い報告書の中に、主体としての自分という絶対的な行為体（agency）の欠如を指摘したことでしょう。女性もその経験から喜びを得るべきだという考えは、そこにはまったくなかったのです。

あなたならどうする？

「この文化は、若い女の子たちが……自分を過度に性的なものとして捉え、ポルノ化するように仕向けている」とダインズは主張しています。その一環として、ポルノ女優のようなルックス、つまり「あそこをつるつるにする」ことが挙げられているのです。一方、トレンド予測会社WGSN（World's Global Style Network）のエマ・ベイリーによれば、女性たちはこれを双方向のものとして捉えているとのこと。「男性的な社会から押しつけられた女らしさの制約を逃れ、女性がより自分の身体に自信を持つようになるにつれ、ふさふさした陰毛は自立と発言力を取り戻すためのツールになりつつあります。どんどん強気になっていく態度の身体的な表れなのです」。

もし私が妊娠したら、
妊娠を続けるかどうかって決められるの？

モニク・ウィティグ／ケイト・ミレット／アニー・ベサント／アレッタ・ジェイコブス／マーガレット・サンガー／ダイアン・マンデイ／スーザン・シャーウィン／シモーヌ・ド・ボーヴォワール／ジュディス・ジャーヴィス・トムソン

2012年10月、サヴィタ・ハラッパナバールという妊婦が激しい痛みに苦しみ、流産の兆候があったためアイルランドの病院に入院しました。妊娠は継続可能ではありませんでしたが、胎児の心拍があったことから、医師は彼女の命を救うために陣痛促進剤を投与することができませんでした——なぜならそれは違法だったからです。数日のうちにサヴィタは流産し、敗血症により死亡しました。彼女の死は21世紀に、裕福な国で、彼女の命を救うために必要なすべての医療機器がそばにある中で起こったのです。「法律を変えなければならない」と彼女の夫は言いました。世界中の国々の抗議者たちが数千人規模で彼の意見に賛同しましたが、中絶はフェミニズムにある独特の問題を投げかけているのです。

　サヴィタが死亡した当時のアイルランドの法律では、妊娠の中止（中絶）は、レイプや近親相姦、致死的な胎児の異常、母体の健康を脅かすような「複雑なケース」であっても違法とされていました。中絶を違法とする国の中にはこのようなケースでの中絶を認めているところもありますが、今日でも世界中の多くの女性が（中絶の）全面的な禁止に直面しています。たとえばマルタやハイチでは、女性の命が危険にさらされている場合でさえ、中絶はいかなる状況においても違法なのです。エルサルバドルで

もし私が妊娠したら、妊娠を続けるかどうかって決められるの？

ジュディス・ジャーヴィス・トムソンはこんなたとえ話をしました――ある夜、音楽協会があなたを誘拐し、病院のベッドに寝かせた。あなたは瀕死の名バイオリニストを救える血液型を持った唯一の人で、生命維持装置につながれている。もしあなたがプラグを抜けば、彼は死んでしまう。あなたには非自発的生命維持装置として留まる道徳的義務があるのでしょうか――バイオリニストの生きる権利は、あなたの決定権より優先されるのでしょうか？

は、女性が中絶をする可能性はきわめて厳格に取り締まられており、流産や死産をした女性は日常的に中絶の疑いをかけられ、最高で40年間投獄される可能性があります。1998年から2013年のあいだに、エルサルバドルは妊娠に失敗した600人以上の女性を投獄してきました。

本質的な自律性

フランスの**モニク・ウィティグ**（1935-2003）やアメリカの**ケイト・ミレット**（1934-2017）といった1960年代の第二波フェミニストたち（16頁へ→）は、生殖の政治をフェミニズム運動の中心に据えていました。女性は自分の身体に対する自律性を保たな

> 「自分の身体をコントロールできない女性を自由とは呼べない」
> ──マーガレット・サンガー

ければならない、とかれらは言います。誰も他人の身体を支配すべきではないのです。これは、妊娠を含むすべての状況において、女性が自分の身体に関する決定をコントロールしなければならない場合に──「複雑なケース」だけでなく、常に──適用されます。「自由な避妊と必要に応じての中絶」は、イギリスの女性解放運動が1970年の最初の全国会議で合意した4つの要求のうちのひとつでした。

　アメリカでは、シカゴ女性解放同盟（CWLU）が危険な「裏通り」での中絶の増加に対応するため、非公式ではありましたが、安全な中絶サービスを立ち上げました。作家ローラ・カプランが1995年に出版した『ジェーンの物語（The Story of Jane）』に記されているように、正式には「中絶相談サービス」と呼ばれ、コードネームで女性たちに「ジェーン」と呼ばれていたのでした。

　これらの第二波フェミニストたちは、女性が妊娠を維持できないと感じる理由は（人間関係や環境における）身の安全の欠如、病気、（子どもを養うための）経済的手段や（働きながら子どもを養うための）家族からの支援の欠如、（特にレイプの結果として妊娠した場合の）強い心理的問題など、さまざまであると主張しました。

産業化と家族のサイズ

　中絶の歴史をたどってきたフェミニストたち、たとえば歴史家のエステル・フリードマンが2002年に出版した『フェミニズ

ムの歴史と女性の未来――
後戻りさせない（No Turning
Back）』[明石書店、2005] では、
中絶は常に世界の一部であっ
たことが示されています。最
も古い自給自足の文化におい
てさえ、食料の不足により、
地域社会は避妊の方法のひと
つになったり、中絶を可能に
したりする薬草の使用を含む

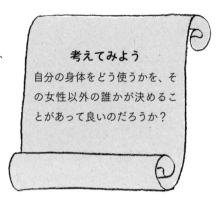

考えてみよう
自分の身体をどう使うかを、そ
の女性以外の誰かが決めるこ
とがあって良いのだろうか?

出産制限の方法を探していました。約12,000年前に始まった農
耕時代には子どもは労働力として貴重な存在となり、中絶が容易
に利用でき、宗教的あるいは世俗的な法律で非難されなかったに
もかかわらず、家族内の平均人数は増えていきました。北米では、
1880年まですべての州が中絶を許可しており、新聞には中絶薬
とそのサービスを提供する開業医の広告が所狭しと掲載されてい
ました。唯一の但し書きは、中絶は「胎動」（女性が子宮の中で赤
ちゃんが動くのを感じることができる段階）の前に行われなければ
ならないということでした。つまり、胎児にいつ生命が宿るか決
めるのは母親だったのです。

　フリードマンによれば、すべてが変わったのは1869年のこと。
それまでカトリック教会も胎動を「魂が宿る（ensoulment）」時点
とは認めていたのですが、ついに中絶が完全に違法化されたので
す。同時に、工業化によって西洋世界の「理想的な家族のサイ
ズ」についての考え方が変化し、一家につき平均7人程度だった
子どもの数が4人にまで減少しました。男性も女性も少子化を望
みましたが、中絶は違法となったのでした。そうしてイギリス

の**アニー・ベサント**（1847-1933）、オランダの**アレッタ・ジェイ
コブス**（1854-1929）、アメリカの**マーガレット・サンガー**（1879-
1966）らの努力により避妊具が開発され、流通するようになって
いきました。

バックラッシュ

　しかし子どもの数が減少するにつれて、世界中の多くの政府が
自国の人口減少を懸念するようになり、政治家たちは東西を問わ
ず避妊と中絶の両方を犯罪化しようと動き始めました。20世紀
には合法的に中絶を行っていたソ連や中国などの共産主義国家は、
1950年代に人口を増やすために中絶を違法化しました。

　避妊を求める利己的な「快楽追求者」を蔑視する一方で、母親
を崇高な地位に置く文化的態度によって、女性はより多くの子ど
もを持つことを奨励されました。しかしこれがすべてを物語って
いるわけではなく、特定の女性グループだけがより多くの子ども
を産むよう奨励されていたのです。貧しい女性、有色の女性、身
体障害者や精神病の女性は、出産を奨励されなかっただけでなく、
その多くが不妊手術を強要されたり、強制されたりしました。学
者アレクサンドラ・スターンとミロスラバ・チャベス＝ガルシア
によれば、アメリカでは1909年から1979年のあいだにカリフォ
ルニア州だけで2万件以上の不妊手術が行われています。優生学
プログラムはヨーロッパ、ラテンアメリカ、日本、中国、ロシア
でも採用されました。

絶望的な選択

　このような理由から、国家が生殖の問題に介入しようとすると
き、多くの女性や男性が政府の動機に疑念を抱くのは当然かもし

「受胎と妊娠の初期段階、胎動の前には、人間の生命が存在するとは誰も信じていなかった。カトリック教会でさえそうだった」
——レスリー・J・レーガン

れません。1880年代から1970年代にかけて中絶はほとんどすべての国で違法となりましたが、女性たちは中絶を求めつづけました。中絶手術は非常に危険であり、世界中で膨大な数の女性の死をもたらしてきました。学者の推定によれば、1960年代までにアメリカだけで毎年100万人の女性が違法な中絶手術を受けており、それは熟練していない裏通りの中絶師たちによって、あるいは自分で行う中絶でした。長年、女性の権利運動に携わってきた**ダイアン・マンデイ**（1931-）は、非嫡出子と妊娠中絶の両方につきまとう汚名のために、女性たちの死がいかに隠蔽されてきたか、その恐怖を回想しています。これらの選択肢はそれぞれ、妊婦にとって大きなリスクを伴うものでした。

　研究者であるL・B・ハダッドとN・M・ヌールによれば、非嫡出子出産によって女性が生きていく術もなく家から追い出される可能性のある地域では、違法な中絶が現在も数多く行われているそう。2009年の論文「安全でない中絶——回避可能な妊婦の死亡（Unnecessary Maternal Mortality）」の中で、かれらはこれを「絶望的な選択」と表現しています。なぜなら、毎年世界中で約6万8千人の女性が安全でない中絶の結果死亡し、さらに500万人が長期にわたる合併症に苦しむからです。ベネズエラでは12歳から49歳の女性を死に至らしめる原因の第二位が中絶であり、インドでは毎日約10人の女性が安全でない中絶によって命を落としていると推定されています。

妊娠するには二人必要

　フェミニズム哲学者の**スーザン・シャーウィン**（1947-）は、1991 年の論文「フェミニスト倫理のレンズを通して見た中絶（Abortion Through a Feminist Ethics Lens）」の中で、フェミニズムは中絶に対するアプローチにおいてほかの運動や学問分野とは異なるのだと指摘しています。彼女は、女性には自律の権利があり、これが意味をなすためには、中絶を選択する自由も含まれなければならないと主張しました。なぜなら女性は従属的な立場であるため、自分の身体に対する男性からの性的なアクセスを拒否することができないからです。生命保護（pro-life）運動の推進者たちは、女性が「セックスをしないことを選択する」ことができると言うかもしれませんが、これは現実を単純化しすぎていると彼女は言います。性的強要はよくあることですが、女性の中には、男性の意向に従うように社会化されているため、それに気づかない人もいるのです。女性はレイプや生殖の強要にもさらされています。これは親密なパートナーからの暴力の一種で、男性パートナーが女性の意思に反して妊娠を望み、避妊をしないセックスを女性に強要するものです。女性はこのことに気づいている場合もあれば（脅迫を使って行われた場合）、気づいていない場合もあります（何らかの形で避妊具に手を加えられた場合）。

　シャーウィンによれば、女性は自分のセクシュアリティを完全にコントロールできるわけではないにもかかわらず、計画外の妊娠によって生まれた子どもの養育に責任を負うのは彼女たちなのです。つまり、女性は経済的に安定しなければならない状況に置かれ、同時に働くことも不可能になってしまう（女性が就ける数少ない高給の仕事に就き、育児をする余裕がある場合は別ですが）。中絶を拒否された女性が多額の資本を手にしていない場合、その

女性は関係する男性への性的忠誠関係を強いられ、抑圧の連鎖をさらに永続させることになるとシャーウィンは言います。

私の身体は私のもの

汚名返上

　1970年代、フランスの女性たちは中絶につきまとうスティグマをなくそうと決意し、343人の人々が中絶を経験したことを証言するマニフェストを日刊紙に発表しました。**シモーヌ・ド・ボーヴォワール**の名は、そのリストの先頭にありました。数ヶ月以内にドイツの女性たちも同様のマニフェストを発表し、1970年代末までにフランス、西ドイツ、イタリア、インド、イギリスが中絶法を自由化しました。1973年、アメリカで有名な裁判「ロー対ウェイド事件」が起こり、裁判所は、妊娠6ヶ月のあいだに中絶を選択する女性の権利を国家が妨害することはできないと判決を下しました。この判決から1年以内に、アメリカでは中絶による女性の死亡率が10万人あたり18人から3人に減少したのです。

あなたならどうする？

交差性を見つめるフェミニストたちは「選択の自由」よりも「生殖に関する公正（リプロダクティブ・ジャスティス）」という考え方に焦点を当て始めており、社会が母子をもっと支援すれば——妊婦や母親が仕事や教育にとどまり、医療にアクセスでき、安全な家庭を確保できるように支援すれば——その文化的な変化は必然的に中絶の減少につながると指摘しています。急進的かつ社会主義的なフェミニストたちはこの目標に拍手を送るかもしれませんが、もしそうでなくても、女性に「絶望的な選択」しか残されていないのはおかしいと述べています。また、かれらはアメリカの**哲学者ジュディス・ジャーヴィス・トムソン**（1929-）が行った道徳的な議論を挙げています。もし女性が自分の身体に対する権利を持つのであれば、自分の身体を意思に反して他人に使われない権利も持つのです。つまり、これらの権利が政治的・法的にどのように規定されようとも、妊娠が発覚した場合にどうするかを決める自由は自分だけにあるということです。

どうして道を歩くのが怖いんだろう？

シルヴィア・ウォルビー／キャサリン・マッキノン／ケイト・ミレット／アドリエンヌ・リッチ／アンドレア・ドウォーキン／スーザン・ブラウンミラー

知り合いや見知らぬ人による女性への暴力に対するフェミニストの見解は、主流メディアの描写とは異なっています。**シルヴィア・ウォルビー** (1953-) が1990年の著書『家父長制の理論化 (Theorizing Patriarchy)』の中で述べているように、「従来の見解においては……レイプや虐待は、少数の男性の心理的問題によって引き起こされる孤立した事例」でした。ウォルビーはさらに、フェミニズムにおいては「男性の女性に対する暴力は、女性を支配する構造の一部であると考えられている」と説明しています。この構造とは家父長制であり、フェミニストたちは、暴力の脅威が家父長制を維持するための最強の手段であると語っています。

ウォルビーはフェミニズムのさまざまな形態に注目し、包括的な分析を提示しました。つまり、家父長制は次の6つの形態で機能しているというのです。1. 家庭内（女性は男性パートナーの期待に応え、無償で働くことが求められる）、2. 職場内（女性は差別的な賃金、慣習、待遇を受ける）、3. 国家内（法律は基本的に男性に偏向している）、4. 家父長制的制度（宗教・教育・メディアなど、家父長制的視点を通して女性を位置づける）、5. 家父長制的性関係（男女は異なる社会規範や期待に従うものとみなされる）、そして6. 男性の暴力。この最後の項目は、無作為でもなければ、個々の男性の意図に起因するものでもないとウォルビーは言います。パターン化され、体系化された基準の下に動いているのです。

　ウォルビーは、**キャサリン・マッキノン**（1946-）、**ケイト・ミレット**（1934-2017）、**アドリエンヌ・リッチ**（1929-2012）といった急進主義者の活動に注目し、男性が女性を性的に客体化し「単なる性の対象」に貶めていると指摘しています。

　この客体化は、従来の性的な領域を超えて、職場も含めた生活のあらゆる領域に及んでおり、さまざまな形のセクシャルハラスメントとして女性が経験しているものです。家父長制の中で異性愛が果たす役割は、男女間の力関係を確立すること。ウォルビーは、異性愛を「男性が女性を支配するための中核を担う制度」と表現しています。つまり、セクシュアリティと（男女間の）力関係は本質的に結びついているのです。**アンドレア・ドウォーキン**（1946-2005）は異性愛ポルノの調査を通じてこの関連性を探究し、それが共通して「関係する女性に対する暴力的な性的支配と屈辱」を含んでいることを発見したとウォルビーは指摘します。男性が女性を性的なものとして扱うと同時に女性を支配するのであれば、「セクシュアリティは、男性が女性を支配する舞台であり、媒体である」とウォルビーは語るのです。

社会構造の一部

　女性に対する男性の暴力（レイプ、性的暴行、親密なパートナーからの暴力、セクシャルハラスメント、児童への性的虐待など）は、家父長制的な社会構造の本質的要素として理解しなければならないとウォルビーは言います。これらの行為は、見知らぬ男からの口笛のようなものから、レイプや児童への性的虐待まで連続したものなのだと。しかし、女性を攻撃しない男性がいる一方で、女性を攻撃する男性がいるのはなぜなのでしょうか？　ウォルビーはリベラル派によるレイプの分析に注目しました。レイプは深刻な

> 「おかしなことに、会う男会う男みんな私を守りたがるの。
> 何からなのかわからないけれど」 　　　——メイ・ウェスト

心理的問題を抱えた男性によって行われ、その男性は幼少期に問題を抱えたために「正常な男性らしさを身につけることができなかった」と主張するものです。しかしもしそうであれば、ほとんどの強姦犯は裁判中あるいは裁判後に精神科医に紹介されるはずですが、そのようなことはごくまれにしか起こらず、極端な心理現象としては認識されていません。また、この理論ではレイプの件数は非常に少ないと予想されますが、どの社会でもレイプの発生数は非常に多いのです（このことは、世界保健機関（WHO）が2016年に発表した世界的な推計に裏付けられており、世界の女性の約35％が男性からの身体的・性的暴力を経験していることを示しています）。

　理論家たちはまた、階級が答えを握っていると示唆している、とウォルビーは指摘します。階級ヒエラルキーの底辺にいる男性が女性に暴力を振るうのは、その境遇から生じるフラストレーションが原因だという考えです。極度の経済的ストレスにさらされると、かれらは女性パートナーに暴力を振るいます。この理論はさらに発展し、社会秩序の底辺では、労働者階級の男性が体制から疎外された結果、ほかの男性とは異なる価値観を持つように

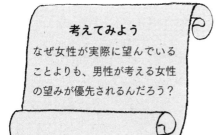

考えてみよう
なぜ女性が実際に望んでいることよりも、男性が考える女性の望みが優先されるんだろう？

なり、逸脱した暴力のサブカルチャーが発達したと示唆するのです。しかし、階級をレイプの理由とするこれらの議論はいずれも、労働者階級の男性がレイプ犯であるという不釣り合いな考察をもたらしはしますが、証拠によって裏付けられていません。ダイアナ・ラッセル（1938-）による大規模な研究「女性に対する強姦および強姦未遂の蔓延と発生（The prevalence and incidence of forcible rape and attempted rape of females）」（1982）によれば、レイプ犯の分布はすべての階級で均等なのだそう。人種による不均等な分布もなく、レイプ犯の民族性は人口に占める割合と同じであることが示されています。また、階級や人種による議論では、なぜこのような男たちが、多種多様な人々にではなく女性に「不満」をぶつけているのかを説明することはできません。男性が女性を性的に攻撃する理由を説明するには、ジェンダーとセクシュアリティの本質的要素を考慮しなければならない、とウォルビーは言います。

レイプの常態化

1975年、ラディカル・フェミニストである**スーザン・ブラウンミラー**（1935-）は、レイプの歴史に関する膨大な研究書『私たちの意に反して（Against Our Will）』を出版しました。彼女は、古代バビロニアやその他の文化圏では、女性の強制的な拉致やレイプが非常に一般的であり、「花嫁の値段」が設定されていたことを発見しました。これは花嫁としての女性の価値を下げたこ

「彼女の物理的な抗議や抵抗に反して彼が強引に彼女の体内に侵入することは、彼女の存在に対する彼の華々しい征服の手段となり、彼の卓越した強さの究極の試験となり、彼の男らしさの勝利を意味する」　——スーザン・ブラウンミラー

とに対する償いとして、少女（あるいは女性）の父親に支払われるものでした。バビロニア法、モザイク法、ギリシャ法では、彼女の価値は銀貨50枚と成文化されています。こうしてレイプは、父親に対する犯罪、つまり「市場における娘の正当な価格の横領」として法の中に入っていった、とブラウンミラーは記録しています。レイプはまた、戦争における勝者にとって一般的な行為となりました（これは今日も続いています）。というのも、レイプは集団の完全な敗北を示すために使われ（敗れた男たちは「自分たちの」女性を守ることすらできないほど無力なのだということ）、敗れた男たちの血統に征服者の子孫を取り込むことになるからです。男性はレイプを征服者の行為とみなす、とブラウンミラーは指摘します。それはかれらに勝利を感じさせるのです。

　ブラウンミラーはまた、レイプの責任が男性だけにあるものから、何らかの形で女性を巻き込むものへと変化してきた歴史もたどっています。たとえば古代ヘブライ文化では、レイプされた既婚女性は加害者とともに石打ちの刑に処されました。長老たちが示した理由は、「もし彼女が叫んでいたら助けられただろう」というものでした。ブラウンミラーは、このような何千年も前に用いられた誤った理屈のいくつかは、今日でも世界中の法廷で聞くことができると語っています。

　レイプという犯罪から逃れるために、男たちは「4つの耐えが

たい神話」を盾にするのだと彼女は言います。一つ目に、「すべての女性はレイプされたがっている」。この考えは同意という概念を取り払い、女性が「ノー」と言うときでさえ、本心では「イエス」なのだと示唆するものです。男性にとってこれを信じることが重要なのは、レイプが男性性の名の下に行われるなら、（補完的な存在としての）女性性にはその行為への同意が備わっていると言い張れるからだとブラウンミラーは指摘します。これによってレイプ犯は、自分は何も悪いことはしていない、と自分に言い聞かせることができるのです。また、ロビン・シックの2013年の曲「Blurred Lines」の「Baby, it's in your nature...I know you want it（ベイビー、それは君の本性だ...君がそれを望んでいることは分かってる）」のように、この神話はしばしば大衆文化の中にも登場します。

　二つ目の神話は、「自分の意思に反してレイプされる女性はいない」というものです。この考え方は一つ目の神話を裏付けるもので、すべての女性が「本当はレイプされたがっている」ことを示唆しています。法廷では、弁護士たちは動く針に糸は通せない

と「冗談を飛ばしてきた」のだとブラウンミラーは言います。法律用語としては「強制的レイプ」という考え方が生まれました（2011年、米国共和党がこの考え方を利用して「強制的」なレイプのみに中絶費用の支給を制限した際には「非強制的レイプ」という無意味な概念がまだ存在していたと、ジャーナリストのエリカ・アイケルバーガーがのちに指摘しています）。

　三つ目の神話は、「彼女はそれを求めていた」という俗説です。ブラウンミラーは、これは「レイプ犯が被害者に責任を転嫁する典型的な方法」だと言います。女性のどこかに、レイプを誘発するに十分な何かがあったというのです（短いスカート、「不用意な行動」、性的な過去など）。ほかの犯罪では、被害者にこのような指摘がされることはない、とブラウンミラーは言います。誰かが殺されても、それが被害者のせいなのかどうか、つまり被害者が「その気にさせた」のかどうかなど誰も考えません。犯罪は成立しているのですから。この神話の悲劇は、女性の不安感があまりに大きいために、レイプ被害者の多く、いやおそらくほとんどの人が「自分の行動、態度、服装のどこにこのひどい行為の引き金があったのか」とあとになって苦悶することだと彼女は言います。しかし実際には、それは「男性が自分の行為を隠蔽するための煙幕の一部」でしかないのです。

　四つ目の神話は、「どうせレイプされるなら、リラックスして楽しんだほうがいい」というもの。これは、レイプという身体的侵害を意図的に軽んじるために使われます。また、女性たちにふたつのことを受け入れろというのです——第一に、男性の勝利は避けられないということ、第二に、あなたがどう思おうと、「すべての女性はレイプされたがっている」ということ。この神話を受け入れるふりをして身を守ろうとした女性たち——たとえば、

「私が学んだのは、レイプは倫理的観念を持たない男たちによる意図的な権力、支配、屈辱の行為であり、ほとんどの被害者は加害者に殺されることを恐れていたという事実です」
　　　　　　　　　　　　　　　　　　——スーザン・ブラウンミラー

ボストン絞殺魔に殺された女性たち――は協力して「さっさと終わらせよう」としましたが、それでも殺されたのだとブラウンミラーは指摘しています。

　これらの神話にはひとかけらの真実もない、とブラウンミラーは言いました。そして、最後の擁護の言葉である「女性はレイプについてたやすく、嬉々として語る」というのは、現実とはまったくかけ離れたものだとも言っています。現実には、被害を受けた女性は、公衆の面前にさらされることの恥ずかしさ、自分に対してなされた性的加害行為に何らかの責任があると感じさせるダブルスタンダード、加害者からの報復を恐れて、レイプの被害届を出すことを常にためらってきました。またかれらは、自分たちの証言は「酷な冷笑で受け止められる」のだと「冷静に悟った」ため、信じてもらえないだろうと諦めてしまうのです。

あなたならどうする？

あなたが暗い道を一人で歩くのが怖いのは、「レイプが女性の精神的・情緒的健康に与える究極的な影響は、その行為がなくても達成されているからだ」とブラウンミラーは言います。レイプされる可能性が常にあるという知識だけで十分なのです。その脅威は家父長制にとって好都合なもの。なぜなら、もし女性が「自己防衛という特別な重荷を引き受ける」なら、彼女たちは「恐怖の中で生き、動き回らなければならず、男性のような個人的な自由、自立、自己肯定を達成することは決して期待できない」という思いをますます強めることになるからです。マリリン・フライが示唆したように（36頁へ→）、たとえ扉が開いていても、女性たちは鳥かごの中に閉じこめられてしまうのです。

訳者あとがき

フェミニズムがわたしに教えてくれたことはなんだろう、わたしはどうして、フェミニズムという言葉を知ったんだっけ。訳出も終わって、そんなことをあらためて思うとき、それはやっぱり、さまざまな場面で口をつぐんだいつかのわたし、その言いよどみの記憶が脳をかすめる。

大学に入ってすぐの頃、一女（一年生の女子を指す）のなかで一番かわいいのは○○うんぬん、サークルの先輩が言った。恋愛対象かどうかは一目見たらわかる、と友だちが言った。初体験をもうすませた人は、というのがゲームのお題になった。ずっと通っていた図書館に足が向かなくなったのはどうしてだったっけ、とぼうっと記憶をめぐったとき、ああ、大人の男の人にあとをつけられて、怖くなったのだ、と思い出した。駅のホームで、やたらと身体をぶつけてくる人。痩せた？太った？若い女性だとわかった途端、語気が強くなる相手。大学入試のゲタ事件。電車のなかで触られた、見せられた、夜道が怖くて振り返ってしまう、一度ベッドに入ったのに、はっと飛び起きて玄関の施錠をたしかめる。ああ、なんでこんなに。なんでこんなに？どうして、と涙を浮かべるいろんな歳の、いろんなわたし、同じようなことを話してくれるあの子、あの子。

脳内で糸がこんがらがって言葉の像を結ばない。とっさに声が出ない、家に帰っても話さない。話せない。でもなにかおかしくて、たぶんずっとどこかで恐れていて、悲しかった。それらを、それは起こってはいけなかったと、怖かったよね、大丈夫、と教えてくれたのが、フェミニズムだった。

語ることは、手放して初めて起こるのだ、と思ったりする。ま
だ渦のなかにいるときは言葉にならない。そこからわたしを少し
遠くへと抱きかかえていくものは、時間や、知性、そしてわたし
を宛先として話してくれたあなた、宛先となって話を聞いてくれ
るあなた。言葉はいつも、少し遅れてくる。
　フェミニズムについて語ることは、自分自身のやわらかな部分
をいやおうなくさらすことだ。なぜならそこには痛み（わたしの
／まのあたりにしてきた誰かの）やためらい、言いよどみ、そして
心からの希望がみんなあるから。
　その希望とは、ジェンダーを理由に悲しまなくてすむ、身体が
こわばらなくてすむ、やりきれなくて無力だと感じずにすむ、こ
のわたしで、ぽんぽこぽんの自分で生きていたいという希望だと
思う。そしてまた、語ることによって開かれていく窓があり、見
知らぬ人と視線を交わし合う。そのことがわたしを自由にするの
だと思う。

　赦しとは鉄鍵をこなごなに砕き、牢屋の扉を開け放つ覚悟なの
だ、とあるとき母が言った。わたしはたぶん、フェミニズムを通
して、いつかの言いよどんだ自分を、無知ゆえに言葉がすべって
誰かを刺した自分を、あるいはわたしに痛みを投げかけてきた誰
かを赦そうとしてきた。なぜなら、わたしはわたしを、そして同
時にあなたを、手ばなしで愛したいから。そのためには、知らぬ
間にいたこの牢屋をあとにして、鍵をこなごなに壊してしまわな
ければならない。ここにいていい人など、誰一人としていないの
だから。

　経験や記憶に語る言葉が与えられる瞬間がある。それは多くが

知の歴史との出会いの瞬間で、フェミニズムとわたしをつなげたのもそういうものだったと思う。「日々の中でふと浮かべるような問い」（7頁）を大きな視点に接続してくれるのは、やはり先を泳いできた人々の、澄んだまなざし、うねうねとした思考の軌跡。けれど専門知として知られるそれらも、今ここにいるわたしやあなたの必要によって呼びかけられ、集積されてきたものであるはずだ。

　だから、行き来すること。知の歴史にたよりながら、助けてもらいながら、今ここにある問いを先に進めたい。わたしは、希望についていきたい。

　この本を、あなたと誰かとの、あるいは自分自身との対話を始める種にしてほしいと思う。訳出をつうじてその一助になれたのなら、これほど嬉しいことはない。

　明石書店の黄唯さんに、この場を借りてお礼申し上げます。本書を紹介してくださり、細かなニュアンスにいたるまで訳語について一緒に検討してくださった。すでに発売されている中国語版の訳ではどのように翻訳されていたかなど、言語間を往来するようなやりとりがとても印象深かった。スピードが落ちたり上がったりする訳者をはげまし、一途に併走してくださり、ほんとうにありがとうございました。また、生活と〆切のはざまで叫びながら一人作業する夜、不思議なアンテナで機微をキャッチし、いつも LINE をくれた母に感謝したい。ありがとう。

2024年2月　惠愛由

参考文献

主要参考文献

De Beauvoir, Simone (1949, 1953 English edition) *The Second Sex*. London: Jonathan Cape.［生島遼一訳『第二の性』人文書院、1966］

Code, Lorraine (ed) (2004 [2000]) *The Encyclopedia of Feminist Theories*. London and New York: Routledge

Firestone, Shulamith (1970) *The Dialectic of Sex: The Case For Feminist Revolution*. William & Morrow Company.［林弘子訳『性の弁証法──女性解放革命の場合』評論社、1981］

Freedman, Estelle B. (2002) *No Turning Back: the history of feminism and the future of women*. New York: Ballantine Books.［安川悦子、西山惠美訳『フェミニズムの歴史と女性の未来──後戻りさせない』明石書店、2005］

Friedan, Betty (2010 [1963]) *The Feminine Mystique*. London: Penguin Classics［三浦冨美子訳『新しい女性の創造』大和書房、1965］

Greer, Germaine (2012 [1970]) *The Female Eunuch*. London: Fourth Estate/ Harper Collins［日向あき子、戸田奈津子訳『去勢された女』ダイヤモンド社、1976］

hooks, bell (2000) *All About Love*. New York: Harper Perennial［宮本敬子、大塚由美子訳『オール・アバウト・ラブ──愛をめぐる13の試論』春風社、2016］

Lorde, Audre (2017) *Your Silence Will Not Protect You*. London: Silver Press.

Millett, Kate and Mackinnon, Catharine (1983 [1970]) *Sexual Politics*. New York: Colombia University Press［藤枝澪子 他共訳『性の政治学』ドメス出版、1985］

Rowbotham, Sheila (2015 [1973]) *Women's Consciousness, Man's World*. London: Verso.

Steinem, Gloria (1995 [1983]) *Outrageous Acts And Everyday Rebellions*, 2nd ed. USA: Henry Holt and Company

Wolf, Naomi (1991) *The Beauty Myth*. London: Vintage/Random House［曽田和子訳『美の陰謀──女たちの見えない敵』TBSブリタニカ、1994］

Wollstonecraft, Mary. (1792) *A Vindication of the Rights of Woman*. London: J. Johnson.［白井堯子訳『女性の権利の擁護──政治および道徳問題の批判をこめて』未來社、1980］

その他の引用・参考資料リスト

第1章　政治と権力

フェミニストって誰のこと？

Adichie, Chimamanda Ngozi. (2015) *We Should All Be Feminists*. New York: Anchor Books.［くぼたのぞみ訳『男も女もみんなフェミニストでなきゃ』河出書房新社、2017］

Aristotle (2008 [350 bce]), trans. Benjamin Jowett *Politics* (Book One). New York: Cosimo Classics［山本光雄訳『政治学』岩波文庫、1961］

Freedman, Estelle B. (Eds.) (2007) *The essential feminist reader*. New York: Modern Library.

Hanisch, Carol. (1970) "The Personal Is Political" in *Notes from the Second Year: Women's Liberation* (eds. Shulamith Firestone and Anne Koedt). New York: Radical Feminism.

Spender, Dale. (1985) *Man Made Language*. London: Routledge & Kegan Paul.

Truth, Sojourner. (1851) "Ain't I a Woman?". *Civil Rights and Conflict in the United States: Selected Speeches*. Lit2Go Edition.

男性と同じ権利なんて、もうすでに持っているんじゃない？

Amnesty International (2015) "Shamed and Blamed: Pregnant girls' Rights at Risk in Sierra Leone", London: Amnesty International Publications

Neuwirth, Jessica (2005) "Inequality Before the Law: Holding States Accountable for Sex Discriminatory Laws Under the Convention on the Elimination of All Forms of Discrimination Against Women and Through the Beijing Platform for Action", *Harvard Human Rights Journal*, 18, pp19–54

Solnit, Rebecca (2014) *Men Explain Things to Me*. Chicago and New York: Haymarket Books

United Nations Children's Fund (2014) "Ending Child Marriage: Progress and prospects", New York: UNICEF

United Nations Women (2011) *Progress of the World's Women: In Pursuit of Justice*. New York, United Nations Publications

どうして選挙に行かなきゃだめなの？　私の生活は変わらないけどなあ。

Amos, Howard. "Pussy Riot's Mariya Alyokhina: 'Politics is not something that exists in one or another White House. It is our lives'" *The Guardian*, 1 September 2017

どうして見知らぬ男たちが私を「かわいこちゃん」とか「ハニー」と呼ぶんだろう？

Brown, Roger & Gilman, Albert (1960) "The Pronouns of Power and Solidarity", in Sebeok, T A (ed) (1960) *Style in Language*, pp253–76, New York and London: MIT and John Wiley & Sons

Frye, Marilyn (1983) "The Systemic Birdcage of Sexism" in *The Politics of Reality: essays in feminist theory*. California: Crossing Press.

女性は男性よりも思いやりがあるって、なんで言っちゃだめなの？

Jackman, Mary. (1994) *The Velvet Glove: Paternalism and conflict in gender, class and race relations*. Berkeley, CA: University of California Press.

Glick, Peter & Fiske, Susan T. (1996) "The Ambivalent Sexism Inventory: Differentiating Hostile and Benevolent Sexism". March 1996, *Journal of Personality and Social Psychology* 70(3): 491-512

Glick, Peter & Fiske, Susan T. (1997) "Hostile and Benevolent Sexism: Measuring Ambivalent Sexist Attitudes Toward Women". *Psychology of Women Quarterly*. 1997; (21): 119

Gokova, Johah (1998) "Challenging Men to Reject Gender Stereotypes". *Sexual Health Exchange*. 1998; (2): 1-3.

Lee, T. L., Fiske, S. T., Glick, P., & Chen, Z. (2010) "Ambivalent Sexism in Close Relationships: (Hostile) Power and (Benevolent) Romance Shape Relationship Ideals." *Sex Roles*, (62): 7-8, pp583–601. http://doi.org/10.1007/s11199-010-9770-x

フェミニズムは白人女性だけのもの？

Aptheker, Bettina. (1989) *Tapestries of life: women's work, women's consciousness, and the meaning of daily experience*. Amherst: University of Massachusetts Press.

Combahee River Collective (1977/2016) "A Black Feminist Statement". In: S. Mann & A. Patterson, ed., *Reading Feminist Theory: From Modernity to Postmodernity*. Oxford: OUP, pp247–252.

Crenshaw, Kimberlé (1989) "Demarginalizing the Intersection of Race and Sex". *University of Chicago Legal Forum*, Vol. 1989, Issue 1, Article 8.

hooks, bell. 1981. *Ain't I a Woman : Black Women and Feminism*, Boston: South End Press.

Rich, Adrienne. (1985) "Notes Towards a Politics of Location", in Diaz-Diocaretz, M. & Zavala, I. (eds) *Women, Feminist Identity and Society in the 1980s: Selected Papers*. Amsterdam: John Benjamin.

Yuval-Davis, Nira, (1994) "Women, Ethnicity and Empowerment. Shifting Identities Shifting Racisms". Special issue of *Feminism and Psychology* 14 (1): pp179–98.

どうしてフェミニズムはまだ平等を勝ち取っていないの？

Faludi, Susan. (2006) *Backlash: the undeclared war against American women*. New York: Crown Publishing Group: Three Rivers Press〔伊藤由紀子、加藤真樹子訳『バックラッシュ──逆襲される女たち』新潮社、1994〕

Ipsos Mori Survey (2017) Global Views on Women's Equality.

Monroe, Julie A. "A Feminist Vindication of Mary Wollstonecraft." *Iowa Journal of Literary Studies 8* (1987): pp143-152.

Santee, Barbara. "Letter to a Young Activist: Do Not Drop the Banner". *On the Issues Magazine*, Fall 2012.

Woolf, Virginia (1932/1988) *The Essays of Virginia Woolf*, Volume III. Chatto & Windus.

第2章　恋愛と人間関係

最近デートしてる人がなんでも奢ってくれようとするんだよね。これでいいのかな？

Belk, R and Coon, G (1991) "Can't Buy Me Love: Dating, Money and Gifts." *Advances in Consumer Research* Volume 18, 1991

Korman, S and Leslie, G (1982) "The relationship of feminist ideology and date expense sharing to perceptions of sexual aggression in dating," *The Journal of Sex Research*. (18): 2, pp114-129.

Match.com (2017) Singles In America Survey http://www.singlesinamerica.com/2017/

Steinem, Gloria (1993) *Revolution From Within: A Book of Self Esteem*. Little, Brown US〔道下匡子訳『ほんとうの自分を求めて──自尊心と愛

の革命』中央公論社、1994］

自分を客体化することなく、マッチングアプリを使うってできるかな？

OkCupid (2009) How Your Race Affects The Messages You Get. [https://theblog.okcupid.com/how-your-race-affects-the-messages-you-get-39c68771b99e]

YouGov (2017) Naked Photo Survey. [https://today.yougov.com/news/2017/10/09/53-millennial-women-have-received-dick-pic/]

ワンナイトして悪いの？

Ehrman, M (1994) "Susie Bright Tells All : Preaching a Doctrine of Adventure, Fantasy and Safety, the Feminist Bad Girl Brings Her Pro-Sex Message to the Masses." *LA Times.*

Vance, Carole S. (1984) *Pleasure and Danger: Toward a Politics of Sexuality.* Boston: Routledge & Kegan Paul

イったふりをしてるってなんでパートナーに言えないんだろう？

Durex., (2017) The Orgasm Gap. [https://www.durex.co.uk/en-gb/explore-sex/article/the-orgasm-gap]

Koedt, Anne (1970) *The Myth of the Vaginal Orgasm.* Somerville: New England Press

Masters, W and Johnson, V (1966) *Human Sexual Response.* New York: Ishi Press International

Reiner, R (1989) *When Harry Met Sally.* Castle Rock Entertainment, Nelson Entertainment. USA: Colombia Pictures.

Stoltenberg, John (1999 [1989]) *Refusing To Be A Man: Essays on Social Justice: Essays on Sex and Justice.* Oxford: Routledge

私は幸せで成功もしてる。パートナーっていなきゃだめなの？

Steinem, G (1993) *Revolution From Within: A Book of Self Esteem.* Little, Brown US

私のボーイフレンドもフェミニストになれるかな？

Fitzpatrick, M. K., Salgado, D. M., Suvak, M. K., King, L. A., & King, D. W. (2004) Associations of Gender and Gender-Role Ideology With

Behavioral and Attitudinal Features of Intimate Partner Aggression. *Psychology of Men & Masculinity*.

hooks, bell (2000) *Feminism is for Everybody: Passionate Politics*. London: Pluto Press［堀田碧訳『フェミニズムはみんなのもの――情熱の政治学』エトセトラブックス、2020］

Jardine, A. and Smith, P (eds) (1987) *Men in Feminism*. New York and London: Routledge.

Jensen, R (2017) *The End of The Patriarchy: Radical Feminism for Men*. Melbourne: Spinifex Press

Mill, John Stuart (1869) *The Subjection of Women*. London: Green, Reader And Dyer.

Rudman, L and Phelan, J (2007) *The Interpersonal Power of Feminism: Is Feminism Good for Romantic Relationships?* Springer Science & Business Media

Truman, D, Tokar, D, Fischer, A (1996) "Dimensions of masculinity: Relations to date rape supportive attitudes and sexual aggression in dating situations." *Journal of Counseling and Development* - Volume 74.

Walters, M (2005) *Feminism: A Very Short Introduction*. Oxford: OUP

ボーイフレンドにプロポーズしたいんだけど、どう思う？

The AP-WE tv Poll (2014) Conducted by GfK Public Affairs & Corporate Communications. http://surveys.ap.org/data/GfK/AP-WEtv%20January%202014%20Poll%20POSTED%20Final_VALENTINES.pdf

Butler, Judith (2007 [1990]) *Gender Trouble*. Oxford: Routledge［竹村和子訳『ジェンダー・トラブル――フェミニズムとアイデンティティの攪乱』青土社、1999］

Sassler, S and Miller, A J (2011) "Waiting To Be Asked: Gender, Power, and Relationship Progression Among Cohabiting Couples." *Journal of Family Issues*.

第3章　結婚と家庭生活

おとぎ話のような結婚式、おとぎ話のような結婚？

Calhoun, A, (2017) *Wedding Toasts I'll Never Give*. WW Norton & Co.

Friedman, M (2003) *Autonomy, Gender, Politics*. Oxford: OUP

Gay, R (2014) *Bad Feminist*. New York: Harper Collins［野中モモ訳『バッ

ド・フェミニスト』亜紀書房、2017]

Greer, Germaine (2004) "The Middle-Class Myth of Love and Marriage" in *Feminisms and Womanisms*, (eds. Althea Price and Susan Silva-Wayne), Toronto: Women's Press

James, E.L (2012) *Fifty Shades of Grey*, London: Cornerstone

The Knot (2016) The National Cost of a Wedding Hits $35,329 [https://www.theknot.com/content/average-wedding-cost-2016]

結婚後、パートナーの姓を名乗るべき？

Langer, E (2017) Kate Millett, 'high priestess' of second-wave feminism, dies at 82. The Washington Post [https://www.washingtonpost.com/local/obituaries/kate-millett-high-priestess-of-second-wave-feminism-dies-at-82/2017/09/07/1ccfa2b6-93d4-11e7-aace-04b862b2b3f3_story.html?utm_term=.d17eb642a33b]

YouGov Survey (2016) [https://yougov.co.uk/news/2016/09/13/six-ten-women-would-like-take-their-spouses-/]

夫も私も働いている。それなのに、なぜ私が家事をしなければならないの？

Brady, Judy, *I Want A Wife*, *Literature for Composition*, (Third Edition) HarperCollins Customs Books

Hochschild, Airlie R. (2012 [1989]) *The Second Shift*. Penguin Books.

Johnston, Jill (1973) *Lesbian Nation: The Feminist Solution*. Touchstone

Kornrich, S, Brines, J, Leupp K (2013) "Egalitariansim, Housework, and Sexual Frequency in Marriage." *American Sociology Review* [https://www.ncbi.nlm.nih.gov/pmc/articles/PMC4273893/#R73]

私は子どもがほしいのだろうか？

The Economist 2017) The Rise of childlessness [https://www.economist.com/news/international/21725553-more-adults-are-not-having-children-much-less-worrying-it-appears-rise]

Moran, Caitlin (2012) *How To Be A Woman*. London: Ebury Press［北村紗衣訳『女になる方法──ロックンロールな13歳のフェミニスト成長記』青土社、2018］

Rich, Adrienne. (1977) *Of Woman Born*. London: Virago.［高橋茅香子訳『女から生まれる』晶文社、1990］

普通の家族ってなんだ？

Millett, Kate (2000) *Flying*. University of Illinois Press

誰が育児休暇を取るべきなんだろう？

Haas L and Hwang C, "The Impact of Taking Parental Leave on Fathers' Participation In Childcare And Relationships With Children: Lessons from Sweden" http://www.tandfonline.com/doi/abs/10.1080/13668800701785346

Noland, M, Moran, T, Kotschwar, B (2016) Is Gender Diversity Profitable? Evidence From a Global Survey [https://piie.com/publications/wp/wp16-3.pdf]

Reeves, R and Sawhill, I (2015) Men's Lib! *The New York Times* [https://www.nytimes.com/2015/11/15/opinion/sunday/mens-lib.html]

娘は「プリンセス」と呼ばれたがっている。私はどこで間違ったのだろう？

Criado-Perez, C (2015) *Do It Like A Woman: … And Change The World*. London: Portobello Books

Fine, Cordelia (2010) *Delusions of Gender: How Our Minds, Society, and Neurosexism Create Difference*. London: Icon Books

The BBC Stories, Girls Toys vs Boys Toys: The Experiment, [https://www.youtube.com/watch?v=nWu44AqF0iI][https://www.theiet.org/index.cfm][https://www.ons.gov.uk/employmentandlabourmarket/peopleinwork/employmentandemployeetypes/datasets/employmentbyoccupationemp04]

第4章　仕事と賃金

主婦になりたいんだけど、だめですか？

Albert, P. R. (2015) Why is depression more prevalent in women? *Journal of Psychiatry & Neuroscience*: JPN, 40(4), 219–221. http://doi.org/10.1503/jpn.150205

Brontë, Charlotte (1847) *Jane Eyre*. London: Smith, Elder & Co.

Evans, Stephen. 14 February 2016. "The world's best bakers - and they aren't French". BBC News (Accessed online, 28 December 2017, at http://www.bbc.co.uk/news/magazine-35562251)

Gilbert, Sandra M., & Gubar, Susan (2000; 18th edition). *The Madwoman in the Attic*. New Haven, Yale University Press.

Mitchell, Silas Weir (1878) *Fat and Blood*. 2nd Edition. Philadelphia: J.B. Lippincott and Co.

Showalter, Elaine. (1985) *The Female Malady: Women, madness and English culture* 1830–1980. London: Virago.［山田晴子、薗田美和子訳『心を病む女たち――狂気と英国文化』朝日出版社、1990］

Woolf, Virginia (1931) "Professions for Women." Speech, 21 Jan. 1931, National Society for Women's Service.

なぜ私は彼より安い給料で働いているんだろう？

Babcock, L., & Laschever, S. (2003) *Women don't ask: Negotiation and the gender divide.* Princeton, N.J: Princeton University Press.［森永康子訳『そのひとことが言えたら…――働く女性のための統合的交渉術』北大路書房、2005］

Ferguson, Ann (1991) *Sexual Democracy: Women, Oppression and Revolution*. Boulder Colorado: Westview Press.

Hoff Summers, Christina: "Wage Gap Myth Exposed – By Feminists" Huffpost Blog, 11 April 2012, [https://www.huffingtonpost.com/christina-hoff-sommers/wage-gap_b_2073804.html]

Sandberg, S., & Scovell, N. (2013) *Lean in: Women, work, and the will to lead.* New York: Penguin Random House［村井章子訳『LEAN IN（リーン・イン）女性、仕事、リーダーへの意欲』日本経済新聞出版、2013］

Saul, J. M. (2003) *Feminism: Issues & arguments.* Oxford: OUP.

Walby, Sylvia. (1990) *Theorizing patriarchy.* Oxford, UK: B. Blackwell.

Women in Computing articles: [https://hackernoon.com/a-brief-history-of-women-in-computing-e7253ac24306][https://www.npr.org/sections/alltechconsidered/2014/10/06/345799830/the-forgotten-female-programmers-who-created-modern-tech][https://www.smithsonianmag.com/smart-news/computer-programming-used-to-be-womens-work-718061/]

World Economic Forum, The Global Gender Gap Report 2017 [http://www3.weforum.org/docs/WEF_GGGR_2017.pdf]

ボスになるには私は優しすぎる？

Catalyst. (2007) "The double-bind dilemma for women in leadership: Damned if you do, doomed if you don't." New York.

Clinton, Hillary (2009) [https://www.popsugar.com/love/Hillary-Clinton-December-2009-Vogue-Interview-6278290]

Connolly, Kate. (2005) "Let's follow the path Thatcher pioneered, says Germany's Iron Maiden." The Telegraph, 15 July 2005 (accessed online 2 January 2017, http://www.telegraph.co.uk/news/worldnews/europe/germany/1494103/Lets-follow-the-path-Thatcher-pioneered-says-Germanys-Iron-Maiden.html)

Eagly, Alice H. (2007) "Female leadership advantage and disadvantage". *Psychology of Women Quarterly*, 31, pp1-12.

Gallup's annual Work & Education poll, August 7_11, 2013 http://news.gallup.com/poll/165791/americans-prefer-male-boss.aspx

Glick, P and Fiske, S. (2007) "Sex discrimination: the psychological approach". In F. Crosby (Ed.), *Sex discrimination in the workplace.* Malen, MA: Blackwell.

Kanter, Rosabeth Moss. (1993) *Men and Women of the Corporation.* 2nd edn. New York: HarperCollins

私が給料の交渉をしていたとき、上司は「こんなに数字の話をしたら君はくらくらするかもしれないけれど」と言った。どういう意味だろう？

Chesler, Phyllis (2005) *Women and Madness.* New York, NY: Palgrave Macmillan.［河野貴代美訳『女性と狂気』ユック舎、1984］

Cresswell, R., & Schneider, J. G. (1862) *Aristotle's History of animals: In ten books.* London: H.G. Bohn.

Moreton, C. (2013) "Why Boys are Better at Exams". *The Daily Telegraph*, 18 August 2013.

Rousseau, Jean-Jacques (1923 [1762]), *The Social Contract*; trans. G D H Cole, London: J M Dent & Sons［桑原武夫、前川貞次郎訳『社会契約論』岩波文庫、1954］

Wardle, Martin (1951) *Mary Wollstonecraft: A Critical Biography.* University of Kansas Press

上司が仕事ではハイヒールを履けって言ってくる。これって合法？

Bilefsky, Dan.. "Sent Home for Not Wearing Heels, She Ignited a British Rebellion". *The New York Times*, 25 January 2017

House of Commons, 291. (25 January 2017.) "High heels and workplace dress codes: first join report of session 2016–17". HOC London.

Marie Claire (25 August 2016) "#BurkiniBan: This is what happens when police tell women what to wear on the beach."

Rubin, Alissa J. (27 August 2016) "From Bikinis to Burkinis, Regulating What Women Wear". *The New York Times*

Topham, Gwyn. (5 February 2016) "Female British Airways cabin crew win the right to wear trousers'. *The Guardian*.

出世のためには男性の同僚と飲みに行かなきゃだめなの？

Berdahl, Jennifer F. (2007) "Harassment Based on Sex: Protecting Social Status in the Context of Gender Hierarchy". *The Academy of Management Review*, April 2007, Vol 32: 2

Maass, Anne; Cadinu Mara; Guarnieri, Gaia; Grasselli, Annalisa. "Sexual Harassment Under Social Identity Threat: The Computer Harassment Paradigm". *Journal of Personality &Social Psychology*. 2003; (85): 853–870.

Macmillian, Ross, and Gartner, Rosemary. (1999) "When She Brings Home the Bacon: Labor-Force Participation and the Risk of Spousal Violence against Women. *Journal of Marriage & the Family* (61): 947-958

Mathis, W., Dobner, J. and Stevens, T. "Some Utahns say men and women should keep their distance at the office and beyond. That may be holding women back." *Salt Lake Tribune*, 13 August 2017.

McLaughlin, H., Uggen, C., & Blackstone, A. (2012) "Sexual Harassment, Workplace Authority, and the Paradox of Power". *American Sociological Review*, 77(4), 625–647. http://doi.org/10.1177/0003122412451728

Quinn, Beth, A. (2002) "Sexual Harassment & Masculinity: The Power & Meaning of 'Girl Watching'." *Gender & Society*, Vol 16: 3, 386-402

Strauss, Eric M., "Iowa Woman Fired for Being Attractive Looks Back and Moves On" ABC News: 2 August, 2013

Valenti, Jessica. (31 March 2017) "Mike Pence doesn't eat alone with women. That speaks volumes." *The Guardian*.

Willer, R., Rogalin, C., Conlon, B. & Wojnowicz, M. (2013) "Overdoing Gender: A test of the masculine overcompensation thesis"

女性は裸でなければメトロポリタン美術館に入れないのか？

Bollen, C. (15 February 2012) "Guerrilla Girls" *Interview Magazine.*

English Heritage (29 Februrary 2016) "Why were Women Written out of History? An interview with Bettany Hughes". http://blog.english-heritage.org.uk/women-written-history-interview-bettany-hughes/

Nochlin, Linda (1988) "Why Have There Been No Great Woman Artists?"

Women, Art & Power & Other Essays, Boulder: Westview Press

The Times (11/3/1914) "National Gallery Outrage: Suffragist Prisoner in Court." http://www.heretical.com/suffrage/1914tms2.html

Watson, James D. (2011) *The Double Helix: A Personal Account of the Discovery of the Structure of DNA*. New York: Simon & Schuster

第5章　メディアにおける女性

オンラインで意見を交わす勇気はある？

Amnesty International (2017) Black & Asian women MPs abused more online [https://www.amnesty.org.uk/online-violence-women-mps]

Klein, K and Hawthorne, S (ed.) (1999) *CyberFeminism: Connectivity, Critique and Creativity: Fletcher, B 'Cyberfiction: A Fictional Journey Into Cyberspace (or How I became a Cyberfeminist)*. Melbourne: Spinifex Press

Moss, Tara (2017) "Cyberhate and Beyond: Tara Moss at The National Press Club'"

Penny, Laurie (2013) *Cybersexism: Sex, Gender and Power On The Internet*. London: Bloomsbury Publishing.

Symantec, (2016) 'Norton Study Shows Online Harassment Nears Epidemic Proportions for Young Australian Women' [https://www.symantec.com/en/au/about/newsroom/press-releases/2016/symantec_0309_01]

なぜ私は女性セレブの容姿にこだわるのか？

Berger, John (2008) *Ways of Seeing*. Penguin Modern Classics.［伊藤俊治訳『イメージ──視覚とメディア』PARCO PICTURE BACKS、1986］

Lawrence, J (2017) *The Hollywood Reporter* Awards Chatter Podcast [https://www.hollywoodreporter.com/race/awards-chatter-podcast-jennifer-lawrence-mother-1059777]

Paglia, Camille (2015) "Can group selfies advance women's goals?" *The Hollywood Reporter*

Sontag, Susan (1979) *On Photography*. London: Penguin Books［近藤耕人訳『写真論』晶文社、1979］

Walters, M (2005) *Feminism: A Very Short Introduction*. Oxford: OUP.

思っていたほどストレートじゃないかも……

Butler, Judith (2007 [1990]) *Gender Trouble*. Oxford: Routledge

Johnston, Jill (1973) *Lesbian Nation: The Feminist Solution*. Touchstone

Onlywomen Press Collective (1981) *Love Your Enemy? The Debate Between Heterosexual Feminism and Political Lesbianism*

Rieger, G, Department of Psychology at the University of Essex [http://www.telegraph.co.uk/women/sex/10624669/Lesbian-sex-life-Avoid-measuring-your-sex-life-by-how-often-you-do-it.html]

University of Waterloo (2018) 'Digital Technology is Helping Women Explore Their Sexuality' (*The Journal of Sexuality and Culture*)

なぜ新しい服を買うのをやめられないんだろう？

Harvard Business Review (2009) *The Female Economy* [https://hbr.org/2009/09/the-female-economy]

hooks, b (1992) "Eating the Other: Desire and Resistance." Boston: South End Spice.

映画界の女性たちはどこにいる？

"IBM is using bollywood movies to identify and neutralize gender bias" [https://qz.com/1102088/ibm-is-using-bollywood-movies-to-identify-and-neutralize-gender-bias/]

Bigelow, K (2009) *The Hurt Locker*

Gay, Roxane (2014) *Bad Feminist*. New York: Harper Collins

Mulvey, Laura (1975) 'Visual Pleasure and Narrative Cinema', *Screen*

See Jane, [https://seejane.org/gender-in-media-news-release/new-study-geena-davis-institute-finds-archery-catches-fire-thanks-inspiring-hollywood-images/]

Woolf, Viginia (2002 [1928]) *A Room of One's Own*, Penguin［片山亜紀訳『自分ひとりの部屋』平凡社ライブラリー、2015］

どうして女性誌が必要なんだろう？

Smith, Barbara "A Press of our Own: Kitchen Table: Women of Color Press" [https://www.jstor.org/stable/3346433?seq=1#page_scan_tab_contents]

Women's Media Centre (2017) Divided 2017: The Media Gender Gap [http://www.womensmediacenter.com/reports/divided-2017]

Woolf, Virginia (2002 [1928]) *A Room of One's Own*, Penguin

テクノロジーは性差別的なのか？

Haraway, Donna 1985 "A Cyborg Manifesto: Science, Technology, and Socialist-Feminism in the Late Twentieth Century", *The Berkeley Socialist Review Collective*

Penny, Laurie (2013) *Cybersexism: Sex, Gender and Power On The Internet.* London: Bloomsbury Publishing.

Penny, Laurie (2016) "Why do we give robots female names? Because we don't want to consider their feelings" London: *The New Statesman*

Treneman, A, *The Independent.* http://www.independent.co.uk/life-style/ interview-sadie-plant-it- girl-for-the-21st-century-1235380.html

WEC (2016) The Industry Gender Gap: Women and Work In The Fourth Industrial Revolution. http://www3.weforum.org/docs/WEF_FOJ_ Executive_Summary_GenderGap.pdf

Weingberger, D. *The LA Review of Books* [http://https/lareviewofbooks.org/ article/rethinking-knowledge-internet-age/]

第6章　私の身体は私のもの

どうしていつも太っているような気がするんだろう？

Clements, Kirstie (2013) *The Vogue Factor.* London: Guardian Faber

Edwards, Emily (2007) 'Are Eating Disorders Feminist? Power, Resistance, & the Feminine Ideal'. *Perspectives on Power Quest conference*

Marketdata (2017) *The U.S. Weight Loss & Diet Control Market* (14th edition). Marketdata Enterprises Inc., Florida.

Orbach, Susie. (1978) *Fat is a feminist issue.* New York: Paddington Press.

Willliams, Zoe. (2016) "Susie Orbach: 'Not all women used to have eating issues. Now everybody does". *The Guardian*

もし男性が子どもを産めたら何もかも変わるのかな？

Boden Alison. L. (2007) "Theological Challenges to Religious Women's Rights." *Women's Rights and Religious Practice.* London: Palgrave Macmillan,

Delaney, J.; Lupton M. J., (1976) *The Curse: A Cultural History of Menstruation.* New York: Dutton

Lerner, Gera. (1986) *The Creation of Patriarchy.* New York: OUP.

Pope John Paul II (1995), "Letter to Women" http://www.ewtn.com/

library/PAPALDOC/JP2WOM.htm

Van Nieuwkerk, Karin (1988) "An hour for God and an hour for the heart: Islam, gender and female entertainment in Egypt." in *Egypt, Music and Anthropology 3.*

つるつるじゃなきゃだめなの？

Bronstein, C. (2011) *Battling Pornography: The American Feminist Anti-Pornography Movement*, 1976–1986. Cambridge: Cambridge University Press.

Cornell, D., (ed.) (2000), *Feminism and Pornography*, Oxford: OUP

Dines, G. (2010) *Pornland: How porn has hijacked our sexuality.* Boston: Beacon Press.

Dines, Gail (2016) Ted Talk: *Pornified Culture.* Retrieved from: https://www.youtube.com/watch?v=_YpHNImNsx8

Dworkin, Andrea (1981) *Pornography: Men possessing women.* London: Women's Press.

Hope, Christine (1982) "Caucasian Female Body Hair and American Culture" The Journal of American Culture, Vol 5: 1.

Ogas, O., & Gaddam, S. (2011) *A billion wicked thoughts.* New York: Dutton/Penguin Books.［坂東智子訳『性欲の科学——なぜ男は「素人」に興奮し、女は「男同士」に萌えるのか』CCCメディアハウス、2012］

Plan International Australia (2016) "Don't send me that pic." Melbourne, Australia: Plan International Australia and Our Watch.

Toerien, M and Wilkinson, S. (2004) "Exploring the depilation norm: A qualitative questionnaire study of women's body hair removal", in *Qualitative Research in Psychology*, Vol 1: 1, pp69–92

もし私が妊娠したら、妊娠を続けるかどうかって決められるの？

Chavez-Garcia, M. (2012) *States of Delinquency: Race and Science in the Making of California's Juvenile Justice System.* Oakland, California: University of California Press.

Haddad, L. B., & Nour, N. M. (2009) Unsafe Abortion: Unnecessary Maternal Mortality. *Reviews in Obstetrics and Gynecology*, (2): 2, pp122–126.

Kaplan, Laura (1995) *The Story of Jane.* New York: Pantheon Books.

Sherwin, S. (1991) Abortion Through a Feminist Ethics Lens. *Dialogue*,

(30): 3, pp327-342. doi: 10.1017/S0012217300011690

Stern, A. M. (2005) STERILIZED in the Name of Public Health: Race, Immigration, and Reproductive Control in Modern California. *American Journal of Public Health*, (95): 7, pp1128–1138. http://doi.org/10.2105/AJPH.2004.041608

どうして道を歩くのが怖いんだろう？

Brownmiller, Susan (1975) *Against Our Will: Men, Women and Rape*. New York, NY: Simon and Schuster

MacKinnon, C. (1982) *Feminism Unmodified: discourses on life and law*. Cambridge, Mass: University of Harvard Press.

Rich, Adrienne. (1977) *Of Woman Born*. London: Virago.

Russell, D. E. (1982) "The prevalence and incidence of forcible rape and attempted rape of females." *Victimology*, (7): 1-4, pp81-93.

Walby, Sylvia. (1990) *Theorizing patriarchy*. Oxford, UK: B. Blackwell.

索　引

【人名索引】

ア

アーリー・ラッセル・ホックシールド
　　　134, 137
アドリエンヌ・リッチ 52, 142, 306
アニー・ベサント 300
アブラハム・マズロー 96
アリス・イーグリー 192
アリストテレス 13, 14, 193, 285
アリソン・ボーデン 283
アレッタ・ジェイコブス 300
アンゲラ・メルケル 188
アン・コート 92
アンジェラ・カーター 287
アンジェラ・デイヴィス 56
アンジェリーナ・ジョリー 255
アンドレア・ドウォーキン 85, 107,
　　　291, 293, 306
アンヌ・イダルゴ 34
アン・ファーガソン 183
アン・ホランダー 277
E・B・ウィルソン 219
ヴァージニア・ウルフ 59, 172, 176,
　　　253, 261, 263
ウィリアム・ゴールドウィン 61
ヴォルテリーヌ・ド・クレール 62
ウォルト・ホイットマン 286
エステル・フリードマン 14, 28, 298
エマ・ベイリー 295
エミリー・エドワーズ 272
エミリー・デイヴィソン 31
エミリー・トス 285
エメリン・パンクハースト 15, 31, 33
エリザベス・キャディ・スタントン
　　　15, 32, 35
エルサ・バークリー・ブラウン 54
エレイン・ショーウォルター 176
オードリ・ロード 52, 226, 227, 235,
　　　239, 241, 259

オランプ・ド・グージュ 14, 196

カ

カースティ・クレメンツ 273
カール・マルクス 99, 144
カティンカ・ホッスー 218
カミール・パーリア 233
カリン・ファン・ニューケルク 283
岸田俊子 15, 33
キャサリン・マッキノン 85, 306
キャシー・マイヤーズ 244
キャスリン・ビグロー 249
キャロライン・クリアド゠ペレス 162
キャロライン・ブロンスタイン 293
キャロル・ヴァンス 86
キャロル・クイーン 84
キャロル・ハニッシュ 17
キンバリー・クレンショー 54
クラウディア・ガイスト 209
クララ・ジェフェリー 209
クララ・ツェトキン 18
クララ・レムリック 180, 184
クリスティーナ・ホフ・ソマーズ 185
クリスティーヌ・ド・ピザン 14
クリスティン・ホープ 288
クリストファー・レーマン・ハオプト
　　　129
クレオパトラ 218
グロリア・スタイネム 21, 72, 84, 87,
　　　101, 135, 136, 260, 262, 287
ケイト・ミレット 10, 17, 72, 128, 149,
　　　154, 167, 297, 306
ケイトリン・モラン 145, 146, 289
ゲイル・ダインズ 293
ゲリラ・ガールズ 214, 215, 218
ゲルダ・ラーナー 281
コヴェントリー・パットモア 173, 175
コーデリア・ファイン 167
呉健雄 216, 219
コンバヒー・リバー・コレクティブ
　　　57

索 引

サ

サイラス・ウィアー・ミッチェル 176
サヴィタ・ハラッパナバール 296
サティア・ナデラ 179
サラ・ラシェーヴァー 180
サレルノのトロトゥーラ 219
サンドラ・ギルバート 175
サンドラ・ブロック 255
ジークムント・フロイト 80, 92, 144
ジーナ・デイヴィス 249, 254, 255
シーラ・ローバトム 149, 151, 157, 223, 258
ジーン・リース 175
ジェーン・フォンダ 262
ジェシカ・ニューワース 25
ジェニファー・L・レヴィ 201
ジェニファー・バーダール 212
ジェニファー・ローレンス 232
シェリル・サンドバーグ 181
シベル・カヴァリ・バストス 268
シモーヌ・ド・ボーヴォワール 12, 16, 37, 70, 93, 113, 114, 116, 120, 158, 163, 164, 246, 295, 303
『第二の性』 12, 16, 70, 93, 113, 120, 159, 164, 246
ジャーメイン・グリア 93, 98, 102, 114, 120, 137, 141, 150
『去勢された女』 93, 98, 115, 141, 151
シャーロット・バンチ 27
シャーロット・ブロンテ 174
シャーロット・ホーキンス・ブラウン 51
ジャニス・デラニー 285
シャルル・フーリエ 27
ジャン＝ジャック・ルソー 195
ジュディス・ジャーヴィス・トムソン 297, 304
ジュディス・バトラー 115, 238
ジュディ・ブレイディ 135
シュラミス・ファイアストーン 79, 81, 87, 98, 99, 111, 112, 141, 144, 150, 160, 183
ファイアストーン 9, 74, 79, 81, 82, 87-89, 97-100, 110-112, 140, 141, 144, 145, 148, 150, 155, 160, 161, 183, 333
ジュリア・ギラード 42
ジョナ・ゴコヴァ 49
ジョン・スチュアート・ミル 60, 106, 109
ジョン・ストルテンバーグ 92, 94, 107
ジョン・バージャー 232
ジョン・フリーンド 286
ジョン・ホルト裁判長 25
ジョン・ラスキン 174
シルヴィア・ウォルビー 182, 305
ジル・ジョンストン 135, 139, 236, 237
スー・ウィルキンソン 290
スーザン・B・アンソニー 32
スーザン・シャーウィン 302
スーザン・ソンタグ 230, 234
スーザン・ファルディ 58, 61
スーザン・フィスク 44
スーザン・ブラウンミラー 308, 309, 311
スージー・オルバック 272
スージー・セクスパート 85
スティーヴン・ブラッシュ 220
セイディー・プラント 266
ソジャーナ・トゥルース 15
ソフィー・グリオン 41

タ

ダイアン・マンデイ 301
大カトー 46
ダナ・ハラウェイ 265, 266
タラ・モス 223, 224
チママンダ・ンゴズィ・アディーチェ 21
デイヴィッド・ワインバーガー 267
テイラー・スウィフト 233
デヴィッド・キャメロン 40
デヴィッド・ボンダーマン 40
デール・スペンダー 16, 18
テリーザ・メイ 206
トークン・ウーマン 187, 191
トッド・ワイラー 207
ドナルド・トランプ 206
ドミティーラ・バリオス・デ・チュンガラ 22

トリッシュ・ハッチ 209
ドルシラ・コーネル 293

ナ

ナオミ・ウルフ 75, 77, 229, 234, 244,
　246, 261, 263, 273, 275
ニコラ・ソープ 200, 204
ニラ・ユヴァル・デイヴィス 54
ネッティ・スティーブンス 219

ハ

ハーヴェイ・ワインスタイン 20, 250
バーバラ・カッツ・ロスマン 163
バーバラ・サンティー 65
バーバラ・スミス 128, 259
パラケルスス 283
ハリエット・タブマン 15
ハリオット・スタントン・ブラッチ
　32
ピーター・グリック 44
ヒュー・ヘフナー 205
ヒラリー・クリントン 189, 191, 206
ビンゲンのヒルデガルド 14
ファルハン・アクタル 256
フィリス・チェスラー 194
ブラジリアンワックス 288, 293
フランソワ・プーラン・ド・ラ・バー
　ル 14
フランチェスカ・デニーズ 15
フリードリヒ・エンゲルス 144
ベクデル・テスト 254
ヘザー・マクラフリン 212
ベス・クイン 212
ベタニー・ヒューズ 217
ベッティーナ・アプテカー 53
ベティ・フリーダン 95, 130, 136, 171,
　177, 184, 243, 244, 278
　『新しい女性の創造』95, 137, 171,
　　243, 245, 248
ベリル・フレッチャー 225
ベル・フックス 55, 100, 106, 107, 151,
　152, 247
　『オール・アバウト・ラブ』100, 151,
　　153
　「他者を食らう」248

マ

マーガレット・サッチャー 188
マーガレット・サンガー 62, 298, 300
マーガレット・ロシター 220
マイク・ペンス 207, 209
マキシン・ウォーターズ 213
マドンナ 238
マヤ・アンジェロウ 239
マララ・ユサフザイ 194, 197
マリアム・ナマジー 57
マリヤ・アリョーヒナ 34
マリリン・フライ 36, 38, 41, 312
マリリン・フリードマン 123
ミリセント・フォーセット 31
メアリー・ジェーン・ラプトン 285
メアリー・ジャックマン 43
メアリー・デイリー 88
メアリー・リチャードソン 215, 218
メアリ・ウルストンクラフト 14, 30,
　　59, 119, 121, 196, 199, 268
メイ・ウェスト 307
メラン・トーリエン 290
メリッサ・ネルソン 208
モニク・ウィティグ 297

ラ

リース・ウィザースプーン 255
リセ・マイトナー 217, 219
リンダ・ノクリン 216
リンダ・バブコック 180
ルクレティア・モット 32
ローザ・ルクセンブルク 18
ローズマリー・ガートナー 212
ローラ・マルヴェイ 252
ローリー・ペニー 224, 226, 266, 269
ロクサーヌ・ゲイ 122, 251, 252
ロザベス・モス・カンタ 187
ロス・マクミラン 212
ロバート・K・マートン 220
ロバート・ジェンセン 105
ロビン・モーガン 262
ロブ・ウィラー 211

【事項索引】

ア

赤ちゃん 166, 183, 287, 299
新しい女性 172
イギリスにおける平等法（2010）200
育児 18, 150, 151, 155-161, 171, 178, 183, 302
インターネット 20, 74, 222-225, 227, 232, 235, 236, 242, 262, 267, 270, 292-294
陰毛 288, 290, 292, 295
ヴィラーゴ 257, 258
映画界の女性 249
LGBTの権利 84
オーガズム 90-96, 123, 280
おもちゃ 162, 166-168, 197
女らしさ 202, 242, 272, 275, 276, 287, 295
オンラインでの虐待 226

カ

「ガールスクワッド」の写真たち 233
階級 14, 19, 23, 37, 43, 54-56, 62, 98, 99, 108, 113, 120, 153, 155, 172, 181, 187, 235, 240, 268, 307, 308
介護職 183
核家族 135, 148-153, 244
家事 27, 29, 125, 128, 133, 134, 137, 138, 151, 155, 157, 159, 160, 167, 171, 174, 176, 183, 244, 278
家族 148
家庭性 278
家庭の天使 172-176
キッチン・テーブル 257, 259, 263
キリスト教と女性の身体 282
クィア理論 148, 238
ゲイの解放 148
啓蒙 195, 196
月経 282, 284-287
結婚による改姓 126
結婚式 112, 118-122, 124, 125, 128
恋人たちの予感 94, 95
広告 59, 70, 111, 122, 123, 136, 148, 244, 245, 247, 248, 257, 272, 292, 299
交差性 54-56, 107, 239, 304
黒人女性、民族的マイノリティとされる女性たち 51, 54-56
キッチン・テーブル（出版社）259
子どものジェンダーロール 19
子どもを持たないこと 38, 131, 140-143, 157, 165, 166, 298

サ

サイバーフェミニスト 225, 265, 266, 268
産業革命 133, 172, 265, 277
JINHA 263
ジェーンを見て 254
ジェンダーのステレオタイプ 72, 81, 160
ジェンダーの流動性 13
ジェンダーロール 19, 69, 104, 116, 156
自己愛 97, 100, 101
児童への性的虐待 306
慈悲的な性差別 46, 47, 49, 50, 180
社会主義フェミニスト 53, 223
「主体的」行動 192
主婦業 171, 172, 276
消費文化 244-247
職場と女性 63
植民地主義 44
女性器切除 24, 92
女性嫌悪 20, 62, 107, 109, 196, 224
女性参政権 30, 32
女性に対する暴力 42, 57, 104, 305, 306
女性の教育 24, 197
女性の権利 12, 13, 22-25, 27, 30, 33, 59, 96, 106, 110, 119, 128, 136, 268, 301, 303
「女性の仕事」183
女性は感情的であるという固定観念 193
女性メディア 262
ショッピング 170, 242, 243
人権 14, 15, 21-25, 54, 57, 84, 226, 283
人種 14, 19, 28, 29, 32, 43, 54-56, 78, 172, 182, 187, 222, 235, 239, 240, 248, 259, 260, 267, 268, 308

人脈作り 210
スラット・シェイミング 203
性感染症 83
性差別 19, 25, 37, 42, 44-50, 54, 70, 101,
　　　108, 109, 129, 166, 167, 180, 200,
　　　222, 238, 264, 268, 270
性差別の鳥かご 37
政治的権利 15, 17
政治的なレズビアニズム 237
生殖に関する公正 304
生物学的本質主義 155, 164
世界女性会議（メキシコシティ）22
セクシュアリティ 62, 83, 85-88, 92, 93,
　　　95, 96, 235, 237-240, 302, 306,
　　　308
セクハラ 64, 212
セックス・ポジティブなフェミニスト
　　　84
セックスロボット 268
セックスワーカー 82
セルフィー 231, 233
セレブ 170, 171, 228, 231, 233, 261
相互依存関係 48
ソーシャルメディア 20, 28, 222, 226-
　　　228, 231

タ

第一波のフェミニスト 15, 69, 182
「Time's Up」キャンペーン 256
ダブルスタンダード 82, 83, 88, 98, 312
堕落した女性 172
男性と家庭 133, 170
男性フェミニスト 103
男性優位の神話 49
中絶 42, 163, 296-304, 310
ツイッター 204, 226
デート、デートでの支払い 68
デートにおける性行動 71
敵対的な性差別 46
テクノロジー 78, 168, 224, 225, 235,
　　　264-267, 269, 270
「鉄の処女（アイアン・メイデン）」の
　　　ステレオタイプ 206
同性婚 112, 148
独身女性 59, 101, 142, 172

取引的な関係 71
奴隷制度 29, 32
ドレスコード 200, 202, 203

ナ

妊娠 24, 26, 27, 82, 144, 145, 160, 197,
　　　296-298, 301-304
ヌード 31, 214, 215, 232

ハ

白人至上主義 56
白人女性 29, 51-53, 55, 56, 288
バックラッシュ 58, 61, 63, 64, 276, 279,
　　　293, 300
母親のステレオタイプ 191
ハンガーストライキ 31, 215
美術界 214, 216
避妊 82, 88, 298-300, 302
美の神話 276, 278-280
表現の自由 57, 293
平等 13, 16, 17, 20, 21, 29, 32, 37, 57, 58,
　　　61, 63-65, 73, 80, 107, 109, 110,
　　　126, 127, 130, 132, 134, 136, 138,
　　　145, 156, 159-161, 166, 167, 175,
　　　181, 195, 200, 227, 229, 237, 253,
　　　254, 256, 257, 260, 261, 293
ファッション業界 247
フィフティ・シェイズ・オブ・グレイ
　　　123
婦人参政権運動家 15, 31, 62, 65, 215
不平等 40, 43, 58, 59, 83, 90, 111, 112,
　　　129, 158, 167, 178, 184, 216, 256
フランス 12-14, 27, 34, 40, 122, 128, 159,
　　　195, 196, 204, 205, 297, 303
ブルキニ 204
プロポーズ 110
文化の盗用 247
分離主義運動 136, 237
ペットのステレオタイプ 167, 188-191
ペニス 77, 80, 103
母性 137, 141, 143-145, 155, 156, 159,
　　　162, 164, 278
ボディ・シェイミング 20
褒め言葉 43, 47, 50, 213
ポルノ 75, 77, 85, 92, 94, 95, 103, 123,

211, 223, 235, 267, 270, 288, 289, 291-295, 306

マ

マシュー効果　220
マチルダ効果　220
マッチングアプリ　74-76, 78-81
マッドメン　136
民族的にマイノリティとされるグループ　78
女神崇拝　281

ヤ

誘惑者のステレオタイプ　188

ラ

ラディカル・フェミニスト　19, 72, 292,

293, 308
両義的な性差別　45
レイプ　26, 51, 56, 64, 85, 86, 104, 105, 223, 226, 256, 296, 298, 302, 305-312
レイプと差別に反対する男性たち　256
歴史における女性の役割　218
レズビアン　37, 57, 90, 135, 136, 148, 149, 160, 223, 227, 235-237, 239, 240, 260
ロボット　166, 168, 265-270

ワ

ワンナイト　82

謝　辞

タビ・ジャクソン・ジー：まずは私にとってのロックスター、コニーおばあちゃんにこの本を捧げます（彼女はかつて雑誌『スペア・リブ（Spare Rib）』を作っていたんです）――それから親愛なる友人ロミリー・モーガンと、私の母スージーに。ふたりとも、絶えず私に書くための動機を与えてくれました。また、本を書くということを教えてくれたオクトパスのチームと、常に冷静さを保つ手助けをしてくれた共著者にも感謝を。

フレイヤ・ローズ：この本をFとCに――人生の教訓がいっぱいだからね！　刺激的な共著者とオクトパスの素晴らしいチーム、特にイラストレーターのグレース・ヘルマー、クレア・ハントレー、ガレス・サウスウェル、専門編集者のエリー・コルベット、出版社のトレヴァー・デイヴィス（彼はいつだって世界で一番いい人）に大感謝。

著者プロフィール

タビ・ジャクソン・ジー｜Tabi Jackson Gee

　　ロンドンを拠点とするジャーナリスト。全国紙や、新しく出てきたさまざまな女性向けプラットフォームで執筆活動を行っている。ファッション、テクノロジー、旅行、そして最近ではガーデニングが好き。

フレイヤ・ローズ｜Freya Rose

　　哲学者、作家、フェミニスト。社会科学に関する多くの書籍に貢献している。

訳者プロフィール

惠愛由｜Ayu Megumi

　　1996年生まれ、水瓶座。同志社大学文学研究科英文学専攻修了。BROTHER SUN SISTER MOON のベースとボーカルを担当。Podcast「Call If You Need Me」を配信するほか、書評やエッセイの執筆も。訳書に『99% のためのフェミニズム宣言』（人文書院、2020）など。

それ、フェミニズムに聞いてみない？
──日々のもやもやを一緒に考えるフェミニスト・ガイド

2024年6月30日　初版第1刷発行

　　　　　　　　　　　著　者　　タビ・ジャクソン・ジー
　　　　　　　　　　　　　　　　フレイヤ・ローズ
　　　　　　　　　　　訳　者　惠　　愛　　由
　　　　　　　　　　　発行者　大　江　道　雅
　　　　　　　　　　　発行所　株式会社　明石書店
　　　　　　　〒101-0021 東京都千代田区外神田 6-9-5
　　　　　　　　　　　電　話　03 (5818) 1171
　　　　　　　　　　　FAX　03 (5818) 1174
　　　　　　　　　　　振　替　00100-7-24505
　　　　　　　　　　　https://www.akashi.co.jp/

装丁：上野かおる
印刷・製本：モリモト印刷株式会社

ダイエットはやめた　私らしさを守るための決意

パク・イスル著　梁善実訳

◎1500円

ジェンダーについて大学生が真剣に考えてみた

あなたがあなたらしくいられるための29問

佐藤文香監修　一橋大学社会学部佐藤文香ゼミ三生一同著

◎1500円

フェミニズムズ　グローバル・ヒストリー

ルーシー・デラップ著　幾島幸子訳
井野瀬久美惠解題　田中雅子翻訳協力

◎3500円

フェミニズムとわたしと油絵

「描かれる女性」から「表現する女性」へ

金谷千慧子著

◎2800円

フェミニスト男子の育て方

ジェンダー、同意、共感について伝えよう

ボビー・ウェグナー著　上田勢子訳

◎2000円

ハロー・ガールズ

アメリカ初の女性兵士となった
電話交換手たち

エリザベス・コッブス著　石井香江監修　綿谷志穂訳

◎3800円

ウイスキー・ウーマン

バーボン/スコッチ/アイリッシュ・ウイスキーと
女性たちの知られざる歴史

フレッド・ミニック著　浜本隆三・藤原崇訳

◎2700円

ジェット・セックス

スチュワーデスの歴史と
アメリカ的「女性らしさ」の形成

ヴィクトリア・ヴァントック著　浜本隆三・藤原崇訳　◎3200円

女性の世界地図　女たちの経験・現在地・これから

ジョニー・シーガー著
中澤高志・大城直樹・荒又美陽・中川秀一・三浦尚子訳　◎3200円

女性の視点でつくるジェンダー平等教育

社会科を中心とした授業実践

國分麻里編著

◎1800円

マチズモの人類史　家父長制から「新しい男性」へ

イヴァン・ジャブロンカ著　村上良太訳

◎4300円

ホワイト・フェミニズムを解体する

インターセクショナル・フェミニズムによる対抗史

カイラ・シュラー著　飯野由里子監訳　川副智子訳

◎3000円

同意　女性解放の思想の系譜をたどって

ジュヌヴィエーヴ・フレス著　石田久仁子訳

◎2000円

ジェンダー研究が拓く知の地平

東海ジェンダー研究所記念論集編集委員会編

◎4000円

本気で女性を応援するための女子大学の探求

甲南女子大学の女性教育
野崎志帆・ウォント盛香織・米田明美編著

◎1800円

バイアス習慣を断つためのワークショップ

ジェンダー公正を進める職場づくり
ウィスコンシン大学マディソン校WISELI編

◎2500円

〈価格は本体価格です〉